*Estudos de Direito
Processual Constitucional*

*Homenagem Brasileira a
HÉCTOR FIX-ZAMUDIO*

*em seus 50 anos
como Pesquisador do Direito*

Eduardo Ferrer Mac-Gregor
Arturo Zaldívar Lelo de Larrea
(Coordenadores)

Estudos de Direito Processual Constitucional

Homenagem Brasileira a

Héctor Fix-Zamudio

em seus 50 anos como Pesquisador do Direito

Apresentação de
José Afonso da Silva

UNAM

Estudos de Direito Processual Constitucional
Homenagem Brasileira a Héctor Fix-Zamudio
em seus 50 anos como Pesquisador do Direito

Eduardo Ferrer Mac-Gregor
Arturo Zaldívar Lelo de Larrea
(Coordenadores)
Apresentação de
José Afonso da Silva

ISBN 978-85-7420-967-8

Direitos reservados desta edição por
MALHEIROS EDITORES LTDA.
Rua Paes de Araújo, 29, conjunto 171
CEP 04531-940 – São Paulo – SP
Tel.: (11) 3078-7205 – Fax: (11) 3168-5495
URL: www.malheiroseditores.com.br
e-mail: malheiroseditores@terra.com.br

Editoração Eletrônica
Letra por Letra Studio

Capa
Criação: Vânia L. Amato
Arte: PC Editorial Ltda.

Impresso no Brasil
Printed in Brazil
08-2009

Héctor Fix-Zamudio

Sumário

Apresentação da Edição Brasileira 9
José Afonso da Silva

***Prólogo à Obra Geral** – Héctor Fix-Zamudio e o Instituto de Pesquisas Jurídicas
da UNAM*..21
Héctor Fix-Fierro

Prefácio à Obra Geral..33
Eduardo Ferrer Mac-Gregor
Arturo Zaldívar Lelo de Larrea

Biografia do Mestre Héctor Fix-Zamudio..41
Eduardo Ferrer Mac-Gregor

A Constitucionalização do Processo no Direito Brasileiro........................47
José Carlos Barbosa Moreira

Do Ocaso do Regime Representativo à Aurora da Democracia Participativa......57
Paulo Bonavides

***Reflexiones sobre el Instituto de las Medidas Cautelares o Provisionales de
Protección: Desarrollo Recientes en el Plano Internacional***........................67
Antônio Augusto Cançado Trindade

***Argüição de Descumprimento de Preceito Fundamental (sua Doutrina em face
de uma Situação Concreta)***...85
José Afonso da Silva

Teoria do Processo Constitucional: uma Breve Visão Pessoal..................105
Ivo Dantas

O Amparo e o Mandado de Segurança no Contexto Latino-Americano......149
Paulo Roberto de Gouvêa Medina

Princípios Processuais e Princípios de Direito Administrativo no Quadro das Garantias Constitucionais 171
ADA PELLEGRINI GRINOVER

Justiça Constitucional: Superando as Teses do "Legislador Negativo" e do Ativismo de Caráter Jurisdicional 197
ANDRÉ RAMOS TAVARES

Sumário Geral da Obra Publicada no México (XII Tomos) 219

Apresentação da Edição Brasileira

JOSÉ AFONSO DA SILVA

Professor Titular aposentado de Direito Constitucional,
da Faculdade de Direito da Universidade de São Paulo

1. Sinto-me profundamente honrado com a incumbência de apresentar este volume que contém a Homenagem Brasileira a HÉCTOR FIX-ZAMUDIO em seus 50 anos como pesquisador do Direito. Conheci o Mestre FIX (como é carinhosamente chamado por seus discípulos e amigos) durante o colóquio "Evolución de la Organización Política Constitucional en América Latina: 1950-1975", realizado em Oaxtepec, Estado de Morello, México, entre 28 de março e 2 de abril de 1976, pelo Instituto de Investigaciones Jurídicas de UNAM-Universidad Nacional Autónoma de México e Instituto Iberoamericano de Derecho Constitucional, então sob a presidência do Mestre. Daí por diante, convivemos em diversos congressos, colóquios e seminários de direito constitucional, tributando-me ele sua sincera amizade e inúmeras gentilezas, incluindo convites honrosos para jantares em sua residência, na cidade do México, por ocasião de algum evento constitucional de que ali eu participava, momentos esses em que sua pranteada esposa – Maria Cristina, que apoiava com tanto carinho sua trajetória – e ele proporcionavam aos convidados carinhosa hospitalidade.

Esse convívio com o Mestre FIX-ZAMUDIO me deu a oportunidade de apreciar a grandeza de caráter, a profunda cultura e, sobretudo, sua cultura jurídica, fundada numa visão humanística que sempre teve como norte a preocupação com a proteção dos direitos fundamentais da pessoa humana. E, especialmente, pude verificar nele, com expressiva nitidez, a assertiva de que os sábios são dotados de enorme simplicidade, humildade, senão também certa expressão de timidez. Sempre me dei por muito feliz por merecer dele atenciosa prova de amizade e sempre tive para com ele o maior respeito e a mais profunda admiração por todas as qualidades que ornamentam sua personalidade.

2. A biografia do Mestre Fix já foi feita por Eduardo Ferrer Mac-Gregor e seu perfil de pesquisador jurídico também já foi apresentado por Héctor Fix-Fierro, seu filho, também jurista e seu sucessor na chefia do Instituto de Investigaciones Jurídicas de UNAM, cujos textos também integram este volume. A leitura da biografia mostra não só a formação acadêmica do homenageado, mas, especialmente, a sua larga produção científica no campo do direito constitucional. O Prólogo apresentado por Fix-Fierro delineia os méritos acadêmicos e pessoais de Héctor Fix-Zamudio, e ressalta o quanto ele representa os valores acadêmicos e éticos cultivados pelo Instituto de Pesquisa Jurídica e por que sua figura e o Instituto chegaram a ter a influência e o prestígio de que gozam atualmente no mundo jurídico-político do México e da Iberoamérica, e até mesmo fora deste âmbito.

3. Por essa razão, dispenso-me de apreciar a contribuição de Héctor Fix-Zamudio para o desenvolvimento da ciência jurídica em geral e da ciência do direito constitucional em especial. Apesar disso gostaria de ressaltar dois ângulos fundamentais dessa contribuição: a *ciência do direito processual constitucional* e a *proteção dos direitos humanos*.

Quanto ao primeiro tema, ainda que se possam assinalar precedentes, com certeza foi Héctor Fix-Zamudio quem lhe deu feição científica, mediante vários estudos, desde sua tese de graduação: *La Garantía Jurisdiccional de la Constitución Mexicana. Ensayo de una Estructuración Procesal del Amparo,* e seu artigo sobre a contribuição de Piero Calamandrei ao Direito Processual Constitucional ("Aportación de Piero Calamandrei al Derecho Procesal Constitucional", *Revista de la Facultad de Derecho de México*, t. VI, n. 24, outubro-dezembro/1956). Só mesmo um constitucionalista que, ao mesmo tempo, fosse igualmente processualista, como Fix-Zamudio, poderia desenvolver uma disciplina que é o resultado da confluência dos estudos das normas constitucionais e das normas processuais, com suficiente discernimento para distinguir, com clareza, duas disciplinas com nomes tão parecidos, tais sejam o *Direito Processual Constitucional* e o *Direito Constitucional Processual*, nos quais o segundo termo da designação define a natureza e o âmbito de seu conteúdo.

A) O *Direito Processual Constitucional* se ocupa da *Jurisdição Constitucional* nos seus dois setores qualificados como *Jurisdição Constitucional da Liberdade* e *Jurisdição Constitucional Orgânica*. A primeira compreende o exame dos instrumentos específicos para a tutela dos direitos fundamentais consagrados na Constituição, de que o *juicio de amparo* é um exemplo no México, enquanto o mandado de segurança, o *habeas corpus* entre outros são exemplos brasileiros; enquanto a *Jurisdição Constitucional Orgânica* tem por finalidade obter a tutela das disposições fundamentais que consagram os limites dos órgãos do poder e suas relações entre si.[1]

B) O *Direito Constitucional Processual* examina as instituições processuais sob o ângulo e as perspectivas do direito constitucional, como a jurisdição em si, as garantias da magistratura (vitaliciedade, inamovibilidade e irredutibilidade de vencimentos), as garantia das partes (como o direito de ação, o direito de resposta, o contraditório e o direito de defesa, o devido processo legal, no caso brasileiro) etc.[2]

C) Eduardo Ferrer Mac-Gregor acrescenta um terceiro e novo setor, qual seja o da *Jurisdição Constitucional Transnacional*, derivado dos conflitos internacionais e comunitários, especialmente os relativos aos direitos humanos, que já se encontra em Cappelletti.[3]

Aí mesmo já encontramos a outra questão que sempre esteve nas preocupações de Fix-Zamudio: a *proteção dos direitos humanos*. Mas, além disso, ele produziu diversos textos sobre a tutela e a defesa dos direitos humanos, como são seus trabalhos sobre o *direito de amparo*, cujo "aspecto mais notável [é o] de proteção dos direitos fundamentais

---

1. Cf. Héctor Fix-Zamudio, *Justicia Constitucional, "Ombudsman" y Derechos Humanos*, México, Comisión Nacional de Derechos Humanos, 1993, p. 356.
2. *Idem ibidem*, pp. 357 e 358.
3. Cf. "Justicia constitucional supranacional. El control judicial de las leyes y la jurisdicción de las libertades a nivel internacional", na *Revista de la Facultad de Derecho de México*, t. XXVIII, n. 110, maio-agosto/1978, *apud* Eduardo Ferrer Mac-Gregor, "Aportaciones de Héctor Fix-Zamudio al Derecho Procesal Constitucional", em José F. Palomino Manchego e Gerardo Eto Cruz (Coords.), *El Pensamiento vivo de Héctor Fix-Zamudio (con especial referencia al derecho procesal constitucional)*, Lima/México, Asociación Peruana de Derecho Constitucional/Universidad Nacional Autónoma de México-Instituto de Investigaciones Jurídicas, 2005, p. 115.

da pessoa humana consagrados constitucionalmente", pois o próprio "nome de amparo se associa com a tutela dos direitos humanos", ele o diz.⁴ Além disso, publicou ele textos especialmente dedicados à proteção dos direitos humanos, tais como: *Los Tribunales Constitucionales y los Derechos Humanos*, 2ª ed, 1985, 234 pp.; *La Protección Procesal de los Derechos Humanos ante las Jurisdicciones Nacionales*, 1982, 365 pp.; *Protección Jurídica de los Derechos Humanos. Estudios Comparativos*, 1991, 225 pp.; *Justicia Constitucional, "Ombudsman" y Derechos Humanos*, 2ª ed., 1999, 531 pp., além de artigos em revistas especializadas e contribuições em obras coletivas, como a "Introducción al Estudio Procesal Comparativo de la Protección Interna de los Derechos Humanos", em Alcalá-Zamora Cassin e outros, *Veinte Años de Evolución de los Derechos Humanos*, México, UNAM/Instituto de Investigaciones Jurídicas, 1974, pp. 169-273.

4. Este volume constitui a parte brasileira das Homenagens que estão sendo prestadas ao Mestre Fix-Zamudio pelo mundo jurídico mundial, especialmente pelos constitucionalistas e processualistas (mais de quatrocentos juristas), mediante a produção de doze tomos, sob a coordenação geral de Eduardo Ferrer Mac-Gregor e Arturo Zaldívar Lelo de Larrea. Participam da homenagem brasileira, com artigos neste volume: José Carlos Barbosa Moreira, Paulo Bonavides, Antônio Augusto Cançado Trindade, José Afonso da Silva, Ivo Dantas, Paulo Roberto de Gouvêa Medina, Ada Pellegrini Grinover e André Ramos Tavares. Todos eles devidamente identificados na cabeça dos respectivos textos.

4.1 José Carlos Barbosa Moreira se apresenta com o artigo "A Constitucionalização do Processo no Direito Brasileiro". Destaca aí os princípios constitucionais do processo no direito brasileiro: universalização do exercício da função jurisdicional, juiz natural, contraditório e ampla defesa, publicidade dos atos processuais, motivação das decisões judiciais, vedação de provas obtidas por meios ilícito, o devido processo legal, concluindo que "A elevação de garantias processuais ao patamar constitucional, em 1988, tem óbvia significação, à luz das circunstâncias históricas. O país emergia de longo período de governos arbitrários,

---

4. Cf. "La Declaración General de Inconstitucionalidad y el Juicio de Amparo" e "El Amparo Mexicano como Instrumento Protector de los Derechos Humanos", ambos em *Ensayos sobre el Derecho de Amparo*, 3ª ed., México, Porrúa e UNAM, 2003, respectivamente pp. 183 e 619. Ainda nesse volume, "La Protección Procesal de los Derechos Humanos en la Reforma Constitucional Argentina de Agosto de 1994" (pp. 975 ss.).

durante os quais não se pode dizer que fossem elas fielmente observadas. Era compreensível o cuidado de impregnar a nova Constituição de valores inerentes ao Estado de Direito que então se restaurava".

Aqui se tem a manifestação dos princípios daquilo que o Mestre Fix chamou de *Direito Constitucional Processual* que, como ele afirma, se ocupa das instituições ou categorias processuais estabelecidas pela Constituição, ou também se poderia dizer garantias constitucionais do processo, como se insinua em Eduardo Couture.[5] Tal como designou ADA PELLEGRINI GRINOVER, num capítulo expressivo sobre o tema exatamente intitulado "As Garantias Constitucionais do Processo Civil":[6] "Todo o direito processual, que disciplina o exercício de uma das funções fundamentais do Estado, além de ter seus pressupostos constitucionais – como os demais ramos do direito – é fundamentalmente determinado pela Constituição, em muitos de seus aspectos e institutos característicos. Alguns dos princípios gerais que o informam são, ao menos inicialmente, princípios constitucionais ou seus corolários".[7]

4.2 ADA PELLEGRINI GRINOVER comparece com "Princípios Processuais e Princípios de Direito Administrativo no Quadro das Garantias Constitucionais", que também se preocupa em destacar os princípios constitucionais do processo administrativo e do direito administrativo. Com essa diferença de conteúdo, não obstante, assemelha-se ao texto do Prof. Barbosa Moreira. Este explicita os princípios constitucionais do processo jurisdicional; a Professora ADA o faz em relação aos processos administrativos não jurisdicionais, observando que "a expressão 'processo administrativo' [é] sempre utilizada, no texto, no sentido de processo (porque banhado pelo contraditório) não jurisdicional". Por isso, em ambos, têm relevo os princípios do devido processo legal, do contraditório e o direito à prova. Mas a Professora ADA PELLEGRINI GRINOVER ressalta especialmente os princípios aplicáveis à Administração, tais como o da imparcialidade e o da impessoalidade, os da segurança jurídica, da boa-fé e da confiança legítima no Direito Administrativo, para concluir com o entrelaçamento dos princípios processuais e de Direito Administrativo.

---

5. Cf. *Fundamentos del Derecho Procesal Civil*, 3ª ed., Buenos Aires, Depalma, 1958, pp. 148 ss.

6. Cf. *As Garantias Constitucionais do Direito de Ação*, São Paulo, Ed. RT, 1973, "Considerações Preliminares", pp. 7 ss.

7. Idem ibidem, p. 12.

Seja como for, à vista dos dois textos, pode ocorrer ao leitor a indagação quanto a saber se também se pode falar num *Direito Constitucional Processual Administrativo*, como se fala em Direito Constitucional Processual referindo-se aqui ao processo jurisdicional. Talvez essa idéia ainda não tenha ocorrido aos estudiosos do processo administrativo, por entender cedo ainda para se cogitar de tal ramo especial do direito, mas, por certo, pode-se falar em fundamentos constitucionais do Direito Administrativo aí se inserindo também o processo administrativo.

4.3 PAULO BONAVIDES traz o artigo "Do Ocaso do Regime Representativo à Aurora da Democracia Participativa", em que chama a atenção, com muita veemência, para a atuação e o comportamento do Poder Judiciário em face da legitimidade democrática, de que destacamos as seguintes passagens incisivas:

"O Judiciário, não se capacitando de que é o centro de equilíbrio de Poderes na comunhão estatal, onde lhe corre obrigação de fazer da instituição a fiança e a consciência do regime, entrega-se ao erro de suas omissões e à debilidade de suas capitulações.

"E como não há guarda para os guardas da Constituição, podem eles, por obra de lenta metamorfose, se converter numa supercasta de constituintes minoritários, apartados do povo, sem título de legitimidade democrática e, no entanto, constituídos em suseranos da Nação ou, eventualmente, por temor, em capatazes dóceis daquele Executivo que governa privado de freios e limites, ao velho estilo das realezas absolutas.

"Não se compreende, nesta altura da evolução jurídica do país, que um órgão que tudo vai julgar pelo prisma da legitimidade, chave do novo direito constitucional assentado sobre princípios e da Nova Hermenêutica, que trocou a subsunção dos dedutivistas pela ponderação dos indutivistas, seja ele mesmo, como é o caso do STF, um órgão de legitimidade duvidosa e questionada, em virtude da raiz política na escolha e nomeação de seus membros."

4.4 ANTÔNIO AUGUSTO CANÇADO TRINDADE está presente com "Reflexiones sobre el Instituto de las Medidas Cautelares o Provisionales de Protección: Desarrollo Recientes en el Plano Internacional", o texto está em espanhol, que traduzi, do qual destaco as seguintes passagens, incluindo referências especiais ao homenageado:

"Tive o prazer de conviver com Don HÉCTOR durante anos, como juízes da Corte Interamericana de Direito Humanos (à qual tivemos ambos a honra de servir, como presidentes, em períodos sucessivos), e de apreciar durante toda a nossa convivência, suas notáveis qualidades pessoais nos planos tanto acadêmico como humano.

"Proponho-me centrar minhas reflexões pessoais que seguem no instituto das medidas cautelares, ou provisionais, de proteção, em sua evolução recente. Dedicarei especial atenção à contribuição da Corte Interamericana de Direitos Humanos nos últimos anos (sobretudo a partir de 2000) ao desenvolvimento deste instituto jurídico, graças ao qual ditas medidas se transformaram numa verdadeira garantia jurisdicional de caráter preventivo. Como todo instituto jurídico, tais medidas seguem sendo suscetíveis de aperfeiçoamento, sobretudo sob uma concepção essencialmente evolutiva do Direito."

4.5 Ivo Dantas traz um alentado artigo sob o título de "Teoria do Processo Constitucional: uma Breve Visão Pessoal", em que discute com profundidade uma temática muito do agrado do nosso Homenageado, qual seja a do *Direito Processual Constitucional* e o faz em confronto com o *Direito Constitucional Processual*, que conceitua e distingue, após examinar diversas correntes que tratam dessas questões. Por certo que é uma importante contribuição a esses temas. Metodologicamente, já no início do artigo ele já define seus objetivos:

"O título objeto destas considerações (que ainda podem ser provisórias) é motivado por uma questão de ordem terminológica, com reflexos no que se poderia denominar 'Teoria da Jurisdição Constitucional', a saber: o uso indiscriminado das expressões 'jurisdição constitucional', 'justiça constitucional' e 'processo constitucional' por parte da doutrina significa que elas são *sinonímicas*? Ou, em caso contrário, estão sendo utilizadas de forma imprecisa e/ou, mesmo, errônea?

"(...).

"A fim de facilitar a exposição e defesa de nosso entendimento, afirmamos que nossa posição é no sentido de que as expressões representam duas realidades distintas, ou seja, a *jurisdição constitucional* ou *justiça constitucional*, integrando o conceito genérico de 'jurisdição', é *espécie desta*, e cuja competência é privativa para julgar as diversas espécies de *processos constitucionais*.

"(...).

"Esta segunda expressão ('processo constitucional'), por sua vez, possui duas vertentes – a saber: um *sentido restrito* (voltado para o *controle de constitucionalidade como garantia da Constituição*) e um *sentido amplo*, caracterizando em seu âmbito todos os denominados 'remédios constitucionais' (*como garantias do cidadão*), tais como mandado de segurança (ou equivalente), mandado de injunção, *habeas corpus*, *habeas data*, ação popular...

"(...)

"Interessante questão desperta logo nossa atenção: a conveniência, ou não, de uma *codificação* ou *consolidação* das normas referentes ao *direito constitucional processual* e do *direito processual constitucional*."

E no final conclui com sua opinião pessoal nos termos seguintes:

"Em que pese a posição de Belaunde, a nós nos parece que ambas as disciplinas – *direito processual constitucional* e *direito constitucional processual* – pertencem muito mais ao *direito constitucional* que ao *direito processual* – embora, e é evidente, se valham de conceitos e normas da ciência processual.

"Seus pilares fundamentais estão na Constituição e sua autonomia (didática e doutrinária) se deve ao interesse sempre crescente quanto aos temas que compõem tanto o *direito processual constitucional* quanto o *direito constitucional processual* – o que, em última análise, se explica em decorrência da elevação da matéria processual ao nível das Constituições.

"Entretanto, apesar das posições epistemológicas defendidas pelas diversas correntes, de uma realidade não se pode fugir, ou seja: que a cada dia aumenta o interesse pelos temas relacionados tanto ao *direito processual constitucional* como ao *direito constitucional processual*, os quais estão se fazendo cada vez mais presentes nos cursos jurídicos, sobretudo em nível de pós-graduação."

4.6 PAULO ROBERTO DE GOUVÊA MEDINA se apresenta com "O Amparo e o Mandado de Segurança no Contexto Latino-Americano", descortinando-se já pelo título de sua contribuição a abordagem de temas também do agrado do Homenageado, fazendo-se comparação entre o "*juicio de amparo* mexicano" e o "mandado de segurança brasileiro", destacando, como é próprio da comparação jurídica, as convergências e as discrepâncias. No início o ilustre Professor PAULO MEDINA destaca os objetivos de seu estudo:

"O tema que nos propomos abordar, visto sob o prisma da extensa bibliografia em torno dele existente, bem comportaria o chiste do maior escritor brasileiro: é *novo como o sol, que também é velho*.[8] Mas, tal

---

8. Machado de Assis, *Memorial de Aires*, em *Obra Completa*, vol. I, Rio de Janeiro, Nova Aguilar, 1985, p. 1.187.

como o brilho do sol, sua importância é incontrastável. De um lado, porque focaliza dois instrumentos processuais que transcendem os lindes do ordenamento jurídico nacional, alçando-se ao plano da proteção internacional dos direitos do homem. Sob um segundo aspecto, porque tais instrumentos correspondem, nas suas origens, às criações mais genuínas do Direito de dois países do Continente Americano – o México e o Brasil. E – *last, but not least* – porque o estudo que, assim, se desenvolverá insere-se em volume destinado a homenagear o eminente professor HÉCTOR FIX-ZAMUDIO, que, no dizer autorizado de Niceto Alcalá-Zamora y Castillo, é o "más brillante amparista mexicano".[9]

E conclui com método apurado e com invocação do nosso grande Machado de Assis:

"Os pontos de aproximação entre o instituto mexicano e a ação brasileira são, todavia, bastante significativos, notadamente quando se considera o *amparo administrativo*, que, como bem acentuou FIX-ZAMUDIO, 'es el que tiene una conexión más estrecha y un parentesco más íntimo con el mandato de seguridad brasileño'.[10] Ambos os institutos juntam-se nas raízes históricas que lhes são comuns. Cresceram, é certo, em terrenos distintos, ao influxo de exigências peculiares ao direito de suas respectivas Nações. E, embora animados pelo mesmo espírito, que lhes dá vida, ostentam concepções diversas em sua estrutura e em seu procedimento. Por isso, cada um deles permite que se orgulhe de sua própria história. Calamandrei, ao visitar o México, em fevereiro/1952, ali proferindo uma série de conferências, depois enfeixadas em livro sob o título *Proceso y Democracia*, referiu-se ao amparo dizendo que dele 'están orgullosos con justicia los jueces mexicanos'.[11] Alcalá-Zamora, em exposição feita na cidade de São Paulo em setembro/1962, aludiu ao mandado de segurança como "un tema ciento por ciento brasileño, acaso, entre los de índole jurídica, el más brasileño de todos".[12]

"São esses, sem dúvida, dois institutos do direito processual constitucional que expressam os sentimentos de dois povos sempre ciosos

---

9. Niceto Alcalá-Zamora y Castillo, "El mandato de seguridad brasileño, visto por un extranjero", in *Estudios de Teoría General e Historia del Proceso*, t. II, México, UNAM/Instituto de Investigaciones Jurídicas, 1974, p. 638.

10. Héctor Fix-Zamudio, *Mandato de Seguridad y Juicio de Amparo*, México, Porrúa, 1964, nota 14, pp. 325-326.

11. Piero Calamandrei, *Proceso y Democracia*, trad. de Héctor Fix-Zamudio, Buenos Aires, Ediciones Jurídicas Europa-América/EJEA, 1960, p. 23.

12. Niceto Alcalá-Zamora y Castillo, "El mandato de seguridad brasileño, visto por un extranjero", cit., in *Estudios de Teoría General e Historia del Proceso*, t. II, pp. 637-638.

da proteção jurídica conferida aos direitos fundamentais do homem. Daí a riqueza que ostentam. Daí a variedade de aspectos que, na prática processual, estão, permanentemente, a revelar. A eles correspondem dois antigos instrumentos processuais, sempre em evolução na doutrina e na jurisprudência de seus países. Como se seguissem o exemplo do sol, a que se referia Machado de Assis, que, sendo velho, torna-se novo ao nascer a cada manhã..."

4.7 ANDRÉ RAMOS TAVARES apresenta-se com "Justiça Constitucional: Superando as Teses do 'Legislador Negativo' e do Ativismo de Caráter Jurisdicional", que é temática também freqüente nas obras e no magistério do Mestre FIX-ZAMUDIO. Destaco as seguintes passagens da colaboração do Prof. ANDRÉ RAMOS TAVARES:

"A justiça constitucional apresenta como função nuclear a defesa rotineira da Constituição – o que tenho preferido chamar de 'curadoria constitucional', exatamente para significar a necessidade de *proteger* e *implementar* as normas constitucionais, numa idéia alinhada àquela construída por HÉCTOR FIX-ZAMUDIO[13] no sentido de que 'a verdadeira defesa constitucional é a que pode obter uma aproximação entre a Constituição formal e a Constituição real'. A compreensão dessa atribuição (ou defesa) envolve a elucidação (desmembramento) das diversas atividades envolvidas, cujas peculiaridades permitem essa subdivisão em categorias distintas. Uma análise completa das funções da justiça constitucional não pode prescindir de uma análise tópica de tais categorias.[14]

"O presente estudo, porém, adotará um enfoque mais específico, em virtude dos limites de espaço. Discutirá o que denomino 'função estruturante', que é a mais difundida entre as funções da justiça constitucional e, ademais, aquela que se considera essencial (contemporaneamente) para que um tribunal se caracterize como constitucional.[15] Não será realizada, contudo, uma análise do fundamento e sentido de uma teoria das funções fundamentais da justiça constitucional, imprescindível para a compreensão dessa categoria funcional, tanto em relação às demais funções quanto à legitimidade de seu exercício, suas implicações democráticas e políticas."

13. Héctor Fix-Zamudio, *Estudio de la Defensa de la Constitución en el Ordenamiento Mexicano*, México, Porrúa/UNAM, 2005, p. 10.

14. Para uma sistematização das diversas "funções" da justiça constitucional, cf. André Ramos Tavares, *Teoria da Justiça Constitucional*, São Paulo, Saraiva, 2005.

15. Idem, pp. 202-203.

4.8 Finalmente, o signatário destas páginas comparece com despretensioso trabalho sobre a "Argüição de Descumprimento de Preceito Fundamental (sua Doutrina em face de uma Situação Concreta)", de que destaca os textos seguintes que indicam seu fundamento constitucional e sua natureza de ação de direito processual constitucional:

"A sede constitucional do tema está no art. 102, § 1º, da CF de 1988, que assim dispõe: 'A argüição de descumprimento de preceito fundamental, decorrente desta Constituição, será apreciada pelo Supremo Tribunal Federal, na forma da lei'.

"Ver-se-á que estamos diante de um caso especial de ação constitucional que, uma vez proposta, gera um tipo de *processo constitucional*. Significa isso que se trata de um instituto de *direito processual constitucional*.

"O texto fará considerações teóricas sobre a argüição de descumprimento de preceito fundamental decorrente da Constituição como meio adequado de apreciar a constitucionalidade ou inconstitucionalidade de dispositivos legais, ilustrando essas considerações com a análise de artigos questionados da Lei Complementar 101, de 4.5.2000."

5. Esta é, pois, a modesta Homenagem dos brasileiros a esse notável jurista mexicano que, por suas qualidades culturais e intelectuais de jurista, de constitucionalista, processualista, de reputação ilibada e notório saber, já ultrapassou as fronteiras de seu país, tornando-se Mestre de todos nós.

Prólogo à Obra Geral

HÉCTOR FIX-ZAMUDIO
e o Instituto de Pesquisas Jurídicas da UNAM*

HÉCTOR FIX-FIERRO
Diretor do Instituto de Pesquisas Jurídicas da UNAM

Não há quase palavras para exprimir o orgulho que me invade, como filho, como discípulo, como jurista mexicano e como sucessor do homenageado na direção do Instituto de Pesquisas Jurídicas da UNAM, por escrever algumas palavras de apresentação para esta obra, que deve ser considerada excepcional por muitos motivos – o que o leitor descobrirá facilmente. Tampouco as há para descrever quão difícil é este empenho que, em meu caso, pode facilmente fracassar por excesso ou falta, ao elogiar os méritos acadêmicos e pessoais de Héctor Fix-Zamudio e de tudo quanto lhe deve o nosso Instituto. É essa uma tarefa que outros haverão de realizar com melhor sorte. Por isso, quero tentar uma reflexão diferente, que – estou certo – ele mesmo aprovaria, pois tem sempre insistido que seus méritos são compartidos. Pergunto-me, então, o seguinte: quais são os fatores "estruturais" e "culturais",

---

* Agradeço os benevolentes e úteis comentários de Jacqueline Martínez, Sergio López Ayllón e Juan Vega.

e não somente pessoais ou circunstanciais, que ajudam a explicar por que Héctor Fix-Zamudio representa, melhor que ninguém, os valores acadêmicos e éticos cultivados pelo Instituto de Pesquisas Jurídicas? E por que sua figura e o Instituto chegaram a ter a influência e o prestígio de que gozam atualmente no mundo jurídico-político do México e da Ibero-América, principalmente?

Em interessante e provocador ensaio sobre a profissão jurídica mexicana e o que denominam suas "estratégias internacionais", dois sociólogos do Direito – Yves Dezalay e Brian Garth – identificam o Instituto de Pesquisas Jurídicas da UNAM (IIJ) como uma instituição formada por acadêmicos que, por carecer de capital político e social, decidiram investir no "Direito puro", como elemento autônomo do Estado, a partir de uma concepção mais técnica, aberta e internacional dos estudos jurídicos.[1] Dezalay e Garth assinalam que Héctor Fix-Zamudio é a "figura-chave" no Instituto, e dele dizem o seguinte: "Durante seu período como diretor, o IIJ passou de ser um pequeno centro à sombra da Faculdade de Direito da UNAM a converter-se em uma instituição acadêmica independente e com mais prestígio (...). Fix-Zamudio não provinha de uma família rica ou bem-relacionada; no entanto, decidiu investir plenamente nas idéias da pesquisa jurídica em dedicação exclusiva, na seleção meritocrática e na abertura aos enfoques do exterior. Ainda ativo no IIJ, Fix-Zamudio deu o tom e guiou com o exemplo, obtendo considerável reconhecimento por sua obra acadêmica, especialmente no campo do amparo".[2]

Mais adiante, Dezalay e Garth assinalam que vários membros do IIJ, pertencentes a uma nova geração, incorporaram-se ao Governo em diferentes momentos: "O Instituto de Pesquisas Jurídicas havia utilizado sua produção acadêmica para aumentar seu relativo prestígio e seu *status* de elite contribuiu para atrair alguns dos mais talentosos e ambiciosos estudantes de Direito e inclusive alguns dos mais bem-relacionados. (...). No entanto, contrastando com Héctor Fix-Zamudio,

---

1. Yves Dezalay e Bryant G. Garth, "De elite dividida a profissão cosmopolita. Os advogados e as estratégias internacionais na construção da autonomia do Direito no México", in Héctor Fix-Fierro (ed.), *Del Gobierno de los Abogados al Imperio de las Leyes. Estudios Sociojurídicos sobre Educación y Profesión Jurídicas en México Contemporáneo*, México, UNAM, 2006, pp. 206 e ss. (*Do Governo dos Advogados ao Império das leis. Estudos Sociojurídicos sobre Educação e Profissão Jurídicas no México Contemporâneo*) (a versão original deste ensaio foi publicada em 1995 como documento de trabalho da *American Bar Foundation*).

2. Idem, p. 207.

uma nova geração aproveitou os fenômenos internacionais e seus investimentos no Direito para desenvolver uma nova política do Direito dentro da elite governante do Estado".[3]

Independentemente de que compartilhemos ou não da visão de Dezalay e Garth das "estratégias" dos acadêmicos do Instituto para influir na política do Direito, subsiste o fato de que muitos dos seus membros, antigos e atuais, têm participado da construção e reforma de algumas das mais importantes instituições jurídicas do Estado Mexicano, a partir da década de 80. Evidentemente, este fato não pode ser explicado somente pelos méritos pessoais dos participantes, e tampouco pelas relações pessoais ou políticas que tenham mantido com o respectivo grupo governante. No entanto, Dezalay e Garth apontam a inter-relação de alguns dos fatores explicativos, e sobre eles convém fazer reflexão mais ampla.

Dezalay e Garth situam na gestão de Héctor Fix-Zamudio como diretor do IIJ (1996-1978) o início da profissionalização da pesquisa jurídica. Com efeito, até meados da década dos 60 não existia em nosso país uma carreira acadêmica institucionalizada no campo do Direito. Havia muito poucos professores em regime de dedicação exclusiva nas escolas e na Faculdade de Direito, motivo pelo qual os autores dos livros e manuais jurídicos mais conhecidos ou prestigiados eram, quase sempre, professores que tinham escritório próprio ou trabalhavam em alguma instituição do setor público. Portanto, não existia propriamente uma carreira acadêmica em regime de dedicação exclusiva, porque o investimento requerido pelo "Direito puro" era de muito longo prazo e bastante incerto, mais ainda do que agora, quando as condições que a tornam possível têm melhorado notavelmente.

Vários fatores institucionais e circunstanciais contribuíram para a *profissionalização da pesquisa jurídica* no IIJ. Em primeiro lugar, a autonomia do IIJ com respeito à Faculdade de Direito, que foi reconhecida em 1948, constituiu um elemento crucial. Até hoje a pesquisa jurídica ainda não conseguiu institucionalizar-se nem profissionalizar-se plenamente em nosso país. Nas escolas de Direito, tanto públicas quanto particulares, a pesquisa é pouca, seja porque em geral não é considerada uma atividade "rentável" e útil, seja porque os professores em regime de dedicação completa (os "professores-pesquisadores") são quase inteiramente absorvidos pelas atividades docentes.

---

3. Idem, p. 228.

Em segundo lugar, durante a reitoria do Dr. Ignacio Chávez (1951-1966) iniciou-se na Universidade Nacional um programa de formação do pessoal acadêmico, programa que continuou sob a reitoria do Eng° Javier Barrios Sierra (1966-1970). Este programa permitiu o ingresso no IIJ de vários jovens bolsistas, muitos dos quais realizaram, posteriormente, estudos de pós-graduação no estrangeiro. Para todos eles Héctor Fix-Zamudio era, e continua sendo, "o Mestre Fix", mesmo que não tenham sido seus discípulos diretos. À distância, observa-se claramente que esses jovens pesquisadores não formaram, simplesmente, um grupo de idades aproximadas, mas sim uma verdadeira *geração* – a primeira geração como tal do Instituto – que compartilhava – e compartilha ainda, sob muitos aspectos – da mesma idéia da pesquisa e das tarefas da política jurídica, em grande parte devido ao exemplo e guia do Mestre Fix.[4] E embora muitos deles tenham desempenhado importantes funções públicas nas seguintes décadas, vários regressaram à vida acadêmica no IIJ. Não há dúvida de que devemos ao Mestre Fix e a essa geração a criação do forte sentido de comunidade e de pertencer, que caracteriza o Instituto e que é compartilhado pelas novas gerações, apesar do considerável crescimento da base acadêmica nestes anos.[5]

Em terceiro lugar, uma chave do êxito do Instituto é a *continuidade*. Em um país onde a vida das instituições é ainda bastante precária,

---

4. Em uma perspectiva sociológica, o conceito de "geração" tem vários significados. Um deles, que se remonta a Wilhelm Dilthey e Karl Manheim, designa um grupo que compartilha uma "posição" socio-histórica similar, o que traz consigo uma certa identidade do pensamento, da ação e do sentimento. Assim, as gerações, ou grupos dentro delas, podem conformar, de certo modo, atores coletivos nos acontecimentos socio-históricos. V. Gerhard Majce, verbete "Generation", in Gunter Endruweit e Gisela Trommsdorff (eds.), *Wörterbuch der Soziologie*, vol. 1, Stuttgart, Enke Verlag, 1989, pp. 233-234. No caso desta primeira geração do IIJ, de que nos ocupamos, faltaria explorar se seus integrantes pretendiam obter objetivos de mudança jurídico-institucional, os motivos pelos quais pensavam que poderiam consegui-lo através do trabalho acadêmico.

5. Assim revela uma pesquisa de opinião realizada em fevereiro/2007 entre os pesquisadores do Instituto. À pergunta "Até que ponto você se sente parte da comunidade do Instituto de Pesquisas Jurídicas?", 79,9% responderam que "muito" e 16,3% que "um pouco". Curiosamente, foi mais elevada a porcentagem dos que disseram sentir-se "parte da UNAM" (95,1%), mas talvez isso possa ser explicado pelo fato de que é mais fácil identificar-se com um ser abstrato e, sobretudo, porque a pergunta não se referia à "comunidade" da Universidade. Quanto ao crescimento da base acadêmica, em 1966 havia somente 4 pesquisadores com dedicação exclusiva. Em 1980 já eram 26; em 2000 o número se tinha elevado a 71, e atualmente são mais de 90. V. *XL Aniversario del Instituto de Pesquisas Jurídicas*, México, UNAM, 1980, e *Instituto de Pesquisas Jurídicas. Sexagésimo Aniversario*, México, UNAM, 2000.

em parte porque há pouca continuidade nos programas e nas políticas institucionais, o Instituto destaca-se por ter mantido a mesma orientação geral da sua tarefa. A continuidade não se reflete exclusiva, nem sequer primordialmente, no crescimento constante da planta acadêmica, do número de eventos acadêmicos e de títulos publicados. Sem dúvida, isto tem sucedido, e de maneira muito notável,[6] mas deve-se, ao menos parcialmente, aos processos naturais de crescimento da sociedade e, portanto, dos recursos dedicados à educação superior. O valor mais profundo da continuidade acha-se, sobretudo, na possibilidade de realizar projetos de longo alcance, bem como na de inovar e construir sobre a base do que já existe.[7]

A continuidade e o crescente prestígio de uma carreira na pesquisa jurídica têm sido, em quarto lugar, elementos que favorecem a renovação das gerações. Após essa primeira geração, entre meados da década de 80 e meados dos 90, ingressou no Instituto uma nova geração, e neste momento ingressa outra mais. Cada uma destas gerações se tem caracterizado por uma formação cada vez mais sólida e ampla, com estudos em diferentes países estrangeiros (Espanha, Itália, França, Alemanha, principalmente), o que tem permitido ampliar consideravelmente as redes e os contatos acadêmicos do Instituto, dentro e fora do país.[8]

Dissemos que Dezalay e Garth insistem sobre a importância de que, no Instituto, se tenha cultivado o que eles chamam o "Direito puro", ou "autônomo", a partir de uma visão mais aberta e internacional dos

6. V. os relatórios anuais de trabalhos do Diretor do IIJ, publicados a partir de 1980 no *Boletim Mexicano de Derecho Comparado* (podem ser consultados em *www.bibliojuridica.org*).

7. Menciono como exemplo de tais projetos, entre outros, a *Constituição Política dos Estados Unidos Mexicanos Comentada* (1985, com 19 edições e numerosas reimpressões), a *Enciclopédia Jurídica Mexicana* (2002) e a *Latino-Americana* (2006) e os *Direitos do Povo Mexicano* (obra patrocinada pela Câmara de Deputados do Congresso da União, também com várias edições).

8. Esta atividade de expansão se tem manifestado sobretudo na celebração de numerosos convênios de colaboração com instituições nacionais e estrangeiras, mediante os quais se acordam diversas formas de cooperação acadêmica, como a realização de congressos e outros eventos, a publicação de revistas e livros em co-edição, a elaboração de estudos e análises jurídicas, o estabelecimento de cursos diplomados e cursos de Mestrado e Doutorado etc.

Quanto ao anterior, torna-se indispensável mencionar que a fundação do Instituto Ibero-Americano de Professores de Direito Constitucional no México, em 1975, assim como o fato de a presidência vir sendo ocupada por juristas mexicanos – Héctor Fix-Zamudio e Jorge Carpizo – e o de que sua sede se acha no próprio IIJ tornaram-se cruciais para fundamentar o prestígio acadêmico do IIJ no Continente Americano e na Europa Ocidental.

estudos jurídicos. Na verdade, esta tem sido a vocação explícita do Instituto – que nasceu em 1940 com o nome de "Instituto de Direito Comparado do México" –, pois seus fundadores pretendiam contribuir ao aperfeiçoamento da ordem jurídica nacional através do método comparativo. Esta visão, que atualmente pode parecer evidente, de modo algum o era naquele tempo, não só devido às consideráveis dificuldades de acesso ao Direito estrangeiro, mas também porque no meio jurídico mexicano se ia introduzindo um crescente nacionalismo – reflexo do clima nacionalista imperante no país –, que propiciava seu isolamento em relação ao Exterior. Talvez não por acaso deve-se a um importante professor espanhol, Felipe Sánchez Román, a iniciativa direta de fundar o Instituto, mas as autoridades da então Escola Nacional de Jurisprudência sabiam da importância e, principalmente, estavam conscientes do avanço do "nacionalismo jurídico" e seus perigos. Em seu discurso durante a inauguração do Instituto, em 7.5.1940, Manuel Gual Vidal, Diretor da Escola, assinalou que a fundação do Instituto estava relacionada "à situação do México no Continente, às nossas relações de espírito, de idioma e de tradições jurídicas, e, por outro lado, ao fato, também comprovado e doloroso, de que o México se esteja afastando, cada vez mais, das correntes desse Direito".[9] E continuou, dizendo: "O México, sem comparecer aos congressos que na América do Sul se têm celebrado; o México, sem fazer estudos de Direito Comparado, a não ser pelo esforço individual e pessoal de alguns estudiosos da matéria; o México, que, apesar de ter o mérito e de encabeçar este movimento, tem hoje abandonado o próprio movimento. E nos achamos completamente isolados, sem conhecer a legislação de outros países, com os quais nos une a tradição jurídica, desorientados pelas diversas influências sofridas por esses países. É, portanto, propósito definido e concreto do Instituto de Direito Comparado do México realizar uma revisão desses problemas, estudar o Direito de outros países, mas, especialmente, do Continente Americano, com a tendência, somente a tendência (...) de alcançar a unificação, em cada uma de suas matérias, do Direito Americano".[10]

9. V. "Discurso do licenciado Manuel Gual Vidal, Diretor da Escola Nacional de Jurisprudência, na inauguração do Instituto de Direito Comparado do México, em 7.5.1940", in Niceto Alcalá-Zamora y Castillo (ed.), *XXV Aniversario del Instituto de Derecho Comparado de México (1940-1965)*, México, UNAM, 1965, p. 140.

10. Idem, ibidem. O licenciado Gual Vidal insistiu, em seu discurso, em que a fundação do Instituto pretendia contribuir também para a unificação do Direito nacional, igualmente através dos estudos comparados.

Pode-se dizer que, entre os pesquisadores do Instituto, foi Héctor Fix-Zamudio aquele que melhor recebeu, das mãos de seu professor mais próximo e mais querido, Niceto Alcalá-Zamora y Castillo (1906-1985), e mais aprofundou, desde seus primeiros trabalhos, esta herança fundacional, a mesma que, muito cedo, colocou-o na contramão dos juristas que rejeitavam as "teorias jurídicas estrangeirizantes" cultivadas no Instituto. Entre eles destaca-se Ignacio Burgoa Orihuela, reconhecido Professor da Faculdade de Direito da UNAM e autor de um prestigioso manual sobre o juízo de amparo mexicano.[11] Não se tratava de simples diferença de critério jurídico, de elucidação de teorias jurídicas "corretas" ou "falsas", mas, sim, de uma visão particular sobre o Direito e os próprios estudos jurídicos, e talvez nisso tenha influído o maior ou menor distanciamento dos participantes diante do *establishment* jurídico-governamental de então. Em todo caso, os comparatistas do Instituto não acreditavam estar fazendo nada extraordinário, pois simplesmente acreditavam que os avanços gerais da ciência jurídica deviam ser considerados para entender melhor o Direito nacional. Afinal de contas, os criadores das instituições jurídicas nacionais mais importantes haviam sido juristas profundamente interessados nas experiências de outras latitudes, e sabiam que estavam adaptando o que consideravam o melhor dessas experiências para a solução dos problemas nacionais. Entende-se, por isto, que os representantes do nacionalismo jurídico consideraram muito incômoda uma atitude intelectual que, sendo meramente acadêmica, e não ideológica, constituía uma crítica arrasadora dos mitos e preconceitos que eles sustentavam.

Ironicamente, foi essa herança "estrangeirizante" que contribuiu, com o tempo, para fazer de Héctor Fix-Zamudio o estudioso das instituições jurídicas mexicanas, como o juízo de amparo, mais conhecido no estrangeiro, e, do Instituto de Pesquisas Jurídicas, um participante relevante dos processos de reforma jurídica nacional. Foi no Instituto que começaram a ser estudadas, e principalmente pelo próprio Mestre Fix, algumas das instituições que estavam sendo grandemente desenvolvidas no estrangeiro durante o segundo pós-guerra, tais como o

---

11. A reação do professor Burgoa expressa, sem citar nomes, no "Prólogo" da sua obra mais conhecida é tanto mais explicável porquanto Héctor Fix-Zamudio propunha – desde sua tese de licenciatura (1955), denominada *A Garantia Jurisdicional da Constituição Mexicana. Ensaio de uma Estruturação processual do Amparo*, e citada mais tarde em seu livro *O Juízo de Amparo*, México, Porrúa, 1964 – a utilização dos conceitos da Teoria Geral do Processo – elaborada principalmente por juristas alemães, italianos e espanhóis – na abordagem à mais nacional das instituições jurídicas mexicanas.

ombudsman, o conselho da judicatura e os tribunais constitucionais,[12] que mais tarde seriam incorporadas ao Direito Mexicano, quando se compreendeu que eram imprescindíveis para a renovação da vida pública do país.

Todos os elementos anteriores, como já foi dito, não são suficientes para entender por que vários membros do Instituto tiveram destacado papel na preparação e elaboração de algumas das reformas mais importantes das décadas de 80 e 90. Além das capacidades individuais e das relações pessoais que possam ter influído, requer-se um contexto social e político que explicite a necessidade da mudança jurídica e institucional. Com efeito, a partir de 1982, e com mais força na década de 90, produz-se profunda transformação em normas e instituições do Direito Mexicano, como conseqüência da necessidade de canalizar, acompanhar e consolidar juridicamente a liberalização e a abertura da economia mexicana, bem como o processo de democratização política.[13] Não se tratava de dar, simplesmente, "forma jurídica" às transformações políticas e econômicas, mas, neste processo, o Direito começou a assumir novas funções de regulação e legitimação, até o ponto em que se pôde falar do surgimento de um novo modelo ou paradigma de Direito e de uma verdadeira "transição jurídica", para qualificar o processo que lhe dá origem e o contexto no qual se desenvolve.[14]

Cabe, agora, perguntar se a intervenção de Héctor Fix-Zamudio e de outros membros do Instituto no processo de mudança jurídica

---

12. Em todos estes temas Héctor Fix-Zamudio tem importantes obras precursoras na doutrina mexicana, que remontam à década de 70.

13. Da ampla bibliografia existente sobre as mudanças jurídicas destes anos, v., a partir de uma perspectiva mais sócio-jurídica: Sergio López-Ayllón, *Las Transformaciones del Sistema Jurídico Mexicano. La Encrucijada entre Tradición y Modernidad*, México, UNAM, 1997; Sergio López-Ayllón e Héctor Fix-Fierro, "Tan cerca, tan lejos! Estado de Derecho y cambio jurídico en México (1970-2000)", in Héctor Fix-Fierro e outros (eds.), *Culturas jurídicas Latinas de Europa y América en Tiempos de Globalización*, México, UNAM, 2003, pp. 503-603. V. também José Ramón Cossío Díaz, *Cambio Social y Cambio Jurídico*, México, ITAM/Miguel Ángel Porrúa, 2001.

14. Sobre o conceito de "transição" no campo do Direito, v. Héctor Fix-Fierro e Sergio López-Ayllón, "Legitimidad contra legalidad. Los dilemas de la transición jurídica y el Estado de Derecho en México", in *Política y Gobierno*, vol. III, n. 2, México, 2º semestre de 2001, pp. 347-393, e "Cambio jurídico y autonomía del Derecho: un modelo de transición jurídica en México", in José Antonio Caballero Juárez e José María Serna de la Garza (eds.), *Transición y Estado de Derecho en México*, México, UNAM, 2002, pp. 95-137. V. também os demais ensaios reunidos neste último volume, assim como em María del Refugio González e Sergio López-Ayllón (coords.), *Transiciones y Diseños Institucionales*, México, UNAM, 1999.

tem tido alguma orientação em especial, ou se carece de um claro fio condutor. Considere-se, neste sentido, que os integrantes do Instituto participaram da criação, reforma ou desenvolvimento, entre outras, das seguintes instituições: a Defensoria dos Direitos Humanos (1990); o Tribunal Federal Eleitoral (1990 – agora, Tribunal Eleitoral do Poder Judiciário da Federação); o Tribunal Superior Agrário (1992); a Suprema Corte de Justiça da Nação (1987 e 1994) e o Conselho da Judicatura Federal (1994); o Instituto Federal Eleitoral (1990); o Instituto Federal de Acesso à Informação (2002); o Conselho Nacional para Prevenir a Discriminação (2004). Além disso, vários membros (ou ex-membros) do Instituto intervieram em outros importantes projetos de reformas constitucionais e legais (incluindo os mais recentes), tanto federais como de algumas entidades federativas, entre as quais se destacam várias em matéria de procuração e distribuição de justiça (como a introdução dos "juízos orais").

A maioria das instituições e reformas mencionadas tem um elemento em comum: os *direitos humanos* em um sentido amplo.[15] Independentemente da necessidade "objetiva" de estudar e promover estes direitos no mundo contemporâneo, em face da natureza do regime político então imperante, mas também devido aos ancestrais retrocessos do país na matéria, na eleição dos direitos humanos, como instrumento da política jurídica, acha-se uma decisão estratégica (consciente ou não) de grande força e legitimidade, não só porque esse discurso é capaz de desarmar preventivamente qualquer resistência política direta (quem pode estar, abertamente, contra os direitos humanos?) mas também porque se trata de figuras que naturalmente estão inseridas em um contexto mais amplo que o do Estado-Nação.[16]

Como já indicamos, tanto a partir da perspectiva dos direitos humanos como do ponto de vista do processo mais amplo de transição

---

15. Em sentido geral, talvez se deveria acrescentar aqui a *democracia*, mas trata-se de conceito menos unívoco, a respeito do qual certamente haveria menos consenso entre os membros do Instituto quanto às suas modalidades e alcances concretos. Por isso, concentro-me no eixo dos direitos humanos, considerando que sua defesa inclui a promoção da democracia.

Quanto a outros campos diferentes dos direitos humanos, convém mencionar que dois antigos membros do Instituto exerceram importantes responsabilidades como assessores jurídicos nas negociações do Tratado de Livre Comércio da América do Norte, entre México, Estados Unidos e Canadá (1991-1993), mas, em geral, o IIJ tem tido uma orientação menos intensa sobre os temas econômicos e, em geral, o direito privado.

16. Esta é uma das razões pelas quais Dezalay e Garth falam de "estratégias internacionais".

jurídica no México, o Direito aumenta sua relevância, não só como instrumento da regulação social (em especial da econômica), mas também como fator da legitimidade política. Em face do desgaste dos velhos modelos políticos (o presidencialismo), o sistema jurídico parece oferecer uma nova legitimidade, caracterizada pela despolitização e pela racionalização dos conflitos, assim como pela imparcialidade das suas decisões. Em termos weberianos, trata-se da legitimidade que gera a legalidade (embora deva ser uma legalidade não puramente formal). Isto permite entender por que a justiça, em geral, e os juízes e tribunais, em particular, assumem nova relevância no novo modelo de Direito.[17]

O anterior requer ainda mais um elemento de explicação. Posto que a transição jurídica mexicana não se produziu mediante ruptura, há necessidade de legitimar internamente o novo Direito, principalmente em face dos antigos operadores jurídicos, que devem entendê-lo e aplicá-lo em um contexto social mais exigente. É por isso que se recorre à doutrina, cuja função é explorar e vincular a ordem jurídica positiva com modelos filosóficos e teóricos mais amplos, mas também à capacidade operativa dos juristas acadêmicos, pois não só se apropriaram desses novos modelos, mas também oferecem a vantagem – a legitimidade, em uma palavra – de estarem desvinculados dos interesses criados e das práticas habituais do velho sistema. É neste contexto que se revela, em todas as suas dimensões, a importância da profissionalização e da institucionalização da pesquisa jurídica que foi alcançada no IIJ. Em seus termos, tomados fundamentalmente da Sociologia de Pierre Bourdieu (1930-2002), Dezalay e Garth diriam que, no marco dos imperativos econômicos e políticos impostos pela globalização, o capital acadêmico se transforma em capital jurídico-político, outorgando tanto mais influência aos seus detentores quanto mais desejado é por uma elite que se desespera para recuperar, através do Direito, parte da legitimidade perdida.

Quero terminar estas linhas em tom mais pessoal, que só pode ser de gratidão por Héctor Fix-Zamudio. Tudo o que o Instituto, a ciência jurídica mexicana e a vida institucional do país lhe devem reflete-se, embora palidamente, nos parágrafos anteriores. Tem ele sido exemplo

---

17. Sobre a legitimidade que o Direito oferece em um contexto de transição, v. Héctor Fix-Fierro e Sergio López-Ayllón, "Legitimidad contra legalidad. Los dilemas de la transición jurídica y el Estado de Derecho en México", in *Política y Gobierno*, cit. na nota 14.

constante e guia certeiro para todos nós; tem sido, enfim, a âncora diferencial do Instituto. Mas a lista particular do que devo agradecer-lhe é, em troca, muito mais longa. Para tanto faltam-me e novamente sobram-me palavras. Porque em minha vida colhi muito do que não semeei, peço-lhe agora, com emoção, que receba esta homenagem como parte da colheita de tudo quanto ele semeou durante mais de cinqüenta anos, que todos nós desejamos sejam muitos mais.

Prefácio à Obra Geral

EDUARDO FERRER MAC-GREGOR
ARTURO ZALDÍVAR LELO DE LARREA

No ano de 1956 surgem os primeiros trabalhos de Héctor Fix-Zamudio: "Derecho procesal constitucional",[1] "La garantía jurisdiccional de la Constitución mexicana",[2] "El proceso constitucional",[3] "Estructura procesal del amparo",[4] e "La aportación de Piero Calamandrei al derecho procesal constitucional".[5] Em outubro desse mesmo ano Fix-Zamudio ingressou no então Instituto de Direito Comparado (hoje, *Instituto de Investigaciones Jurídicas*) da Universidade Nacional Autônoma do México/UNAM.

Vislumbra-se, há 50 anos de distância, a transcendência daquelas primeiras publicações, que representam o início de uma brilhante carreira acadêmica. Por isso, em 2006, ao comentar com o Dr. Diego Valadés, então Diretor do Instituto de Pesquisas Jurídicas da UNAM, sobre a conveniência de comemorar as bodas-de-ouro acadêmicas do

1. *La Justicia* 309 e 310, t. XXXV, janeiro-fevereiro/1956, pp. 12.300-12.313 e 12.361-12.364.
2. *Foro de México* XXXV/3-12, fevereiro/1956.
3. *La Justicia* 317, t. XXVII, setembro/1856, pp. 12.625-12.636.
4. *La Justicia* 318, t. XXVII, outubro/1856, pp. 12.625-12.712.
5. *Revista de la Facultad de Derecho de México* t. VI, n. 24, outubro-dezembro/1956, pp. 191-211.

Mestre Fix-Zamudio, ele não só acolheu com beneplácito a idéia, como também nos encomendou o delicado labor de coordenar o projeto, respaldado depois, com entusiasmo, pelo atual Diretor desse Instituto, Dr. Héctor Fix-Fierro.

Decidiu-se que a obra-homenagem tivesse como eixo temático o *direito processual constitucional,* posto que essa disciplina constitui uma das preocupações fundamentais do Mestre, desde seus primeiros ensaios, e porque ele representa seu principal forjador nos últimos 50 anos. Assim, esta obra acrescenta-se às duas homenagens anteriores. A primeira, publicada pelo próprio Instituto de Pesquisas Jurídicas da UNAM, em 1988, comemorando seus 30 anos de pesquisas nas ciências jurídicas;[6] e a segunda, publicada uma década depois, em 1998, pela Corte Interamericana de Direitos Humanos, em reconhecimento à sua destacada trajetória nessa jurisdição internacional.[7]

O trabalho de convocação e de recepção dos trabalhos não foi simples. Em princípio, considerou-se uma lista inicial dos juristas mais próximos ao Dr. Fix-Zamudio, gentilmente proporcionada pela Sra. Evangelina Suárez, sua eficiente secretária há quase 20 anos. Posteriormente, a lista foi crescendo de maneira importante, porque muitos juristas, ao saber do projeto, demonstraram seu desejo de nele participar.

O resultado é o que o leitor tem nas mãos: a participação de mais de 400 juristas em nível mundial, além de acadêmicos, professores, juízes, servidores públicos, discípulos e condiscípulos de várias gerações, permitindo, assim, uma abordagem pluralista e ampla da matéria central da obra e também de outras disciplinas jurídicas.

Para maior clareza sistemática, a obra divide-se em 12 tomos, distribuídos em 46 capítulos, que na maioria se referem às temáticas de estudo da *Ciencia del Derecho Procesal Constitucional* , em sua acepção ampla. Assim, a obra é composta dos seguintes tomos e capítulos:[8]

Tomo I – **Teoría General del Derecho Procesal Constitucional**: *Capítulo I – Teoría General del Derecho Procesal Constitucional*

---

6. *Estudios en Homenaje al Doctor Héctor Fix-Zamudio, en sus Treinta Años como Investigador de las Ciencias Jurídicas*, III ts., México, UNAM, 1988.

7. *"Liber Amicorum": Héctor Fix-Zamudio*, San José, Corte Interamericana de Derechos Humanos, II ts., 1998.

8. V. a p. 219 o Sumário Geral dos 12 tomos.

Tomo II – **Tribunales Constitucionales y Democracia**: Capítulo II – *Tribunales, Cortes y Salas Constitucionales*; *Capítulo III – Tribunal Constitucional y Jurisdicción Ordinaria*; Capítulo IV – *Tribunales Constitucionales y Democracia*

Tomo III – **Jurisdicción y Control Constitucional**: *Capítulo V – Justicia y Control Constitucional*; *Capítulo VI – Control Difuso*; *Capítulo VII – Control Constitucional Local*

Tomo IV – **Derechos Fundamentales y Tutela Constitucional**: *Capítulo VIII – Derechos Fundamentales y Jurisdicción Constitucional*; *Capítulo IX – Protección Horizontal de los Derechos Fundamentales*; *Capítulo X – Protección Jurisdiccional de los Derechos Sociales*; *Capítulo XI – Bloque de Constitucionalidad*

Tomo V – **Juez y Sentencia Constitucional**: *Capítulo XII – Juez Constitucional*; *Capítulo XIII – Sentencia Constitucional*; *Capítulo XIV – Jurisprudencia y Precedente Constitucional*

Tomo VI – **Interpretación Constitucional e Jurisdicción Electoral**: *Capítulo XV – Interpretación y Argumentación Constitucional*; *Capítulo XVI – Interpretación Constitucional y Derecho Internacional*; *Capítulo XVII – Jurisdicción Constitucional Electoral*

Tomo VII – **Procesos Constitucionales de la Libertad**: *Capítulo XVIII – "Habeas Corpus"*); *Capítulo XIX – Amparo*; *Capítulo XX – "Habeas Data" y Protección de Datos Personales"*; *Capítulo XXI – "Ombudsman" e Procedimento de Investigação da Suprema Corte*

Tomo VIII – **Procesos Constitucionales Orgánicos**: *Capítulo XXII – Control Constitucional de Leyes*; *Capítulo XXIII – Conflctos entre Poderes y Órganos del Estado*; *Capítulo XXIV – Inconstitucionalidad por Omisión Legislativa*; *Capítulo XXV – Juicio Político y Fuero Parlamentario*; *Capítulo XXVI – Control Jurisdiccional de la Reforma Constitucional* ; *Capítulo XXVII – Responsabilidad Patrimonial del Estado*

Tomo IX – **Derechos Humanos y Tribunales Internacionales**: *Capítulo XXVIII – Derecho Internacional y Jurisdicción Constitucional*; *Capítulo XXIX – Corte Interamericana de Derechos Humanos*; *Capítulo XXX – Tribunal Europeo de Derechos Humanos*; *Capítulo XXXI – Corte Penal Internacional*; *Capítulo XXXII – Corte Internacional de Justicia*

Tomo X – **Tutela Judicial y Derecho Procesal**: *Capítulo XXXIII – Debido Proceso y Tutela Judicial*; *Capítulo XXXIV – Actualidad Procesal*; *Capítulo XXXV – Prueba*; *Capítulo XXXVI – Derecho Procesal Civil Internacional*

Tomo XI – **Justicia, Federalismo y Derecho Constitucional**: *Capítulo XXXVII – Administración y Procuración de Justicia*; *Capítulo XXXVIII – Estado Federal y Autonómico*; *Capítulo XXXIX – Actualidad Constitucional*

Tomo XII – **Ministerio Público, Contencioso Administrativo y Actualidad Jurídica**: *Capítulo XL – Ministerio Público y Derecho Penal* ; *Capítulo*

XLI – Derecho (Contencioso) Administrativo; Capítulo XLII *– Derecho de la Información*; Capítulo XLIII *– Derecho Fiscal*; Capítulo XLIV *– Derecho Indígena*; Capítulo XLV *– Derecho Laboral*; Capítulo XLVI *– Derecho Privado, Informática y Telecomunicaciones*

Antes destes 46, no t. I aparece uma breve biografia e o *curriculum vitae* do Dr. Fix-Zamudio. Acrescenta-se também um capítulo denominado "Epistolario", que contém 74 "cartas" que escreveram, para esta emotiva ocasião, os juristas e discípulos próximos do Mestre.

A seguir, mencionamos os 433 juristas, de 37 nacionalidades, que participam da obra, por ordem alfabética de países e autores:

Alemanha: Rainer *Grote*, Peter *Häberle*, Mathias *Herdegen*, Norbert *Lösing*, Dieter *Nohlen*, Nicolas *Nohlen* e Hans-Peter *Schneider*

Andorra: Antoni *López Montanya*

Argentina: Víctor *Abramovich*, Alberto *Alvarado Velloso*, Karina *Ansolabehere*, Roland *Arazi*, Víctor *Bazán*, Roberto Omar *Berizonce*, Pedro J. *Bertolino*, Mario *Cámpora*, Walter F. *Carnota*, Juan *Cianciardo*, Christian *Courtis*, Alberto Ricardo *Dalla Vía*, Diego A. *Dolabjian*, Edgardo Alberto *Donna*, Enrique *Falcón*, Gustavo *Ferreyra*, Lucas *Giardelli*, Osvaldo Alfredo *Gozaíni*, Ricardo *Haro*, Juan Carlos *Hitters*, Adelina *Loianno*, Gualberto Lucas *Sosa*, Pablo *Manili*, Antonio *María Hernández*, Augusto M. *Morello*, Eduardo *Oteiza*, Jorge Walter *Peyrano*, Oscar *Puccinelli*, Humberto *Quiroga Lavié*, Guido *Risso*, Adolfo Armando *Rivas*, Jorge A. *Rojas*, María Sofía *Sagüés*, Néstor Pedro *Sagüés*, Gustavo *Szarangowicz*, Sebastián Diego *Toledo*, Fernando *Toller*, Carlos *Vallefín*, Jorge Reinaldo *Vanossi*, Alejandro C. *Verdaguer*, Rodolfo L. *Vigo*, Eugenio Raúl *Zaffaroni* e Alberto *Zuppi*

Bélgica: Marcel *Storme*

Bolívia: Jorge *Asbun*, René *Baldivieso Guzmán* e José Antonio *Rivera Santivañez*

Brasil: José *Afonso da Silva*, José Carlos *Barbosa Moreira*, Paulo *Bonavides*, Antônio Augusto *Cançado Trindade*, Ivo *Dantas*, Paulo Roberto de *Gouvêa Medina*, Ada *Pellegrini Grinover* e André *Ramos Tavares*

Cabo Verde: Jorge Carlos *Fonseca*

Colômbia: Jaime *Araujo Rentería*, Ramiro *Bejarano Guzmán*, Mario *Cajas Sarria*, Jaime *Córdoba Triviño*, Juan Carlos *Esguerra Portocarrero*, Ana *Giacomette Ferrer*, Diana *Guarnizo*, José Gregorio *Hernández Galindo*, Alexei *Julio Estrada*, Diego *López Medina*, Hernán Alejandro *Olano García*, Julio César *Ortiz Gutiérrez*, Néstor *Osuna Patiño*, Jairo *Parra Quijano*, Carlos *Restrepo Piedrahita*, Ernesto *Rey Cantor*, Luis Carlos *Sáchica Aponte*, Juan Carlos *Upegui Mejía* e Rodrigo *Uprimny*

Costa Rica: Gilbert *Armijo*, Sergio *Artavia B.*, Rubén *Hernández Valle*, Ernesto *Jinesta L.*, Ma. Auxiliadora *Solano Monge*, Luis Paulino *Mora Mora*, Luis Fernando *Solano Carrera* e Manuel E. *Ventura Robles*

Cuba: Beatriz *Bernal Gómez* e Andry *Matilla Correa*

Chile: Andrés *Bordalí Salamanca*, José Luis *Cea Egaña*, Juan *Colombo Campbell*, Cecilia *Medina Quiroga*, Enrique *Navarro Beltrán*, Humberto *Nogueira Alcalá*, Miguel *Otero Lathrop*, Diego *Palomo*, Marisol *Peña Torres*, Hugo *Pereira Anabalón*, Lautaro *Ríos Álvarez* e Francisco *Zúñiga*

Equador: Hernán *Salgado Pesantes* e Santiago Efraín *Velázquez Coello*

El Salvador: Enrique *Anaya*, Roberto *Cuéllar M.*, Florentín *Meléndez* e Manuel *Montecinos*

Espanha: Eliseo *Ajá*, Miguel Ángel *Alegre Martínez*, José *Almagro Nosete*, Manuel *Aragón Reyes*, Pedro *Aragoneses Alonso*, Rafael de *Asís Roig*, Manuel *Atienza*, Lorena *Bachmaier Winter*, Mónica *Beltrán Gaos*, Juan María *Bilbao Ubillos*, José *Bonet Navarro*, Joaquín *Brage Camazano*, Lorenzo M. *Bujosa Vadell*, Rafael *Bustos Gisbert*, Raúl *Canosa Usera*, Marc *Carrillo*, José Luis *Cascajo Castro*, Faustino *Cordón Moreno*, Luis M. *Cruz*, Pedro *Cruz Villalón*, Isabel *Davara F. de Marcos*, Miguel Ángel *Davara Rodríguez*, Francisco Javier *Díaz Revorio*, José Julio *Fernández Rodríguez*, Francisco *Fernández Segado*, Víctor *Ferreres Comella*, Ángela *Figueruelo Burrieza*, Eduardo *García de Enterría*, Marina *Gascón Abellán*, Vicente *Gimeno Sendra*, Jesús María *González García*, Jesús *González Pérez*, Pablo *Gutiérrez de Cabiedes Hidalgo de Caviedes*, Jorge *Lozano Miralles*, Rafael *Márquez Piñero*, Augusto *Martín de la Vega*, Fernando *Martín Diz*, José *Martín Ostos*, Juan *Montero Aroca*, Pablo *Morenilla*, Víctor *Moreno Catena*, Julio *Muerza Esparza*, Andrés de la *Oliva Santos*, Andrés *Ollero*, Emilio *Pajares Montolío*, Luciano *Parejo Alfonso*, Antonio-Enrique *Pérez Luño*, Javier *Pérez Royo*, Pablo *Pérez Tremps*, Joan *Picó I Junoy*, Luis *Prieto Sanchís*, Francisco *Ramos Méndez*, Fernando *Rey Martínez*, Juan Luis *Requejo Pagés*, Miguel *Revenga Sánchez*, Pedro *Rivas*, Sonia *Rodríguez Jiménez*, Patricia *Rodríguez-Patrón*, Fdo. Francisco *Rubio Llorente*, Carlos *Ruiz Miguel*, Pedro *Serna*, Javier *Tajadura Tejada*, Isabel *Tapia Fernández*, Antonio *Torres del Moral*, José Luis *Vázquez Sotelo*, Pedro de *Vega* e Carlos *Vidal Prado*

Eslovênia: Arne Marjan MAVčič

Estados Unidos: Martín *Shapiro* e Robert F. *Williams*

França: Jean-Claude *Colliard*

Grécia: Konstantinos D. *Kerameus*

Guatemala: Mario *Aguirre Godoy*, Larry *Andrade-Abularach*, Mauro *Chacón Dorado* e Jorge Mario *García Laguardia*

Honduras: Francisco Daniel *Gómez Bueso*

Inglaterra: John Anthony *Jolowicz*

Israel: Stephen *Goldstein*

Itália: Italo *Augusto Andolina*, Paolo *Biavati*, Michelangelo *Bovero*, Federico *Carpi*, Alfonso *Celotto*, Sergio *Chiarloni*, Giuseppe *De Vergottini*,

Luigi *Ferrajoli*, Tania *Groppi*, Paolo *Grossi*, Pierfrancesco *Grossi*, Ricardo *Guastini*, Luca *Mezzetti*, Marco *Olivetti*, Lucio *Pegoraro*, Alessandro *Pizzorusso*, Giancarlo *Rolla*, Roberto *Romboli*, Antonio *Ruggeri*, Michele *Taruffo*, Vincenzo *Vigoritti* e Gustavo *Zagrebelsky*
  Lituânia: Egidijus *JarašiŪnas* e Stasys *Stačiokas*
  Macau: Paulo *Cardinal*
  México: Juan Manuel *Acuña*, Jorge *Adame Goddard*, Horacio *Aguilar Álvarez de Alba*, Miguel de Jesús *Alvarado Esquivel*, Emilio *Álvarez Icaza Longoria*, Walter *Arellano Hobelsberger*, Gonzalo *Armienta Calderón*, Juan Federico *Arriola*, Elisur *Arteaga Nava*, César *Astudillo*, Carlos *Báez Silva*, Daniel A. *Barceló Rojas*, Arturo *Bárcena Zubieta*, Manuel *Barquín Á.*, José *Barragán Barragán*, Luis de la *Barreda Solórzano*, Manuel *Becerra Ramírez*, Adriana *Berrueco García*, Ingrid *Brena Sesma*, Luis *Broderman Ferrer*, Rodolfo *Bucio Estrada*, Néstor de *Buen Lozano*, José Antonio *Caballero*, José Luis *Caballero Ochoa*, Enrique *Cáceres Nieto*, Miguel *Carbonell*, Jaime *Cárdenas*, Jorge Ulises *Carmona Tinoco*, Jorge *Carpizo*, Constancio *Carrasco Daza*, Manlio Fabio *Casarín León*, Milton Emilio *Castellanos Goût*, Juventino V. *Castro y Castro*, Cynthia *Chanut Esperón*, David *Cienfuegos*, Germán *Cisneros Farías*, Rafael *Coello Cetina*, Víctor Manuel *Collí Ek*, Lorenzo *Córdova Vianello*, Edgar *Corzo Sosa*, José Ramón *Cossío Díaz*, José de Jesús *Covarrubias Dueñas*, Óscar *Cruz Barney*, Osmar Armando *Cruz Quiroz*, Francisco José *De Andrea S.*, Enrique *Díaz Aranda*, José Hugo Augusto *Díaz-Estúa Avelino*, Luis *Díaz Müller*, Juan *Díaz Romero*, Javier *Dondé Matute*, Ma. Macarita *Elizondo Gasperín*, Miguel *Eraña Sánchez*, Rafael *Estrada Michel*, Jorge *Fernández Ruiz*, Eduardo *Ferrer Mac-Gregor*, Héctor *Fix-Fierro*, Imer B. *Flores*, José Fernando *Franco González Salas*, Flavio *Galván Rivera*, José *Gamas Torruco*, Máximo *Gámiz Parral*, Marco César *García Bueno*, Gumesindo *García Morelos*, Sergio *García Ramírez*, José Alfredo *García Solís*, Paula María *García-Villegas Sánchez-Cordero*, Raymundo Gil *Rendón*, Mara *Gómez Pérez*, Alonso *Gómez Robledo*, Genaro David *Góngora Pimentel*, Juan Luis *González Alcántara y Carrancá*, Carlos *González Blanco*, Héctor *González Chévez*, Jorge Alberto *González Galván*, Nuria *González Martín*, Manuel *González Oropeza*, Raúl *González Schmal*, José de Jesús *Gudiño Pelayo*, Juan Carlos *Gutiérrez*, Rodrigo *Gutiérrez*, Juan de Dios *Gutiérrez Baylón*, Iván Carlo *Gutiérrez Zapata*, Manuel L. *Hallivis Pelayo*, Ma. del Pilar *Hernández*, María Amparo *Hernández Chong Cuy*, Alfonso *Herrera García*, Carla *Huerta*, Francisco *Ibarra Palafox*, Alfredo *Islas Colín*, Olga *Islas de González Mariscal*, Patricia *Kurczyn Villalobos*, Mauricio *Lara Guadarrama*, Leoncio *Lara Sáenz*, José Manuel *Lastra Lastra*, Gerardo *Laveaga*, Andrés *Lira González*, Sergio *López-Ayllón*, Miguel Alejandro *López Olvera*, Margarita Beatriz *Luna Ramos*, Ana Laura *Magaloni Kerpel*, Daniel *Márquez*, Raúl *Márquez Romero*, Fabiola *Martínez Ramírez*, Edgardo *Martínez Rojas*, Mario *Melgar Adalid*, Ricardo *Méndez Silva*, Jorge *Meza*

PREFÁCIO À OBRA GERAL 39

Pérez, Javier *Mijangos y González*, Gonzalo *Moctezuma Barragán*, César de Jesús *Molina*, Cecilia *Mora-Donatto*, Carlos A. *Morales-Paulín*, Jorge *Nader Kuri*, José Ramón *Narváez*, Carlos F. *Natarén*, César *Nava Escudero*, Salvador Olimpo *Nava Gomar*, Santiago *Nieto Castillo*, Alfonso *Oñate*, José Emilio Rolando *Ordóñez Cifuentes*, Jorge R. *Ordóñez E.*, Lina *Ornelas Núñez*, J. Jesús *Orozco Henríquez*, José *Ovalle Favela*, Ruperto *Patiño Manffer*, Raúl *Pérez Johnston*, Valeriano *Pérez Maldonado*, Carlos *Pérez Vázquez*, Raúl *Plascencia Villanueva*, José Luis *Prado Maillard*, Alejandro *Quijano Álvarez*, Elvia Arcelia *Quintana Adriano*, Karla I. *Quintana Osuna*, Emilio *Rabasa Gamboa*, Laura M. *Rangel Hernández*, Gabriela *Ríos Granados*, José *Roldán Xopa*, Alberto *Saíd*, Pedro *Salazar Ugarte*, Javier *Saldaña*, Luis Gerardo *Samaniego Santamaría*, Alfredo *Sánchez Castañeda*, Olga *Sánchez Cordero de García Villegas*, Rubén *Sánchez Gil*, Ulises *Schmill*, Ricardo J. *Sepúlveda I.*, José Ma. *Serna de la Garza*, Fernando *Serrano Migallón*, Dora María *Sierra Madero*, Juan Carlos *Silva Adaya*, Fernando *Silva García*, José Luis *Soberanes Fernández*, Humberto *Suárez Camacho*, Evangelina *Suárez Estrada*, Julio *Téllez Valdés*, Karla Beatriz *Templos Núñez*, Rodolfo *Terrazas Salgado*, Pedro *Torres Estrada*, Francisco *Tortolero Cervantes*, José Juan *Trejo Orduña*, Jean Claude *Tron Petit*, Gonzalo *Uribarri Carpintero*, Diego *Valadés*, Clemente *Valdés*, Salvador *Valencia Carmona*, Sergio Armando *Valls Hernández*, Rodolfo *Vázquez*, Francisco *Vázquez-Gómez Bisogno*, Juan *Vega Gómez*, Ernesto *Villanueva*, Jorge *Witker* e Arturo *Zaldívar Lelo de Larrea*

    Nicarágua: Iván *Escobar Fornos* e Francisco *Rosales Arguello*
    Panamá: Arturo *Hoyos* e Sebastián *Rodríguez Robles*
    Paraguai: Jorge *Silvero Salgueiro*
    Peru: Samuel B. *Abad Yupanqui*, Ernesto *Blume Fortini*, Edgar *Carpio Marcos*, Susana Ynes *Castañeda Otsu*, Luis *Castillo Córdova*, Jorge *Danós Ordóñez*, Francisco *Eguiguren Praeli*, Eloy *Espinosa-Saldaña Barrera*, Gerardo *Eto Cruz*, Domingo *García Belaunde*, Diego *García Sayán*, Víctor *García Toma*, Carlos *Hakansson Nieto*, César *Landa*, Juan *Monroy Gálvez*, José F. *Palomino Manchego*, Carlos *Parodi Remón*, Elvito A. *Rodríguez Domínguez* e Fernando *Vidal Ramírez*
    Polônia: Krystian *Complak*
    Portugal: Jorge *Miranda*
    República Democrática do Congo: Jean *Cadet Odimba*
    República Dominicana: Eduardo *Jorge Prats* e Olivo A. *Rodríguez Huertas*
    África do Sul: Wouter L. *De Vos*
    Uruguai: Augusto *Durán Martínez*, Eduardo G. *Esteva Gallicchio*, Jaime *Greif*, Héctor *Gros Espiell*, Ángel *Landoni Sosa* e Leslie *Van Rompaey*
    Venezuela: Alirio *Abreu Burelli*, Carlos *Ayala Corao*, Alberto *Baumeister Toledo*, Alberto *Blanco-Uribe Quintero*, Allan R. *Brewer Carías*, Jesús M.

Casal H., José Vicente *Haro García*, Ricardo *Henríquez La Roche*, Michael *Núñez Torres* e Mariolga *Quintero Tirado*

Como o leitor pode ver, trata-se de um esforço coletivo em nível mundial. A qualidade e a quantidade dos trabalhos só foram possíveis devido à autoridade moral e intelectual do homenageado, que tanto tem contribuído para o desenvolvimento do direito público do nosso tempo e, especialmente, à consolidação da *Ciência do Processual Constitucional*.

Em nome do Instituto de Pesquisas Jurídicas da Universidade Nacional Autônoma do México, da Editora Marcial Pons e do Instituto Mexicano de Direito Processual Constitucional, agradecemos a cada autor sua entusiasta colaboração. Com profunda admiração e carinho, a comunidade jurídica internacional se une para honrar um dos juristas de fala hispânica mais querido, respeitado e reconhecido no mundo, por ocasião dos seus 50 anos (1956-2006) de contínuo e frutífero labor intelectual.

Parabéns, Mestre Héctor Fix-Zamudio!

Cidade do México, Primavera de 2008

Biografia
do Mestre HÉCTOR FIX-ZAMUDIO

EDUARDO FERRER MAC-GREGOR

Héctor Fix-Zamudio nasceu no centro histórico da cidade do México em 4.9.1924. Seu avô paterno, Lucien Fix, chegou da França no século XIX. É o primeiro filho do casamento do Sr. Felipe Fix y Ruiz e D. Ana Maria Zamudio Cantú, que procedia de Cidade Victoria/Tamaulipas. Seus irmãos menores eram Graciela, Jorge e René. Sobrevive sua irmã Margarita, com quem mantém estreita relação.

Estudou principalmente em escolas públicas. Cursou o primário em duas instituições: uma, anexa à Normal de Mestres, e a outra, denominada República do Brasil. O curso secundário foi cursado na Escola Secundária n. 4: Moisés Sáenz, localizada em Santa María la Ribera, em pleno centro da cidade do México. Nessa época teve como professores José Calvo (Literatura Espanhola), Ofelia Garza del Castillo (Espanhol) e Carlos Pellícer (História Universal), que influenciaram sua formação humanista.

Cursou o Bacharelado na Escola Nacional Preparatória, no Antigo Colégio de San Ildefonso, também no centro histórico da cidade do México (1940-1942). Foi nessa época que definiu sua clara vocação pela História e pelo Direito, ao optar pelo Bacharelado na área de "Humanidades". Influíram sensivelmente em sua formação Erasmo Castellanos Quinto (Literatura Universal), Joaquín Ramírez Cabañas

(História), Hilario Medina (História Universal), Agustín Yáñez (Literatura), Adolfo Menéndez Samará (Introdução à Filosofia) e Juan Sánchez Navarro (Introdução à História do Direito). Estudou Direito na Escola Nacional de Jurisprudência (hoje, Faculdade de Direito da UNAM) (1942-1949). Entre seus professores figuram juristas do porte de Juan Sánchez Navarro y Peón (Introdução ao Estudo do Direito), Javier de Cervantes (Direito Romano), José Castillo Larrañaga (Direito Processual), Mario de la Cueva (Teoria do Estado), Manuel Marván (Direito do Trabalho), José Campillo Sáinz (Direito do Trabalho), José Castro Estrada (Direito Administrativo), Leopoldo Aguilar (Direito Civil), Salvador Azuela (Direito Constitucional), Antonio Martínez Báez (Direito Constitucional), Antonio Carrillo Flores (Direito Administrativo) e Vicente Peniche López (Juízo de Amparo). Desde estudante surgiu sua predileção pelo estudo do juízo de amparo, assistindo como ouvinte às aulas ministradas por Alfonso Noriega Cantú.

Graduou-se com menção honrosa a 18.1.1956, com a tese denominada *La Garantía Jurisdiccional de la Constitución Mexicana. Ensayo de una Estructuración Procesal del Amparo*, que havia concluído em 1955. O júri do exame foi integrado por Lucio Cabrera Acevedo, José Castillo Larrañaga, Mariano Azuela Rivero e Niceto Alcalá-Zamora y Castillo. Dedicou cinco anos à elaboração desse trabalho, que foi orientado pelos processualistas José Castillo Larrañaga e Niceto Alcalá Zamora y Castillo. Este último jurista espanhol, radicado por mais de 30 anos no México (1946-1976), influiu em sua dedicação à pesquisa e à docência. Fix-Zamudio converteu-se em um dos seus principais discípulos na importante escola que forjou.

Seu trabalho inicial teve grande repercussão nos anos seguintes. Publicou-o parcialmente em diversas revistas nesse mesmo ano (1956) e depois na íntegra, como parte do seu primeiro livro: *O juízo de Amparo* (México, Porrúa, 1964). Constitui, por um lado, o primeiro estudo sistemático sobre a ciência do direito processual constitucional como disciplina jurídica processual. Por outro lado, dá início à etapa que ele mesmo denominou de "reivindicação processual do amparo", entendendo que a máxima instituição processual mexicana devia ser estudada, fundamentalmente, como processo constitucional, e não somente como instituição política.

Em 1960 casou-se com María Cristina Fierro González, originária da cidade do México. Companheira inseparável que, durante 43 anos, apoiou sua trajetória em funções judiciais e como pesquisador jurídico. Tiveram quatro filhos: Héctor Felipe, María Cristina, Carlos Enrique e Imelda; e seis netos: Valentina, Fabián, Markel, Verena, Adrián e Héctor Daniel. Sua família tem representado um permanente estímulo e incentivo em seus trabalhos acadêmicos. Seu primogênito, Héctor Fix-Fierro, seguindo os passos de seu pai, é um reconhecido pesquisador e, atualmente, diretor do Instituto de Pesquisas Jurídicas da UNAM.

Realizou seus estudos de Pós-Graduação na Divisão de Estudos Superiores da Faculdade de Direito da própria UNAM (1964-1965), com a menção *Magna Cum Laude*. O júri foi integrado por Niceto Alcalá-Zamora y Castillo, na qualidade de diretor, Luis Recaséns Siches, Alfonso Noriega Cantú, Antonio Carrillo Flores e Antonio Martínez Báez. Sua tese de Graduação foi ampliada nos anos seguintes e publicada na Espanha, com o título *La Protección Procesal de los Derechos Humanos ante las Jurisdicciones Nacionales* (Madri, Civitas, 1982).

Sua atividade profissional bifurcou-se em dois caminhos: a função judiciária e a atividade acadêmica. Estas têm sido suas duas "vocações", como ele mesmo indicou. Sendo estudante, trabalhou durante breve tempo em um cartório e ingressou na Suprema Corte de Justiça da Nação em 8.6.1945, como auxiliar na Secretaria de Acordos da Segunda Sala. Durante 19 anos trabalhou no Poder Judiciário da Federação, ocupando diversos cargos judiciários: assessor com funções de secretário de Juizado de Distrito (1957), secretário do Tribunal Colegiado de Círculo (1956-1957), até ser secretário de Estudo e Conta, adscrito ao Tribunal Pleno da Suprema Corte de Justiça da Nação (1958-1964). Renunciou em 30.7.1964, para se dedicar completamente ao ensino e à pesquisa jurídica. Essa decisão vocacional marcou seu futuro acadêmico, que foi mantido, apesar das ofertas, em várias ocasiões, de ocupar o cargo de Ministro da Suprema Corte de Justiça da Nação.

Como pesquisador contratado, ingressou no Instituto de Direito Comparado (hoje, de Pesquisas Jurídicas) em outubro/1956, e com dedicação exclusiva em agosto/1964. Foi diretor desse Instituto durante 12 anos (1966-1978) e designado *pesquisador emérito* do mesmo, no Conselho Universitário de 1987. Foi membro do Sistema Nacional de Investigadores/SNI, desde sua criação, em 1984, e *investigador emérito* do mesmo Sistema, desde 1996.

Como universitário, tem tido destacada participação em momentos difíceis da UNAM, ao redigir as bases jurídicas que levaram a superar o conflito trabalhista de 1972. Contribuiu para os festejos da autonomia universitária em 1979 e para a criação da Defensoria dos Direitos Universitários em 1985. Participou da Junta de Governo da UNAM (1981-1988).

Foi professor da disciplina Juízo de Amparo em sua *alma mater*, a Faculdade de Direito da UNAM, durante 32 anos ininterruptos (1964-1996). Além de ministrar cátedra na Divisão de Estudos de Pós-Graduação da mesma Faculdade (1966-1994), ministrou cursos e participou em numerosos congressos e seminários em universidades nacionais e estrangeiras.

É membro de grande número de associações científicas nacionais e internacionais, destacando-se a Academia Mexicana de Ciências; o Colégio Nacional; a Academia Internacional de Direito Comparado; a Associação Internacional de Direito Processual; a União de Professores para o Estudo do Direito Processual Internacional; a Academia Nacional de Ciências Morais e Políticas da Argentina; o Instituto Ibero-Americano de Direito Processual; o Instituto Ibero-Americano de Direito Processual Constitucional (presidente honorário desde 2003); e o Instituto Ibero-Americano de Direito Constitucional, do qual foi presidente titular (1975-1992) e, atualmente, *presidente honorário vitalício* (desde 1992).

Entre seus principais prêmios e distinções, destacam-se: o Prêmio da Academia de Pesquisas Científicas (1963); o Prêmio Nacional de História, Ciências Sociais e Filosofia (1982); o Prêmio Internacional conferido pela UNESCO sobre o Ensino dos Direitos Humanos (1985); a Medalha ao Mérito Universitário, no campo da pesquisa (1990); o Prêmio Universidade Nacional na pesquisa em Ciências Sociais (1992); o Prêmio Nacional de Jurisprudência, outorgado pela Ordem dos Advogados do México (1994); a Medalha Belisario Domínguez, outorgada pelo Senado da República (2002); e o Prêmio Internacional "Justiça no Mundo", outorgado pela União Internacional de Magistrados (Madri, 2004).

Recebeu o doutorado *honoris causa* da Universidade de Sevilha/Espanha (1984); Universidade de Colima/México (1992); Universidade Externado da Colômbia (1998); Pontifícia Universidade Católica do Peru (2001); Benemérita Universidade Autônoma de Puebla (2002); Universidade Complutense de Madri (2003); Universidade Los Andes em Huancayo/Peru (2007); e Centro de Pesquisa e Desenvolvimento do Estado de Michoacán (2007).

Durante mais de 50 anos suas pesquisas, sempre caracterizadas pela utilização do método histórico comparativo, se têm centrado 3 três eixos fundamentais: o direito processual, o direito constitucional e os direitos humanos. Representa, de maneira particular, o principal forjador de uma nova disciplina jurídica que, na atualidade, se acha em pleno desenvolvimento: a *ciência do direito processual constitucional*, que dá nome, precisamente, à presente obra coletiva em sua honra, e na qual participam mais de 400 juristas de 37 nacionalidades.

Conta com mais de 400s publicações, entre as quais figuram livros, artigos, ensaios monográficos, traduções, prólogos e apresentações, tanto no âmbito nacional como no internacional. Autor de mais de 20 livros: *Tres Estudios sobre el Mandato de Seguridad Brasileño* (*et al.*, 1963); *El Juicio de Amparo* (*O Juízo de Amparo*) (1964); *Veinticinco Años de Evolución de la Justicia Constitucional, 1940-1965* (1968); *Constitución y Proceso Civil en Latinoamérica* (1974); *Los Tribunales Constitucionales y los Derechos Humanos* (1980; 2ª ed., 1985); *Metodología, Docencia e Investigación Jurídicas*) (1981; 13ª ed., 2006); *La Protección Jurídica y Procesal de los Derechos Humanos ante las Jurisdicciones Nacionales* (1982); *Introducción a la Justicia Administrativa en el Ordenamiento Mexicano* (1983); *Latinoamérica: Constitución, Proceso y Derechos Humanos* (1988); *Protección Jurídica de los Derechos Humanos. Estudios Comparativos* (1991; 2ª ed., 1999); *Derecho Procesal* (com José Ovalle Favela, 1991; 2ª ed., 1993); *Ensayos sobre el Derecho de Amparo* (1993; 3ª ed., 2003); *Justicia Constitucional, Ombudsman y Derechos Humanos* (1993; 2ª ed., 2001); *Comentarios a la Ley de la Comisión de Derechos Humanos del Distrito Federal* (1995); *El Poder Judicial en el Ordenamiento Mexicano* (com José Ramón Cossio, 1996; 3ª reimpr., 2003); *El Consejo de la Judicatura* (com Héctor Fix-Fierro, 1996); *México y la Declaración de Derechos Humanos* (coord., 1999); *México y la Corte Interamericana de Derechos Humanos* (2ª ed., 1999); *Derecho Constitucional Mexicano y Comparado* (com Salvador Valencia Carmona, 1999; 5ª ed., 2007); *Introducción al Derecho Procesal Constitucional* (2002); *Función Constitucional del Ministerio Público. Tres Ensayos y un Epílogo* (2004); *Estudio de la Defensa de la Constitución en el Ordenamiento Mexicano* ((1994; 3ª ed., 2005); e *El Derecho de Amparo en el Mundo* (coord. com Eduardo Ferrer Mac-Gregor, 2006).

No âmbito internacional destacou-se como Juiz da Corte Interamericana de Direitos Humanos (1986-1998), sendo seu presidente durante dois períodos consecutivos (1990-1993 e 1995-1997); e membro da Subcomissão para a Prevenção de Discriminações e a Proteção de Minorias da ONU (suplente desde 1988 e titular 1998-2001), em Genebra/Suíça.

O Mestre Héctor Fix-Zamudio tem inumeráveis discípulos, entre os quais se encontram os principais juristas do nosso país. Sua escola estendeu-se além das fronteiras e seu pensamento está presente nas mudanças legislativas, jurisprudenciais e institucionais da América Latina. É considerado, atualmente, o jurista mexicano mais reconhecido no mundo e um dos humanistas ibero-americanos de maior influência, querido e respeitado no direito público do nosso tempo.

A Constitucionalização do Processo no Direito Brasileiro

José Carlos Barbosa Moreira

Professor da Faculdade de Direito do Estado do Rio de Janeiro –
Presidente Honorário do Instituto Ibero-Americano de Direito Processual

1. As Constituições brasileiras anteriores a 1988 ocupavam-se relativamente pouco do processo. Em geral, davam menor atenção ao processo civil que ao penal, em relação ao qual tratavam de assegurar certas garantias à defesa. Alguns institutos jurídicos previstos no texto constitucional – como o mandado de segurança, a ação popular e o recurso extraordinário – sem dúvida se aplicavam no campo civil. Não se ia, contudo, muito além disso.

Modificou-se o panorama com o advento da Carta Política de 5.10.1988. Nesta são bem mais abundantes as disposições relativas a ambos os setores do direito processual. É o que chama logo a atenção quando se lêem os diversos incisos do art. 5º, constante do Capítulo I ("Dos Direitos e Deveres Individuais e Coletivos") do Título II ("Dos Direitos e Garantias Fundamentais"). Em considerável número deles – e noutros dispositivos – consagram-se princípios e regras atinentes ao processo.

Uma conseqüência natural do fenômeno consistiu no fato de que os processualistas brasileiros foram levados, mais que anteriormente, a examinar ou reexaminar problemas do processo – tanto civil quanto penal – à luz das diretrizes contidas na Constituição. Grande parte da literatura processual contemporânea revela a impregnação de valores constitucionais, a que se passou a dar maior peso na interpretação dos textos processuais.

2. Princípio básico do ordenamento, com repercussão direta no mundo do processo, é o do inciso XXXV, *verbis* "a lei não excluirá da apreciação do Poder Judiciário lesão ou ameaça a direito". O dispositivo assinala a tendência à *universalização* do exercício da função jurisdicional: onde quer que alguém se sinta lesado ou ameaçado em direito seu, poderá valer- se do recurso à Justiça, e fica vedada a respectiva denegação.

Notam-se duas importantes diferenças na redação desse texto quando confrontado com os correspondentes nas Constituições anteriores. A primeira consiste no acréscimo da referência à "ameaça". Agora, não é só contra a *lesão*, mas contra a simples *ameaça*, que se trata de proteger o jurisdicionado. Alguma forma de proteção desse tipo há de existir no ordenamento processual.

De modo compreensível, não desce a Constituição a minúcias no particular. Compete ao legislador ordinário escolher e regular as espécies de proteção dispensadas a quem se julga *ameaçado* de lesão a direito. Acham espaço aqui a tutela cautelar, a preventiva, a chamada "antecipação da tutela". Empregando esta terceira modalidade, poderá o juiz, a requerimento da parte, antecipar, total ou parcialmente, os efeitos da tutela pleiteada no pedido inicial, desde que "haja fundado receio de dano irreparável ou de difícil reparação" e exista "prova inequívoca" suscetível de convencê-lo da verossimilhança da alegação do autor. O instituto foi disciplinado pela Lei 8.952, de 13.12.1994 (com modificações posteriores), e vem tendo freqüente aplicação na prática forense.

Cumpre assinalar que o ordenamento brasileiro conhecia de há muito outros instrumentos destinados à proteção de direitos ameaçados. A novidade consiste, aqui, em que a lei não pode, doravante, excluir a respectiva utilização, para somente permitir o recurso à Justiça a quem se queixe de lesão já consumada.

A segunda diferença reside na eliminação do adjetivo "individual" que qualificava a palavra "direito" nas Constituições precedentes. A Carta atual impõe que se proteja lesão ou ameaça não só a direitos individuais, senão igualmente a direitos *coletivos*. Evidencia-o a própria rubrica, supratranscrita, do capítulo ("Dos Direitos e Deveres Individuais *e Coletivos*"). E, com efeito, o ordenamento brasileiro enriqueceu-se de instrumentos de tutela jurisdicional coletiva, com realce para a ação civil pública –aliás, criada antes da Constituição de 1988, mas elevada por esta ao patamar constitucional (art. 129, III). Entre seus principais objetivos acham-se a proteção ao meio ambiente, a bens e direitos de valor artístico, estético, histórico, turístico e paisagístico, à ordem urbanística e – segundo cláusula genérica – "a qualquer outro interesse difuso ou coletivo".

Refere-se também a Constituição de 1988: (a) à ação popular, proponível por qualquer cidadão com o fito de "anular ato lesivo ao patrimônio público ou de entidade de que o Estado participe, à moralidade administrativa, ao meio ambiente e ao patrimônio histórico e cultural" (art. 5º, LXXIII). Não se cuida, aqui, tampouco de uma inovação da Carta vigente: a ação popular já existia e fora regulamentada por uma lei de 1965; (b) ao mandado de segurança coletivo (art. 5º, LXX), que pode ser impetrado por "partido político com representação no Congresso Nacional" ou por "organização sindical, entidade de classe ou associação legalmente constituída e em funcionamento há pelo menos 1 (um) ano, em defesa dos interesses de seus membros ou associados". Previsto pela primeira vez na atual Constituição, este instituto não tem ainda, porém, regulamentação legal.

3. Outro princípio consagrado em termos expressos pelo legislador constituinte de 1988 foi o do chamado "juiz natural". Ele inspira dois dos incisos do art. 5º: o de n. XXXVII e o de n. LIII. De acordo com o primeiro, "não haverá juízo ou tribunal de exceção". Nos termos do segundo, "ninguém será processado nem sentenciado senão pela autoridade competente". Da conjugação desses textos infere-se que é proibida a criação de órgãos judiciais *ad hoc*, instituídos com a finalidade precípua de julgar pleitos especificamente determinados.

Não significa isso, é evidente, que fique proibida a *especialização* de juízes, quer em razão da matéria, quer, mesmo, em razão da qualidade de alguma das partes (por exemplo: pessoa jurídica de direito público). O essencial é que se possa saber *antes do início do processo*, e à luz de critérios *genéricos*, que órgão será competente para julgar; e que as normas atinentes à competência sejam uniformemente aplicadas a todos os casos que apresentarem as mesmas características.

O princípio em foco tem manifesta relação com o da igualdade perante a lei. Para quaisquer litigantes hão de valer as regras gerais e abstratas de atribuição de competência, previamente editadas. Nenhum será submetido a julgamento por órgão diverso daquele a que o ordenamento atribui competência para os outros pleitos análogos. Da igualdade perante a lei deriva a igualdade *perante a justiça*.

Nisso não se esgota, entretanto, a garantia do "juiz natural". Ela também protege os jurisdicionados na medida, em que concorre para assegurar a independência e a imparcialidade dos juízes. Sabe cada um destes que não se lhe poderá subtrair pleito para o qual a lei o aponta como competente, nem lhe submeter pleito estranho ao círculo de sua competência, tal como definida em lei. São pressupostos essenciais para o exercício independente e imparcial de suas funções.

4. Garantia fundamental é a prevista no inciso LV do art. 5º, *verbis* "aos litigantes, em processo judicial ou administrativo, e aos acusados em geral são assegurados o contraditório e ampla defesa, com os meios e recursos a ela inerentes".

O princípio do contraditório tem dupla significação: para as partes e para o juiz.

Para as partes ele significa, em substância, que elas devem ter, no processo, as mesmas oportunidades de se pronunciar, a fim de expor as respectivas pretensões e razões, rebater as do adversário, produzir as provas de que disponham e falar sobre as produzidas pelo contendor ou por iniciativa *ex officio* do juiz. Assim também no tocante aos recursos: se a lei concede a uma das partes o poder de recorrer contra determinado ato do órgão judicial, há de se entender, ainda no silêncio do texto, que a outra parte igualmente pode impugnar o ato por tal via.

Como bem se compreende, não há ofensa ao princípio do contraditório caso o litigante, devidamente cientificado, se omita, isto é, deixe de aproveitar a oportunidade que se lhe oferece de praticar algum ato. O essencial é que se lhe abra o ensejo de fazê-lo, em condições não menos favoráveis que as proporcionadas ao adversário. Mostra-se irrelevante a eventual omissão da parte, desde que só a ela mesma possa ser imputada a respectiva causa.

Cabe acrescentar que o princípio em foco, em certos casos, comporta atenuações e compressões, justificáveis pela necessidade de preservar outros valores. Sabe-se que o tempo conta muito no processo. Nem sempre é possível, sem expor ao sacrifício o direito de um dos litigantes, aguardar o pronunciamento do outro acerca de matéria revestida, por sua própria natureza, de extrema urgência. Mesmo em casos tais, porém, a garantia do contraditório não é eliminada, senão apenas amoldada às circunstâncias. Não há como deixar de reservar à parte interessada a possibilidade de se manifestar depois da prática do ato e, mais que isso, a de impugná-lo mediante recurso.

Para o juiz o princípio do contraditório traduz-se, em substância, no dever de proporcionar aos litigantes a oportunidade – em termos equivalentes – de se pronunciarem a respeito da condução do processo. Nenhum ato do órgão judicial pode permanecer totalmente imune à crítica das partes. Em quantos comportarem a participação destas, é mister assegurar-lhes condições de participar de maneira efetiva. É o que ocorre com os atos de instrução, inclusive os que se realizem por iniciativa do próprio órgão judicial. Não se concebe, *v.g.*, que o juiz proceda à inspeção de pessoa ou coisa sem que disso se dê aos litigantes prévio conhecimento e possibilidade efetiva de acompanhar a diligência. Menos ainda que ele utilize, para fundamentar sua decisão, de elementos colhidos sem satisfação de tais requisitos.

5. Tradicional no Direito Brasileiro é a publicidade dos atos processuais. Reza o art. 5º, LX, da CF de 1988 que ela só poderá ser restringida "quando a defesa da intimidade ou o interesse social o exigirem". Por sua vez, estabelece o art. 93, IX, na cláusula inicial, que "todos os julgamentos dos órgãos do Poder Judiciário serão públicos". A obrigatoriedade abrange as deliberações dos órgãos colegiados, onde – ao contrário do que acontece noutros países – os debates se travam a portas abertas e os votos são proferidos *coram populo*.

É bem de ver que o princípio não pode ser considerado absoluto. Há outros valores que às vezes se lhe opõem e também são dignos de preservação. Já se assinalou que o inciso LX do art. 5º ressalva as hipóteses de "defesa da intimidade" e de "interesse social". Também o inciso IX do art. 93 contém uma cláusula restritiva, segundo a qual pode a lei, se o interesse público o exigir, "limitar a presença, em determinados atos, às próprias partes e a seus advogados, ou somente a estes". São compatíveis com a Constituição de 1988, portanto, disposições como a da segunda alínea do art. 155 do CPC, consoante a qual certos processos correm "em segredo de justiça". Entre eles se incluem processos relativos a casamento, filiação, separação dos cônjuges, conversão desta em divórcio, alimentos e guarda de menores (inciso II): entende a lei que, em casos tais, prepondera o interesse na proteção da intimidade familiar.

6. Outro princípio tradicional no ordenamento jurídico brasileiro é o da obrigatoriedade da motivação das decisões judiciais. A Carta

de 1988 conferiu-lhe dignidade constitucional e cominou em termos expressos a sanção de nulidade para os julgamentos que o infringirem (art. 93, X). A ele se submetem todos os pronunciamentos de órgãos judiciais, de quaisquer instâncias. Não ficam excluídas as decisões qualificáveis como discricionárias: é indispensável que se possa saber se o órgão exercitou bem sua discrição. Ainda quando a lei autorize o juiz a fundamentar a decisão "de modo conciso" (CPC, art. 165, *fine*), como faz quanto às decisões interlocutórias, isso de maneira alguma importa dispensá-lo do dever de expor as razões, de fato e de direito, que lhe sustentam a conclusão: fundamentação concisa não é o mesmo que ausência de fundamentação.

Insista-se em que o princípio não deve ser compreendido e aplicado com simplismo formal. Não o satisfaz, por exemplo, decisão que se limite a indeferir requerimento dizendo que "não concorrem os pressupostos legais da providência requerida". Precisa o juiz explicar por que lhe pareceu faltar qualquer desses pressupostos.

Por outro lado, conforme vêm entendendo a doutrina e a jurisprudência, o dever de motivar a decisão não vai ao ponto de exigir que o órgão judicial analise minuciosamente todos os argumentos brandidos pelas partes, por mais irrelevantes que se afigurem. Ele tem de enfrentar os que realmente possam influir na conclusão; mas permite-se-lhe deixar de considerar os que nenhuma influência sejam capazes de exercer. Gastar tempo com estes – sobretudo à vista do grande volume de trabalho que em regra assoberba os juízes – contrariaria a racionalização da atividade judicante. Como é natural, nem sempre se revela fácil traçar, aí, uma linha fronteiriça exata. A dúvida resolve-se em favor da necessidade da fundamentação: nessa matéria, é preferível pecar por excesso a pecar por omissão.

7. Tomando posição em terreno sulcado por controvérsias, no Brasil e noutros países, estatuiu a CF de 1988, no inciso LVI do art. 5º, que "são inadmissíveis, no processo, as provas obtidas por meios ilícitos". O texto deve ser conjugado com o do inciso XII, de acordo com o qual "é inviolável o sigilo da correspondência e das comunicações telegráficas, de dados e das comunicações telefônicas, salvo, no último caso, por ordem judicial, nas hipóteses e na forma que a lei estabelecer para fins de investigação criminal ou instrução processual penal". Quer isso dizer que, em linha de princípio, as decisões dos órgãos judiciais não podem fundamentar- se, por exemplo, em gravações clandestinas de comunicações telefônicas.

A solução adotada suscitou reações variáveis na doutrina. Pareceu a alguns que o legislador constituinte lançara a barra longe demais. Para estes teria sido preferível deixar que o juiz, à vista das circunstâncias do caso concreto, procedesse a uma ponderação de valores, para fazer prevalecer aquele que se lhe afigurasse mais relevante, à luz do chamado "princípio da proporcionalidade". Criticou-se, ademais, a limitação da possibilidade de ordem judicial para interceptação telefônica ao campo *penal*. Seja como for, ao longo dos quase 20 anos de vigência da atual Carta Política, chegaram a ser admitidas certas atenuações ao rigor da norma, notadamente em obséquio ao princípio da ampla defesa, também de nível constitucional (art. 5º, LV, *fine*).

8. Nos termos do inciso LIV do art. 5º, "ninguém será privado da liberdade ou de seus bens sem o devido processo legal". O dispositivo usa pela primeira vez a expressão, antes estranha à linguagem jurídica brasileira, "devido processo legal".

Trata-se da óbvia tradução, para o Português, da locução inglesa *due process of law*. Afirmam os estudiosos que esta remonta a uma lei inglesa de 1354, editada sob o reinado de Eduardo III. Daí passou, séculos mais tarde, à V. Emenda à Constituição norte-americana, de 1791. Como é notório, nos Estados Unidos a matéria foi objeto de grande atenção e repercutiu largamente na jurisprudência da Suprema Corte. A cláusula veio a ser invocada na solução de diferentes problemas, e não só na esfera puramente processual: com efeito, ao longo do tempo desenvolveu-se a teoria da chamada *substantive due process*, da qual se valeu a Corte em diversas ocasiões.

Todavia, esse desenvolvimento ocorreu primeiramente no plano do processo, e de modo particular no do processo penal, onde a expressão assumiu, ao longo dos anos, o sentido genérico de uma garantia contra toda sorte de arbitrariedade, de desvio do curso "normal" de um pleito, isto é, daquele que se entendia apto para conduzi-lo a um desenlace conforme à justiça. Na falta de definição precisa, invocava-se a cláusula do *due process of law* a propósito de uma série de questões de natureza muito diversificada.

É interessante que entre nós se haja introduzido justamente em 1988 a referência ao "devido processo legal". Vários dos aspectos de que se reveste o princípio foram consagrados *expressis verbis* pela Carta Política daquele ano – por exemplo, a garantia do contraditório e da ampla defesa. O emprego de uma fórmula genérica pareceria mais necessário na ausência de disposições específicas, que, entretanto, não faltam na Constituição atual.

O art. 5º, LIV, há de ser considerado como "norma de encerramento". Será oportuno invocá-lo a propósito de questões não cobertas por outras disposições, quando se cuidar de exigência indispensável ao desenvolvimento correto do processo, capaz de levá-lo a resultado presumivelmente justo. Exemplo óbvio é a imparcialidade do juiz.

Nas alusões à "liberdade" e aos "bens", por sua vez, não se deve enxergar limitação intransponível à incidência do princípio. Entendido como cumpre, o "devido processo legal" tem de ser observado em todo e qualquer pleito, não apenas naqueles que digam respeito, de modo específico, à liberdade e aos bens.

9. O fenômeno da constitucionalização do processo não se encerrou com o advento da Constituição de 1988: continua a manifestar-se em dias mais próximos. Exemplo recente é a inovação trazida pela Emenda Constitucional 45/2004, atinente ao recurso extraordinário.

Trata-se de recurso interponível para o STF contra decisões proferidas em única ou última instância que contrariarem dispositivo da própria Constituição, declararem a inconstitucionalidade de tratado ou lei federal, julgarem válida lei ou ato de governo local contestado em face dela ou, ainda, julgarem válida lei local contestada em face de lei federal (CF, art. 102, III). Entendeu-se que a utilização do recurso nos termos do texto constitucional originário ultrapassava os lindes do razoável, forçando a mais alta Corte do país ao exame de questões de interesse puramente particular, sem relevância para a coletividade. Isso aumentava desmedidamente o volume de trabalho do STF e alongava sem necessidade a duração dos pleitos. Considerou-se preferível estabelecer um limite, que permitisse à Corte concentrar sua atenção em problemas de maior importância.

O veículo dessa transformação foi a Emenda Constitucional 45/2004. Ela acrescentou um § 3º ao art. 102, com a seguinte redação: "No recurso extraordinário o recorrente deverá demonstrar a repercussão geral das questões constitucionais discutidas no caso, nos termos da lei, a fim de que o Tribunal examine a admissão do recurso, somente podendo recusá-lo pela manifestação de dois terços de seus membros". A emenda foi, na matéria, regulamentada pela Lei 11.418, de 19.12.2006, que inseriu dois dispositivos no Código de Processo Civil (arts. 543-A e 543-B), relativos ao assunto.

Sem descer a pormenores, aqui descabidos, apontaremos os traços mais salientes dessa regulamentação. Estabelece o § 1º do novo art. 543-A que, "para efeito da repercussão geral, será considerada a existência, ou não, de questões relevantes do ponto de vista econômico, político, social ou jurídico, que ultrapassem os interesses subjetivos da causa", isto é, que não repercutam apenas na esfera individual das partes, mas se projetem sobre a coletividade. Caso o Tribunal negue a repercussão geral de determinada questão, "a decisão valerá para todos os recursos sobre matéria idêntica" (§ 5º). Na hipótese de multiplicidade de recursos extraordinários com fundamento em idêntica controvérsia, caberá ao tribunal de origem selecionar um ou mais recursos representativos desta e encaminhá-los ao STF, sobrestando os restantes. Negada que seja a repercussão geral, os recursos sobrestados considerar-se-ão automaticamente não admitidos (art. 543-B, §§ 1º e 2º).

10. A elevação de garantias processuais ao patamar constitucional, em 1988, tem óbvia significação, à luz das circunstâncias históricas. O país emergia de longo período de governos arbitrários, durante os quais não se pode dizer que fossem elas fielmente observadas. Era compreensível o cuidado de impregnar a nova Constituição de valores inerentes ao Estado de Direito que então se restaurava.

De alguma forma remanesceu nos espíritos a idéia de que reformas importantes do ordenamento processual merecem igual tratamento, sobretudo quando impliquem restrição ao uso de remédio como o recurso extraordinário – que não deixa de ser, também, uma garantia. Se é a Constituição que prevê as garantias, é ela própria que pode limitá-las.

Sem dúvida, a introdução do requisito da "repercussão geral" inspirou-se em considerações referentes ao excessivo volume de trabalho do STF e à conveniência de aliviá-lo, em favor da maior rapidez na prestação jurisdicional. No silêncio do texto constitucional, julgou-se necessário emendá-lo, para fazer pairar a mudança no mais alto nível de legitimação que se possa conceber. Resta esperar que os resultados práticos correspondam às esperanças dos promotores da reforma.

Do Ocaso do Regime Representativo à Aurora da Democracia Participativa*

PAULO BONAVIDES
Professor de Direito Constitucional

1. A democracia participativa e a normatividade dos princípios. 2. A governabilidade e a ingovernabilidade nas ditaduras constitucionais. 3. A contrademocracia neoliberal. 4. O Poder Judiciário e a ditadura das inconstitucionalidades. 5. O Tribunal Constitucional e a democracia participativa. 6. O compromisso da Constituição com a democracia participativa. 7. A falsa reforma política.

1. A democracia participativa e a normatividade dos princípios

Ao constitucionalismo da normatividade principiológica pertence em grande parte nos países da periferia o futuro das Constituições.

Futuro que impetra a repolitização da legitimidade em bases mais profundas.

---

* Com a publicação do presente texto rendemos homenagem a Héctor Fix-Zamudio, um dos mais conspícuos constitucionalistas de nosso tempo. Trata-se de palestra que proferimos em 23.7.2005, num Encontro Internacional de Direito Público celebrado na cidade de Natal, no Brasil.

Tem esse constitucionalismo, portanto, a chave teórica e pragmática com que dar solução ao problema essencial da governança nos países periféricos: o *problema da legitimidade*.

Tal problema, o mesmo da chamada "governabilidade", não reside propriamente nos meios, como fazem crer os usufrutuários de um poder sem direção social e sem rumo de justiça e democracia. Reside nos fins.

Os meios já deram mostras, pela corrupção, de que comprovadamente são os governantes os autores da ingovernabilidade.

Por que o são? Porque se apartaram da concretização dos fins que fazem legítimo o exercício do poder na complexidade social contemporânea.

O órgão responsável da ruptura na adequação dos meios aos fins, do quebrantamento da unidade, harmonia, independência e equilíbrio dos Poderes, não tem sido outro senão o Executivo.

Este artigo é um conjunto variado de reflexões esparsas mas congruentes em que a unidade temática flui da síntese de considerações políticas e de ligeiras reflexões acerca de aspectos teóricos, envolvendo a legitimidade, os princípios, a representação, o percurso da democracia nos países periféricos, os bloqueios à presença participativa do povo, a fidelidade à Constituição, a ética, os valores e a dignidade constitucional da pessoa humana.

A síntese cobra sentido porquanto não é outra senão esta: até há pouco os Estados da periferia cursavam as estradas que vão do Estado Liberal ao Estado Social; agora, caminham do Estado Representativo, que já não concretiza a ação e o programa do Estado Social, para o Estado Democrático-Participativo, que previne a recolonização e a queda das conquistas sociais.

Com o advento desse Estado intenta-se estabelecer, em definitivo, como aspiração de estabilidade fundamental das instituições, a nova legitimidade democrática do povo governante, cristalizada na *democracia participativa*.

Sede da crise, irradiada a todas as partes do sistema, ele faz estalar, por efeito de seu envolvimento com a depressão moral do regime – esta, sim, geradora da ingovernabilidade – todas as vigas apodrecidas do edifício social.

A Constituição, ofendida e violentada, se revê de corpo inteiro na organização defeituosa do sistema e das instituições, e no entanto ela é ainda a grande prancha de salvação institucional.

2. A governabilidade e a ingovernabilidade nas ditaduras constitucionais

A ingovernabilidade tem sido a máscara verbal dos Executivos que intentam justificar ou fazer aceitáveis seus atos de alargamento de poderes.

À sombra dessa razão conservadora e reacionária, pelos abusos a que tem servido, os governantes, refratários à democracia, instalam as ditaduras constitucionais; de último, tão em voga nas Repúblicas do Continente.

Já, a "governabilidade", termo oposto àquele, é, portanto, de sentido afirmativo e respeitoso; logra um uso também freqüente na linguagem do poder, que o faz sinônimo político de segurança jurídica, de estabilidade institucional, de justificativa a atos repressivos da autoridade, de argumento legitimante a uma eventual suspensão de garantias constitucionais.

Empenhados em pavimentar a estrada às ditaduras, os demolidores da ordem constitucional na realidade de nosso tempo forcejam por passar para as esferas do arbítrio o feixe de suas competências.

Assim como outrora, durante o ciclo dos regimes autoritários, se contrastava a segurança jurídica com o Direito, para fazê-la prevalecer sempre, posto que isto importasse lesão à liberdade ou sacrifícios tais como a suspensão de garantias, doravante, na esfera dos despotismos constitucionais a tarefa liberticida do Executivo para chegar às mesmas conseqüências consiste em antepor e contrapor, e sacrificar, por via discursiva, falaz e ambígua, os valores e o interesse social da justiça, a uma governabilidade devoradora das franquias democráticas.

De tal sorte que por esse caminho se põe em marcha o préstito da tirania constitucional, com o decreto que liquida liberdades, conculca direitos, dilata poderes até alcançar, numa convergência final e fatal, a dissolução da democracia e do sistema.

E desse modo se aluem os fundamentos sobre os quais repousa a ordem constitucional, a legitimidade de quem governa e a seriedade de quem exerce o poder nos limites da lei e da Constituição.

Por aquela via discursiva, servida duma retórica frouxa, privada de imaginação, portanto, sem eficácia persuasiva, a voz presidencial nos sistemas periféricos constantemente invoca o argumento da governabilidade a fim de fazer a cidadania, o corpo parlamentar, os órgãos da Justiça, condescendentes e insensíveis ao confisco de direitos e prerrogativas.

Tudo ocorre como se este confisco fora imposto por um mandamento de salvação pública, sem saídas alternativas, sem mais remédio nas fórmulas de governança que a supressão de franquias, que a tristeza, nos regimes presidenciais, das proclamações do estado-de-sítio, que a irresistível concentração unitária de poderes com a derrogação das formas remanescentes da pureza federativa do sistema.

O Executivo aparece, então, por único órgão de vontade soberana.

Sobre as ruínas da Constituição ele levanta, no silêncio do golpe de Estado institucional, uma nova ordem, por onde a covardia do juiz se associa à desmoralização do legislador. E a ditadura dissimulada se instala, a seguir, com vocação de perpetuidade.

3. A contrademocracia neoliberal

Nas épocas de calmaria ideológica, em que os poderes da razão e da transformação social parecem adormecidos, parte com freqüência, sobretudo dos países prósperos e economicamente sólidos, a mensagem de estabilidade das instituições. Estabilidade que se alcançaria com a despolitização, a desconstitucionalização, o termo das soberanias, o fim da história – abrangendo, portanto, todas as formas políticas numa universalização de poder, ínsita à doutrina globalizadora do neoliberalismo contemporâneo.

A preparação, em curso, de futuras hegemonias criou assim uma suposta neutralidade de valores fadada a aparelhar breve o fim da teoria clássica do Estado, dissolvendo-lhe os fundamentos de soberania e nacionalidade, ainda tão relevantes em sustentar e inspirar as lutas de libertação dos países periféricos.

4. O Poder Judiciário e a ditadura das inconstitucionalidades

A legitimação democrática das cúpulas judiciárias é um dos primeiros pressupostos da democracia participativa.

Não há, em rigor, legitimidade democrática se subimos os derradeiros degraus da justiça constitucional, precisamente onde essa legitimidade é mais importante e decisiva para definir os rumos do porvir, mediante a conservação legítima e democrática das instituições.

Pressões políticas ou laços de compromisso na instância suprema, derivados de suposta gratidão dos juízes que lá chegam a quem os nomeou, com freqüência destroem a independência do magistrado que ocupa as cadeiras dos tribunais superiores.

Com efeito, além desses fatores negativos à reputação da Magistratura, outras razões, compendiadas na subcultura jurídica, na subserviência ao Executivo, na mediocridade, no despreparo, na arrogante indiferença à causa do jurisdicionado, concorrem fortemente para empalidecer a credibilidade de considerável parcela de membros do Judiciário perante os que vão à casa da Justiça buscar a prestação jurisdicional.

O Judiciário, não se capacitando de que é o centro de equilíbrio de Poderes na comunhão estatal, onde lhe corre obrigação de fazer da instituição a fiança e a consciência do regime, entrega-se ao erro de suas omissões e à debilidade de suas capitulações.

Alvo da reprovação moral dos que dele desconfiam profundamente por agravos à ética e ao Direito, em países da periferia, à semelhança do Brasil contemporâneo, ou da França revolucionária do século XVIII, ele, no seu derradeiro andaime, é, não raro, apêndice ou filial judiciária do Poder Executivo, espécie de cartório – como uma vez já dissemos – que chancela quantos atos lhe sejam encaminhados por esse Poder.

Ainda neste funesto quadro de erosão e fuga às responsabilidades e competências de Poder soberano, a degeneração culminante de tal processo poderá levar o Judiciário a estabelecer, paralelamente, ao serviço do Executivo hegemônico, outra ditadura – que, aliás, se assemelha a um paradoxo: *ditadura das inconstitucionalidades*.

É, por sem dúvida, a mais dificultosa de combater e erradicar. Talvez, de todas as ditaduras brancas, venha ela a ser a mais opressiva, a mais calamitosa, a mais degenerativa, porque faz pelos seus acórdãos, por sua jurisprudência, ser constitucional aquilo que materialmente é inconstitucional.

E como não há guarda para os guardas da Constituição, podem eles, por obra de lenta metamorfose, se converter numa supercasta de constituintes minoritários, apartados do povo, sem título de legitimidade democrática e, no entanto, constituídos em suseranos da Nação ou, eventualmente, por temor, em capatazes dóceis daquele Executivo que governa privado de freios e limites, ao velho estilo das realezas absolutas.

Nessa hipótese, o Judiciário, co-autor de crimes contra a Constituição e a liberdade – portanto, em dissidência com os princípios que o estabeleceram na organização dos Poderes –, é também cúmplice do Executivo em guilhotinar a democracia, da mesma forma que os jacobinos do século XVIII, em Paris, guilhotinavam os juízes do *Ancien Régime*.

A Revolução que derrubou a Bastilha também derrubou aquela Justiça, a fim de levantar sobre os escombros do passado um trono às Monarquias constitucionais. Estas representavam o símbolo político do compromisso burguês com a ordem remanescente dos privilégios, que a reação absolutista, eclesiástica e feudal da antiga sociedade malogradamente intentou restaurar em Viena, com a diplomacia de Metternick e o rancor reacionário dos Bourbons.

Mas a velha ordem decrépita, em estertores de sobrevida, punha todas as suas esperanças à mesa de reuniões onde os embaixadores da Santa Aliança em debalde formulavam a súmula do futuro, buscando caminhos de retorno ao passado que a História cedo demonstrou impossíveis de cursar.

5. *O Tribunal Constitucional e a democracia participativa*

Não se compreende, nesta altura da evolução jurídica do país, que um órgão que tudo vai julgar pelo prisma da legitimidade, chave do novo direito constitucional assentado sobre princípios e da Nova Hermenêutica, que trocou a subsunção dos dedutivistas pela ponderação dos indutivistas, seja ele mesmo, como é o caso do STF, um órgão de legitimidade duvidosa e questionada, em virtude da raiz política na escolha e nomeação de seus membros.

Com efeito, isto é de extrema gravidade, porquanto o questionamento não entende unicamente com os que compõem a Corte, atados por laços umbilicais de gratidão ao poder pessoal do presidente que os nomeou, senão que afeta, do mesmo passo, a legitimidade mesma do Tribunal, enquanto órgão supremo de um dos Poderes – a saber, o Poder Judiciário.

Não pode este, de conseguinte, na organização horizontal do ordenamento, tornar-se, contraditoriamente, um Poder acima dos demais Poderes.

Porquanto, se tal acontecesse, acabaria minando, por sua ascendência hegemônica, o princípio da separação de Poderes, pedestal do

Estado de Direito e freio ao absolutismo dos regimes que concentram poderes.

Este, portanto, o retrato da institucionalização da crise de legitimidade que faz a fraqueza do STF na esfera do sistema constitucional brasileiro.

Não há, por conseqüência, mais alternativa para uma instituição colocada no aperto de tamanha ambigüidade senão postular a criação e inserção, mediante reforma judicial do sistema, de um Tribunal exclusivamente devotado à função de guarda da Lei Maior; tarefa em que obviamente malograram já os autores da Carta promulgada em 1988, os quais produziram, em verdade, um Tribunal bicéfalo: cabeça do Poder Judiciário e, a um tempo – como se isto fora possível na lógica do regime –, cabeça de todos os Poderes da República.

E assim há de ser sempre, à medida que a jurisprudência – isto é, os acórdãos daquela Corte, não raro imprevisíveis – continuar reescrevendo a Constituição e dizendo, na dinâmica do governo, o que pertence e o que não pertence à ordem constitucional.

Aí se configura – tornamos a assinalar – um enorme poder de dirimir e disciplinar, naquele Tribunal, em derradeira instância, conflitos e procedimentos constitucionais.

Enfim, um Superpoder de fato, invisível mas palpável, que se legitimará, como Poder de direito, na imparcialidade de sua ação constitucional, unicamente se os senhores do Estado derem, pela via reformista, dois passos avante: o primeiro, para criar um Tribunal Constitucional, fora da órbita do Poder Judiciário; o segundo, para estabelecer um laço permanente que vincule aquela Corte à vontade soberana do povo, referendando, assim, com a legitimidade democrática as grandes decisões judiciais do sistema.

Este, portanto, o semblante do Poder Judiciário, em conformidade com as estruturas participativas da democracia direta, segundo o modelo que aqui se impetra, pertinente à organização institucional do país.

6. *O compromisso da Constituição com a democracia participativa*

A Constituição de 1988 é uma Constituição aberta, principiológica, pós-positivista, com aberturas e orifícios normativos por onde já se podem dar, pela via expressa do texto, os primeiros passos rumo a um ensaio imediato de democracia direta, posto que tímido, modesto e rudimentar.

Isto até que se alcance, pelo desenvolvimento institucional, um grau qualitativo superior, tocante à eficácia participativa do povo na condução da gestão pública.

A Lei Maior de 1988 é, das Constituições republicanas do país, aquela que mais se acercou das aspirações populares de governo com fundamento na liberdade, na justiça, na igualdade.

Constituição teoricamente restauradora da ordem democrática, instalada pela vez primeira em nossa história constitucional sobre a solidez legitimante dos princípios, a Carta brasileira de 1988 POSSUI um potencial normativo de reforma que o constituinte derivado, com arrimo em vários artigos da Lei Maior, se acha capacitado a empregar, desenvolver, ampliar e aperfeiçoar. E o fará por meio do poder de emenda, ou seja, no direito positivo do Brasil, pela via instrumental do art. 60.

Com isso, a Carta é a profecia do decisionismo plebiscitário que amanhã há de significar, em termos de democracia participativa, a cidadania no poder, a soberania permanente do povo, o governo dos princípios, a revolução da legitimidade, que é, na idade contemporânea, a revolução da democracia.

A democracia constante, portanto, do grande Estatuto de 1988, embora suas raízes não se tenham ainda aprofundado – nem hão de se aprofundar nas bases do sistema enquanto perdurar o bloqueio representativo das forças políticas dominantes –, é, todavia, aquela que mais avançou em dimensão, pureza e qualidade desde que o princípio republicano se abraçou com o princípio democrático nas instituições desta Nação. Uma liga de princípios que a realidade infelizmente não fez prosperar, como o país tanto tem desejado desde a proclamação republicana de 1889.

7. *A falsa reforma política*

Fala-se no Brasil em reforma política como de um talismã com a virtude de estancar a crise e regenerar de súbito as instituições. É mais uma ilusão no imaginário febril da classe dirigente.

A reforma política de último desenhada é, todavia, reforma de superfície: pálida, horizontal, sem densidade. Uma reforma que tem medo do povo.

Por conseqüência, de minguado substrato democrático, nascida do improviso, da perplexidade, da má-fé e da cegueira das elites retrógradas, que não se dobram ao conselho prudente tirado de acontecimentos pré-revolucionários na ordem social.

Dos pontos contidos na reforma esboçada, colhem-se a modéstia e o curto alcance das medidas preconizadas.

Se não, me respondam, acerca da mesma, os Srs. Membros do Congresso: onde está, na proposta legislativa, o mandato imperativo? O *referendum* constituinte? O veto plebiscitário? A iniciativa popular de natureza também constituinte?

No projeto reformista procuro o povo e não o encontro. O povo está ausente. Não se lhe concede qualquer parcela nova ou adicional de competência participativa no desempenho direto da soberania.

É, por sem dúvida, mais uma reforma constitucional de fancaria e remendo, porquanto não promove mudança substantiva nem transfere ao povo o exercício da hegemonia política na estrutura do sistema. Esta hegemonia pertence hoje, por inteiro, podemos assim dizer, ao Executivo e Legislativo, diante da presença quase nula ou irrelevante do povo na execução da tarefa governativa.

É mais importante no momento atual perante a opinião, a sociedade e a cidadania investigar a corrupção que se alastra e fazer eficaz o trabalho das comissões parlamentares de inquérito – das quais a voz pública parece estar sendo distraída pela publicidade reformista – que levar a cabo uma reforma enganosa, emergencial e paliativa que, pelo clamor público, mais enfraquece e desmoraliza que fortalece e resguarda a democracia representativa.

Democracia que, aliás, nunca se teve neste país, senão como perjúrio aos valores e, portanto, à legitimidade do sistema.

Do modo que a reforma está se desenhando, parece que nos achamos às vésperas doutro parto da montanha, donde sairão os ratinhos do passado, como foram as seis emendas da revisão constitucional de março e junho/1995.

De último, para descobrir-lhe o véu da hipocrisia e da insinceridade, eu pergunto: em que artigo do Projeto se estabelece, em termos sérios, o instituto da *fidelidade partidária*?

Esta reforma é filha espúria do presidencialismo, que é o irmão gêmeo da ingovernabilidade, a matriz política de todas as crises republicanas, a diátese que mina os regimes representativos do Continente.

O presidencialismo aí está em sua forma mais impura, arrogante e dissolvente, qual flagelo epidêmico que traz a corrupção no hálito irrespirável de dois Poderes que apodreceram: o Executivo e o Legislativo.

Vamos despachar-lhes a receita constitucional da democracia participativa – a única possível fora do golpismo de Estado – para salvar esse doente que é o Brasil, a sua democracia representativa, o seu Estado de Direito, a sua forma federativa, todo um complexo de estruturas abaladas porque lhes faltam o alicerce moral, a ética governante, a fidelidade à coisa pública, a legitimidade dos Poderes.

Reflexiones sobre el Instituto de las Medidas Cautelares o Provisionales de Protección: Desarrollos Recientes en el Plano Internacional

ANTÔNIO AUGUSTO CANÇADO TRINDADE

Ph.D. (Cambridge)
– Ex-Presidente de la Corte Interamericana de Derechos Humanos
– Profesor Titular en la Universidad de Brasilia
– Doctor *Honoris Causa* en distintas universidades latinoamericanas
– Miembro del *Institut de Droit International*
y del *Curatorium* de la Academia de Derecho Internacional de La Haya

Es con particular satisfacción que me asocio a la iniciativa del presente libro, *Ciencia del Derecho Procesal Constitucional*, en homenaje a mi distinguido y estimado amigo, el profesor Dr. Héctor Fix-Zamudio, con motivo de sus 50 años de investigación jurídica. Tuve el gusto de convivir con Don Héctor durante años, como jueces de la Corte Interamericana de Derechos Humanos (a la cual tuvimos ambos el honor de servir, como presidentes de la misma, en épocas sucesivas), y de apreciar, durante toda nuestra convivencia, sus notables calidades personales en los planos tanto académico como humano. De ahí mi especial complacencia al expresar toda mi consideración personal por Don Héctor, mediante esta breve contribución a la presente obra.

Me propongo centrar mis reflexiones personales que siguen en el instituto de las medidas cautelares, o provisionales, de protección, en su evolución reciente. Dedicaré especial atención a la contribución de la Corte Interamericana de Derechos Humanos en los últimos años (sobre todo a partir de 2000) al desarrollo de este instituto jurídico, gracias a la cual dichas medidas se han transformado en una verdadera garantía jurisdiccional de carácter preventivo. Como todo instituto jurídico, tales medidas siguen siendo susceptibles de perfeccionamiento, sobre todo bajo una concepción esencialmente evolutiva del Derecho.

Cabe de inicio formular algunas precisiones conceptuales acerca de la transposición histórica de las medidas cautelares o provisionales, de los sistemas jurídicos nacionales al ordenamiento jurídico internacional, así como sobre su transposición de este último – en el marco del derecho internacional público – al derecho internacional de los derechos humanos, dotado de especificidad propia.[1] En el plano del ordenamiento jurídico interno, el proceso cautelar se desarrolló para salvaguardar la eficacia de la propia función jurisdiccional. La acción cautelar pasó a tener por objeto garantizar no directamente el derecho subjetivo *per se*, sino más bien la propia actividad jurisdiccional.

Fue sobre todo la doctrina procesalista italiana de la primera mitad del siglo XX[2] la que dió una contribución decisiva para afirmar la autonomía de la acción cautelar.[3] Sin embargo, toda esta construcción doctrinal no consiguió liberarse de un cierto formalismo jurídico, dejando a veces la impresión de tomar el proceso como un fin en sí mismo, y no como un medio para la realización de la justicia.

Las medidas cautelares alcanzaron el nivel internacional (en la práctica arbitral y judicial internacionales),[4] a pesar de la estructura diferente de éste, cuando comparado con el plano del Derecho interno. La transposición de las medidas provisionales del orden jurídico interno al internacional – siempre ante la probabilidad o inminencia de un "daño irreparable" y la preocupación o necesidad de asegurar la "realización

---

1. En efecto, las medidas cautelares, del derecho procesal interno, inspiraron las medidas provisionales que se desarrollaron posteriormente en el ámbito del derecho procesal internacional.

2. Especialmente las obras conocidas de Giuseppe Chiovenda (*Istituzioni di Diritto Processuale Civile*, Napoli, 1936); Piero Calamandrei (*Introduzione allo Studio Sistematico dei Provvedimenti Cautelare*, Padova, 1936) y Francesco Carnelutti (*Diritto e Processo*, Napoli, 1958).

3. Como un *tertium genus*, a la par de las acciones de conocimiento y de ejecución.

4. Paul Gugggenheim, "Les mesures conservatoires dans la procédure arbitrale et judiciaire", 40 *Recueil des Cours de l'Académie de Droit International de La Haye*, 1932, pp. 649-761.

futura de una determinada situación jurídica"– tuvo el efecto de ampliar el dominio de la jurisdicción internacional, con la consecuente reducción del llamado "dominio reservado" del Estado.[5]

Esta transposición innovadora enfrentó dificultades,[6] pero a lo largo de los años la erosión del concepto de "dominio reservado" del Estado (o "competencia nacional exclusiva") se tornó evidente, para lo cual contribuyó la propia práctica judicial internacional.[7] El art. 41 del Estatuto de la Corte Internacional de Justicia/CIJ – y de su predecesora, la Corte Permanente de Justicia Internacional/CPJI – consagró efectivamente el poder de la Corte de La Haya de "indicar" medidas provisionales. El verbo utilizado generó un amplio debate doctrinal acerca de su carácter vinculante, que no impidió el desarrollo de una vasta jurisprudencia (de la CPJI y la CIJ) sobre la materia.[8]

Sin embargo, por haber dejado la CIJ, por más de cinco décadas, de precisar los efectos jurídicos de la indicación de sus propias medidas provisionales, tal indefinición generó incertidumbres en la teoría y la práctica sobre la materia, conllevando al incumplimiento, por los Estados demandados, de medidas provisionales por ella indicadas en los últimos años.[9] Fue necesario esperar más de medio siglo para que,

5. Paul Guggenheim, *Les Mesures Provisoires de Procédure Internationale et leur Influence sur le Développement du Droit des Gens*, Paris, Librairie du Recueil Sirey, 1931, pp. 174, 186, 188 y 14-15, y cfr. pp. 6-7 y 61-62; e "Les mesures conservatoires dans la procédure arbitrale et judiciaire", cit., 40 *Recueil des Cours de l'Académie de Droit International de La Haye*, 1932, n. 4, pp. 758-759.

6. Tal como ilustrado, *v.g.*, por la reacción iraní a medidas provisionales indicadas por la Corte Internacional de Justicia en el caso de la Anglo-Iranian Oil Co. (Reino Unido *versus* Irán), el 5.7.1951; cfr. Relato en M. S. Rajan, *United Nations and Domestic Jurisdiction*, Bombay/Calcutta/Madras, Orient Longmans, 1958, pp. 399 y 442, n. 2.

7. A. A. Cançado Trindade, "The domestic jurisdiction of States in the practice of the United Nations and regional organisations", 25 *International and Comparative Law Quarterly*, 1976, Londres, pp. 715-765, especialmente pp. 744-751.

8. Cfr.: Jerzy Sztucki, *Interim Measures in the Hague Court – An Attempt at a Scrutiny*, Kluwer, Deventer, 1983, pp. 35-60 y 270-280; Jerome B. Elkind, *Interim Protection – A Functional Approach*, Nijhoff, The Hague, 1981, pp. 88-152; y, para aspectos jurisdiccionales, cfr. Bernard H. Oxman, "Jurisdiction and the power to indicate provisional measures", *The International Court of Justice at a Crossroads* (ed. L.F. Damrosch), Dobbs Ferry/N.Y., ASIL/Transnational Publs., 1987, pp. 323-354.

9. Por ejemplo, las medidas provisionales indicadas (el 8.4.1993) en el caso de la "Aplicación de la Convención contra el Genocidio" (Bosnia-Herzegovina *versus* Yugoslavia [Servia y Montenegro]) dejaron de ser cumplidas por el Estado demandado y no mejoraron la situación en la región. K. Oellers-Frahm, "Anmerkungen zur einstweiligen Anordnung des Internationalen Gerichtshofs im Fall *Bosnien-Herzegowina gegen Jugoslawien (Serbien*

en sentencia del 27.6.2001, la CIJ finalmente llegara a la conclusión de que las medidas provisionales por ella indicadas son vinculantes.[10]

Sin embargo, a pesar de las incertidumbres que circundaron la materia, la jurisprudencia internacional buscó clarificar, a lo largo de los años, la naturaleza jurídica de las medidas provisionales, de carácter esencialmente preventivo, indicadas u otorgadas sin perjuicio de la decisión final en cuanto al fondo de los casos respectivos. Dichas medidas pasaron a ser indicadas u ordenadas por los tribunales internacionales contemporáneos,[11] además de los nacionales.[12] Su uso generalizado en los planos tanto nacional como internacional ha llevado a una corriente de la doctrina contemporánea a considerar tales medidas como

---

und Montenegro) vom 8 April 1993", 53 *Zeitschrift für ausländisches öffentliches Recht und Völkerrecht* (1993), pp. 638-656. Es para mí sorprendente que se haya intentado explicar o justificar tal incumplimiento de las medidas provisionales por parte de Yugoslavia, la cual, si las cumpliera, estaría siendo "inconsistent with its claim of lack of responsibility for the acts complained of"; S. Oda, "Provisional measures. The practice of the International Court of Justice", en V. Lowe y M. Fitzmaurice (eds.), *Fifty Years of the International Court of Justice Essays in Honour of R. Jennings*, Cambridge, Cambridge University Press/Grotius Publs., 1996, pp. 555-556. A mi juicio, es ésta una visión inadecuadamente estatocéntrica de la materia, lamentablemente autorizada por el *interna corporis* de la CIJ. Otros ejemplos recientes residen en las medidas provisionales indicadas por la CIJ en los casos "Breard" (Paraguay *versus* Estados Unidos, el 9.4.1998) y "LaGrand" (Alemania *versus* Estados Unidos, el 3.3.1999), que tampoco fueron cumplidas por el Estado demandado, afectando tanto la reputación de este último como la autoridad de la CIJ. Ch. Tomuschat, "International law: ensuring the survival of mankind on the eve of a new century", 281 *Recueil des Cours de l'Académie de Droit International de La Haye* (1999), pp. 415-416.

10. International Court of Justice, "LaGrand case", *Press Release* 2001/16-*bis*, del 27.6.2001, pp. 1, 4-6 y 9-10. Obsérvese, *in passim*, que la Corte Interamericana de Derechos Humanos fue el primer Tribunal Internacional a afirmar la existencia de un derecho individual a la información sobre la asistencia consular en el marco de las garantías del debido proceso legal (cfr. Corte Interamericana de Derechos Humanos, "El derecho a la información sobre la asistencia consular en el marco de las garantías del debido proceso legal", *Opinión Consultiva n. 16* (OC-16/1999), del 1.10.1999, Serie A, pp. 3-123, paras. 1-141. Esta histórica opinión consultiva revela el impacto del derecho internacional de los derechos humanos en la evolución del propio derecho internacional público, específicamente al haber sido la Corte Interamericana el primer Tribunal Internacional a advertir que el incumplimiento del art. 36(1)(b) [cfr.] de la Convención de Viena sobre Relaciones Consulares de 1963 se daba en perjuicio no sólo de un Estado-parte, sino también de los seres humanos en cuestión (tal como también lo acaba de admitir, con posterioridad, la CIJ en el supracitado "caso LaGrand").

11. Rudolf Bernhardt (ed.), *Interim Measures Indicated by International Courts*, Berlín-Heidelberg, Springer-Verlag, 1994, pp. 1-152.

12. E. García de Enterría, *La Batalla por las Medidas Cautelares*, 2ª ed. ampliada, Madrid, Civitas, 1995, pp. 25-385.

equivalentes a un verdadero principio general del Derecho, común a virtualmente todos los sistemas jurídicos nacionales, y convalidado por la práctica de los tribunales nacionales arbitrales e internacionales.[13]

Es ampliamente conocido el objeto de las medidas provisionales en el contencioso internacional (en el marco del derecho internacional público): preservar los derechos reivindicados por las partes y, por ende, la integridad de la decisión de fondo del caso, impidiendo que ésta carezca de sentido y eficacia, y que el resultado de todo el proceso sea frustrado. En otras palabras, las medidas provisionales buscan asegurar que la sentencia de fondo no sea perjudicada por acciones indebidas de las partes *pendente lite*. Las partes deben, pues, abstenerse de cualquier acción que pueda ampliar o agravar la controversia y tener un efecto perjudicial en la ejecución de la futura sentencia de fondo.[14] Este *rationale* de las medidas provisionales en el derecho procesal internacional tiene sus raíces en el de las medidas cautelares en el derecho procesal interno.

En efecto, en el derecho procesal tanto interno como internacional las medidas cautelares o provisionales, respectivamente, tienen además el propósito común de buscar mantener el equilibrio entre las partes, en la medida de lo posible. La ya mencionada transposición de dichas medidas del orden interno al internacional – específicamente, al contencioso interestatal – no parece haber generado, en este particular, un cambio fundamental en el objeto de tales medidas. Este cambio sólo vino a ocurrir con la más reciente transposición de las medidas provisionales del ordenamiento jurídico internacional – el contencioso tradicional entre Estados – al derecho internacional de los derechos humanos, dotado de especificidad propia.

Es en el ámbito de este último donde las medidas provisionales se liberan del formalismo jurídico de la ciencia jurídica del pasado. En el derecho internacional de los derechos humanos las medidas provisionales van más allá en materia de protección, revelando un alcance sin precedentes[15] y determinando – en razón de su carácter obligatorio – la

---

13. En el sentido del art. 38(1)(c) del Estatuto de la Corte Internacional de Justicia; cfr. Lawrence Collins, "Provisional and protective measures in international litigation", 234 *Recueil des Cours de l'Académie de Droit International de La Haye*, 1992, pp. 23, 214 y 234.

14. L. Collins, "Provisional and protective measures in international litigation", cit., 234 *Recueil des Cours de l'Académie de Droit International de La Haye*, 1992, nota 13, pp. 23, 24, 191, 214, 215, 217 y 232.

15. Tales medidas no se ajustan, pues, a la abstracción – propia de la doctrina clásica – de un "mundo jurídico" pretendidamente autosuficiente, desvinculado de los problemas

eficacia del propio derecho de petición individual a nivel internacional:[16] en realidad, en el presente dominio, tales medidas, además de su carácter esencialmente preventivo, protegen efectivamente derechos fundamentales, en la medida en que buscan evitar daños irreparables a la persona humana como sujeto del derecho internacional de los derechos humanos. En el ámbito de este último, que es esencialmente un derecho de protección del ser humano, las medidas provisionales alcanzan efectivamente su plenitud, revistiéndose de un carácter, más que cautelar, verdaderamente tutelar.

Es lo que se desprende del art. 63(2) de la Convención Americana sobre Derechos Humanos, que dispone: "En casos de extrema gravedad y urgencia, y cuando se haga necesario evitar daños irreparables a las personas, la Corte, en los asuntos que esté conociendo, podrá tomar las medidas provisionales que considere pertinentes. Si se tratara de asuntos que aún no estén sometidos a su conocimiento, podrá actuar a solicitud de la Comisión". El art. 25(1) del nuevo Reglamento (de 2000) de la Corte[17] recoge los elementos consagrados en el art. 63(2) de la Convención, es decir, la extrema gravedad y urgencia, y la prevención de daños irreparables a las personas, facultando a la Corte en tales circunstancias ordenar medidas provisionales, de oficio o a instancia de parte, en cualquier estado del procedimiento.

Si se tratara de asuntos aún no sometidos a su conocimiento, la Corte podrá actuar a solicitud de la Comisión (art. 25(2)), en relación con casos pendientes ante esta última. Y el art. 25(4) del Reglamento faculta al presidente de la Corte, si ésta no estuviera reunida, dictar medidas urgentes a fin de asegurar la eficacia de las medidas provisionales que después pueda tomar la Corte en su próximo período de sesiones.[18] Por su parte, la Comisión, en virtud del art. 25(1) de su nuevo Regla-

---

del cotidiano de los seres humanos, de la realidad social. Todo lo contrario, revelan que el Derecho no opera en el vacuo.

16. R. St. J. MacDonald, "Interim measures in international law, with special reference to the european system for the protection of human rights", 52 *Zeitschrift für ausländisches öffentliches Recht und Völkerrecht*, 1993, pp. 703-740.

17. Adoptado el 24.11.2000, con vigencia a partir del 1.6.2001.

18. Para el histórico legislativo de esta disposición, desde el primer hasta el cuarto (y último) Reglamentos de la Corte, cfr. A. A. Cançado Trindade, "Informe: bases para un proyecto de protocolo a la Convención Americana sobre Derechos Humanos, para fortalecer su mecanismo de protección", en *El Sistema Interamericano de Protección de los Derechos Humanos en el Umbral del siglo XXI*, vol. II, San José, Corte Interamericana de Derechos Humanos, 2001, pp. 21, 120 y 354.

mento (también de 2000),[19] se reserva la facultad de tomar medidas cautelares. Y el art. 74 de su Reglamento vigente rige las solicitudes de la Comisión a la Corte para que ésta adopte las medidas provisionales que considere pertinentes.

Las medidas provisionales de la Corte Interamericana son, pues, dotadas de base convencional – el art. 63(2) de la Convención Americana, ubicado bajo la Sección 2 del Capítulo VIII del Pacto de San José, sobre "Competencia y Funciones" de la Corte –, no pudiendo haber dudas en cuanto a su carácter vinculante.[20] En perspectiva histórica, hay que reconocer que ha sido sabia la decisión de los redactores del Pacto de San José de establecer una base jurídica para el otorgamiento de dichas medidas en la propia Convención Americana, y que han sido acertadas la interpretación y aplicación de las mismas por la Corte Interamericana, particularmente en los últimos años, cuando han irrumpido con mayor frecuencia y vigor las referidas medidas provisionales, de modo a atender a las crecientes demandas de protección del ser humano en nuestra región del mundo.

Efectivamente, las medidas provisionales ordenadas por la Corte Interamericana han sido dictadas de acuerdo con las necesidades de protección, siempre y cuando se reúnan los requisitos básicos de la extrema gravedad y urgencia, y la prevención de daños irreparables a las personas (*supra*). Dichos requisitos las transforman en una verdadera garantía jurisdiccional de carácter preventivo. Esta caracterización corresponde a su verdadero *rationale* en la protección internacional de los derechos humanos. De todos modos, la Corte es, en cualesquiera circunstancias, maestra de su jurisdicción; como todo órgano poseedor de competencias jurisdiccionales, retiene ella el poder inherente para determinar el alcance de su propia competencia (*Kompetenz-Kompetenz/compétence de la compétence*), sea en materia consultiva, sea en materia contenciosa, sea en relación con medidas provisionales de protección. Las medidas provisionales de protección ordenadas por

---

19. Con vigencia a partir del 1.5.2001.

20. Su cumplimiento se impone por el propio procedimiento jurisdiccional del cual resultan (Asdrúbal Aguiar, "Apuntes sobre las medidas cautelares en la Convención Americana sobre Derechos Humanos", en *La Corte y el Sistema Interamericano de Derechos Humanos*, San José, Corte IADH, 1994, pp. 36-37; H. Faúndez Ledesma, *El Sistema interamericano de Protección de los Derechos Humanos: Aspectos Institucionales y Procesales*, 2ª ed. revista, San José, IIDH, 1999, pp. 416 y 377.

la Corte Interamericana de Derechos Humanos tienen, en razón de su base convencional, un carácter indudablemente obligatorio.[21]

En el contencioso interestatal, el poder de un tribunal como la CIJ de indicar medidas provisionales de protección en un caso pendiente de decisión tiene por objeto preservar los derechos respectivos de las partes, evitando un daño irreparable a los derechos en litigio en un proceso judicial.[22] Subyacente a este razonamiento encuéntrase la búsqueda de equilibrio entre los intereses de las partes litigantes (Estados demandante y demandado), reflejo de la importancia tradicionalmente atribuida al rol de la reciprocidad en el derecho internacional en general. En todo caso, en el proceso internacional las partes litigantes tienen el deber de acatar las medidas provisionales ordenadas o indicadas por el tribunal internacional[23] en cuestión, las cuales emanan de un poder o facultad inherente a dicho tribunal.

---

21. Tales medidas, ordenadas por la Corte Interamericana, de carácter claramente vinculante, no se prestan a polémicas, como las que han circundado las medidas provisionales indicadas u otorgadas por otros tribunales internacionales; sobre estas polémicas o incertidumbres, cfr.: Jo M. Pasqualucci, "Medidas provisionales en la Corte Interamericana de Derechos Humanos: una comparación con la Corte Internacional de Justicia y la Corte Europea de Derechos Humanos", 19 *Revista del Instituto Interamericano de Derechos Humanos*, 1994, pp. 95-97; M. H. Mendelson, "Interim measures of protection in cases of contested jurisdiction", 46 *British Year Book of International Law*, 1972-1973, pp. 259-322.

22. Así lo ha señalado la CIJ, por ejemplo, en el caso de la "Jurisdicción en Materia de Pesquerías" (Reino Unido *versus* Islandia, *ICJ Reports* [1972], p. 16, § 21, y p. 34, § 22), en el caso de los "Rehenes" ("Personal Diplomático y Consular de Estados Unidos") en Teherán (Estados Unidos *versus* Irán, *ICJ Reports* [1979], p. 19, § 36), y, más recientemente, en el caso de Nicaragua *versus* Estados Unidos (*ICJ Reports* [1984], pp. 179 y 182, §§ 24 y 32) y en el supracitado caso de la "Aplicación de la Convención contra el Genocidio" (Bosnia-Herzegovina *versus* Yugoslavia [Servia y Montenegro], *ICJ Reports* [1993], p. 19, § 34, y p. 342, § 35). A éstos se agregan varios otros casos en que la CIJ se ha pronunciado sobre la materia, "indicando" o no las medidas provisionales solicitadas; cfr., *v.g.*, los casos del "Diferendo Fronterizo" (Burkina Faso *versus* República de Mali, 1986); de la "Plataforma Continental del Mar Egeo" (Grecia *versus* Turquía, 1976); de los "Ensayos Nucleares" (Nueva Zelanda y Australia *versus* Francia, 1973); del "Juicio de Prisioneros de Guerra Paquistaníes" (Paquistán *versus* India, 1973) – entre otros. Para un relato, cfr. J. B. Elkind, *Interim Protection – A Functional Approach*, cit., nota 8, pp. 98-141; L. Collins, "Provisional and protective measures in international litigation", cit., 234 *Recueil des Cours de l'Académie de Droit International de La Haye*, 1992, nota 13, pp. 215-233; J. Sztucki, *Interim Measures in the Hague Court – An Attempt at a Scrutiny*, cit., nota 8, pp. 35-60 y 270-280.

23. De modo a no incurrir en *contempt of court* (cfr. E. Hambro, "The binding character of the provisional measures of protection indicated by the International Court of Justice", en W. Schätzel y H.-J. Schlochauer (eds.), *Rechtsfragen der Internationalen Organisation – Festschrift für Hans Wehberg*, Frankfurt a/M., 1956, pp. 152-171.

De manera distinta, en el contencioso internacional de los derechos humanos el poder de un tribunal, como la Corte Interamericana de Derechos Humanos, de ordenar medidas provisionales de protección, como ya he señalado, tiene por objeto central salvaguardar los derechos humanos consagrados en la Convención Americana, en casos de extrema gravedad y urgencia y para evitar daños irreparables a las personas. Subyacente a la aplicación de medidas provisionales de protección por la Corte Interamericana encuéntranse consideraciones superiores de *ordre public* internacional, concretadas en la protección del ser humano. Además de su dimensión esencialmente preventiva, tales medidas también revelan, primero, la especificidad del derecho internacional de los derechos humanos y, segundo, a su vez, el impacto de este último sobre la caracterización de aquellas medidas en el ámbito del derecho internacional público.

La mayoría de las solicitudes de medidas provisionales ha sido acatada por la Corte Interamericana, y las medidas respectivas han sido por ésta ordenadas, en relación tanto con casos pendientes ante ella como con casos todavía no sometidos a ella, a petición de la Comisión.[24] En muy raras ocasiones decidió la Corte no ordenar las medidas solicitadas.[25] Antes de ordenar medidas provisionales de protección, la Corte siempre verifica si los Estados en cuestión han reconocido (bajo el art. 62(2) de la Convención) como obligatoria su competencia en materia contenciosa.

Las medidas provisionales de protección han sido ordenadas en la práctica – en la mayoría de los casos, pero ya no más en todos (cf. *infra*) – sobre todo en casos que implican una amenaza inminente a la vida o integridad personal. En varias solicitudes de dichas medidas por parte de la Comisión en casos todavía no pendientes ante la Corte, esta última ha estimado aplicable la presunción de que tales medidas de protección son necesarias. La Corte, en la práctica, no ha exigido de la Comisión una demostración sustancial (*substantial evidence*) de

---

24. Cfr., *inter alia*, en cuanto a estos últimos, las medidas ordenadas por la Corte en los casos "Bustíos-Rojas" (Perú, 1990), "Chunimá" (Guatemala, 1991), "Reggiardo Tolosa" (Argentina, 1993), "Colotenango" (Guatemala, 1994-2000), "Digna Ochoa y Plácido y otros" (México, 1999), "Haitianos y Dominicanos de Origen Haitiano en la República Dominicana" (República Dominicana, 2000), "Comunidad de Paz de San José de Apartadó" (Colombia, 2000), "Periódico 'La Nación'" (Costa Rica, 2001).

25. Cfr., *v.g.*, los casos de los "Penales Peruanos" (1992) y de "Chipoco" (1992, también referente al Perú).

que los hechos son verdaderos, sino más bien procedido con base en la presunción razonable (*"prima facie"* evidence) de que los hechos son verdaderos.[26]

En la casi totalidad de los casos las medidas de protección fueron ordenadas por la Corte a solicitud de la Comisión. Pero en una ocasión (resolución del 15.1.1988, casos "Velásquez Rodríguez", "Fairén Garbi y Solís Corrales" y "Godínez Cruz", relativos a Honduras) la Corte las ordenó *motu proprio*. En otras dos ocasiones (resolución del 7.4.2000, caso del "Tribunal Constitucional", y resolución del 13.12.2000, caso "Loayza Tamayo", ambos relativos al Perú) su presidente dictó medidas urgentes igualmente *ex officio* (por cuanto la Corte no se encontraba en sesión), por tratarse de casos de extrema gravedad y urgencia y para evitar daños irreparables a las personas; en ambos casos (el primero, entonces pendiente ante la Corte, y el segundo, ya decidido por ésta en cuanto al fondo y a las reparaciones)[27] las solicitudes de medidas fueron sometidas directamente por las peticionarias al Tribunal.

Las referidas medidas urgentes, por primera vez en la historia de la Corte adoptadas *ex officio* por su presidente, fueron ratificadas por el Tribunal en Pleno, tan pronto éste entró en sesión.[28] Estos episodios en ambos casos (Tribunal Constitucional y Loayza Tamayo) – que no pueden pasar desapercibidos – demuestran no sólo la viabilidad, sino también la importancia del acceso directo del individuo, sin intermediarios, a la Corte Interamericana de Derechos Humanos, aún más en una situación de extrema gravedad y urgencia.[29] Lo mismo volvió a ocurrir, por tercera vez, dos años después, en el caso "Bámaca Velásquez *versus* Guatemala" (2002).

En la mayoría de los casos las medidas provisionales ordenadas por la Corte Interamericana, o las medidas urgentes dictadas por su

---

26. Trátase de un criterio que encuentra respaldo en el principio de la sumariedad de la cognición (*summaria cognitio*), en razón de la urgencia de los casos en cuestión, principio éste que ha sido aplicado en relación con las medidas tanto cautelares en el derecho procesal interno como provisionales en el derecho procesal internacional.

27. Y estando, pues, el caso en etapa de supervisión de cumplimiento de sentencia (en cuanto a las reparaciones).

28. Cfr. resoluciones de la Corte Interamericana sobre medidas provisionales de protección del 14.8.2000 ("caso del Tribunal Constitucional") y del 3.2.2001 ("caso Loayza Tamayo").

29. A. A. Cançado Trindade, "El nuevo reglamento de la Corte Interamericana de Derechos Humanos (2000): la emancipación del ser humano como sujeto del derecho internacional", 30/31 *Revista del Instituto Interamericano de Derechos Humanos*, 2001, pp. 45-71, especialmente pp. 60-61.

presidente, han protegido efectivamente derechos fundamentales, esencialmente el derecho a la vida y el derecho a la integridad personal (física, psíquica y moral). Pero, tal y como me permití señalar en el "Prólogo" a los ts. II y III de esta "Serie E" (de publicaciones oficiales de la Corte) sobre medidas provisionales, siendo todos los derechos humanos interrelacionados e indivisibles, no parece haber, jurídica y epistemológicamente, impedimento alguno a que vinieran a amparar otros derechos humanos,[30] siempre y cuando se reunieran las precondiciones de la extrema gravedad y urgencia, y de la prevención de daños irreparables a las personas, consagradas en el art. 63(2) de la Convención Americana.

Fue precisamente lo que ha ocurrido en los últimos años. Durante el periodo que se extiende de julio/2000 a junio/2001, *v.g.*, la Corte ha adoptado nuevas resoluciones sobre dichas medidas relativas a 13 casos.[31] Entre estas resoluciones, las adoptadas en los casos de los "Haitianos y Dominicanos de Origen Haitiano en la República Dominicana", de la "Comunidad de Paz de San José de Apartadó" y del "Periódico *La Nación*" desencadenaron un nuevo desarrollo de la materia, de los más significativos en toda la historia de la Corte.

En el primero de estos tres casos, el de los "Haitianos y Dominicanos de Origen Haitiano en la República Dominicana", la Corte adoptó medidas provisionales de protección (mediante su resolución del 18.8.2000) que tuvieron por objeto, *inter alia*, proteger la vida e integridad personal de cinco individuos, evitar la deportación o ex-

---

30. Cabe, al respecto, señalar que en el sistema europeo de protección de los derechos humanos, por ejemplo, las medidas provisionales de protección se han dado, en su gran mayoría, en casos de probabilidad o riesgo de extradición o expulsión (permitiendo al peticionario quedarse en el país en que se encuentre hasta que la Corte Europea decida el fondo de los casos), en circunstancias que pudieran, si consumada la extradición o expulsión, someter el individuo, en el país receptor, a tortura o a penas o tratamientos inhumanos o degradantes (en los términos del art. 3 de la Convención Europea de Derechos Humanos). Cfr.: C. A. Norgaard y H. Krüger, "Interim and conservatory measures under the european system of protection of human rights", en M. Nowak, D. Steurer y H. Tretter (eds.), *Progress in the Spirit of Human Rights – Festschrift für Felix Ermacora*, 1988, pp. 109-117; P. van Dijk y G. J. H. van Hoof *et al.*, *Theory and Practice of the European Convention on Human Rights*, 3ª ed., The Hague, SIM/Kluwer, 1998, pp. 103-107 y 215; G. Cohen-Jonathan, *La Convention Européenne des Droits de l'Homme*, Paris/Aix-en-Provence, Economica/Presses Universitaires d'Aix-Marseille, 1989, pp. 36, 37 y 307.

31. A saber: casos "Álvarez", "Blake", "Cesti Hurtado", "Clemente Teherán", "Colotenango", "Comunidad de Paz de San José de Apartadó", "Haitianos y Dominicanos de Origen Haitiano en la República Dominicana", "Ivcher Bronstein", "James y Otros", "Loayza Tamayo", "Paniagua Morales", "Periódico *La Nación*" y "Tribunal Constitucional".

pulsión de dos de ellos, permitir el retorno inmediato a la República Dominicana de otros dos, y la reunificación familiar de dos de ellos con sus hijos menores, además de la investigación de los hechos. Por medio de esta medida provisional, que representa el embrión de un hábeas corpus internacional, la Corte por primera vez extendió así protección a nuevos derechos (en adición a los derechos fundamentales a la vida y a la integridad personal) bajo la Convención Americana.

Posteriormente, en el caso de la "Comunidad de Paz de San José de Apartadó", la Corte en Pleno ratificó las medidas urgentes dictadas (en resolución del 9.10.2000) por su presidente en favor de los miembros de una "Comunidad de Paz" en Colombia; la Corte extendió protección (mediante la resolución del 24.11.2000) a todos los miembros de la Comunidad (innominados, pero identificables),[32] y requirió al Estado, *inter alia*, que asegurara las condiciones necesarias para que las personas de la mencionada Comunidad, "que se hayan visto forzadas a desplazarse a otras zonas del país, regresen a sus hogares".[33] Y en el más reciente caso del "Periódico *La Nación*", concerniente a Costa Rica y relativo a la libertad de expresión, la Corte en Pleno, del mismo modo, ratificó las medidas urgentes ordenadas por su presidente (resolución del 6.4.2001), suspendiendo la ejecución de sentencia de un tribunal nacional (resolución sobre medidas provisionales del 21.5.2001).

Anteriormente, en el caso "James y Otros", concerniente a Trinidad y Tobago y relativo a las garantías del debido proceso legal, la Corte mantuvo su suspensión de la ejecución de sentencias de tribunales nacionales (resoluciones del 16.8.2000 y 24.11.2000). Al respecto, también la Corte Europea de Derechos Humanos tuvo ocasión de dictar una medida provisional de protección de esta naturaleza (el 30.11.1999), en el caso "Ocalan *versus* Turquía", aun en la ausencia de una norma convencional[34] sobre la materia (contando más bien con la disposición reglamentaria del art. 36); la medida provisional dictada por la Corte Europea ha sido acatada, hasta la fecha, por el Estado demandado. No deja de ser sorprendente que los redactores del Protocolo 11 a la Convención Europea de Derechos Humanos (en vigor a partir del 1.11.1998) hayan perdido la oportunidad única de erigir la disposición

---

32. Según un criterio inaugurado por la Corte en el caso "Digna Ochoa Plácido y Otros", resolución sobre medidas provisionales del 17.11.1999 (Punto Resolutivo 2).

33. Punto Resolutivo 6.

34. Equivalente a la del art. 63(2) de la Convención Americana sobre Derechos Humanos.

del art. 36 del Reglamento de la Corte[35] en una disposición de la propia Convención Europea (enmendada por dicho Protocolo).[36]

Las medidas provisionales de protección ordenadas por la Corte Interamericana de Derechos Humanos en los casos supracitados de los "Haitianos y Dominicanos de Origen Haitiano en la República Dominicana" y de la "Comunidad de Paz de San José de Apartadó" revístense de particular importancia: en ambos casos las medidas adoptadas amplían en mucho el círculo de las personas protegidas. En efecto, en un informe que presenté a la OEA me permití señalar, hace poco más de un año, que más de 200 personas (peticionarios o testigos) habían sido protegidas, hasta entonces, por las medidas ordenadas por la Corte Interamericana, o su presidente, lo cual representa un gran avance en el derecho procesal de los derechos humanos.[37]

Hasta junio/2001 el total de personas protegidas por tales medidas provisionales había ya aumentado considerablemente, alcanzando cerca de 1,500 personas, lo que revela su extraordinario potencial como medidas de salvaguardia de carácter preventivo. En otros dos informes a la OEA, que presenté en marzo y abril, respectivamente, de 2001, expuse las modificaciones introducidas por el nuevo Reglamento de la Corte (adoptado el 24.11.2000, y en vigor a partir del 1.6.2001) en el

---

35. El art. 36 del Reglamento A de la Corte Europea correspondía al art. 38 de su Reglamento B (anteriores al Protocolo 11 a la Convención Europea).

36. Lo que podría haber puesto fin, en definitiva, a las incertidumbres sobre la materia, suscitadas a partir de la decisión de la Corte Europea en el caso "Cruz Varas y Otros" *versus* "Suecia" (del 20.3.1991) (A. Spielmann y D. Spielmann, "La Cour unique et permanente et les mesures provisoires (La nécessité d'une réforme)", en P. Mahoney, F. Matscher, H. Petzold y L. Wildhaber (eds.), *Protection des Droits de l'Homme: la Perspective Européenne. Mélanges à la Mémoire de Rolv Ryssdal*, Köln/Berlin, C. Heymanns Verlag, 2000, pp. 1.347-1.358. Y *cfr.* también, al respecto, A. Drzemczewski, "A major overhaul of the European Human Rights Convention control mechanism: Protocol n. 11", 6 *Collected Courses of the Academy of European Law*, 1995, pp. 190, y *cfr.* p. 170). Obsérvese que las facultades de supervisión (presumiblemente también de las medidas provisionales de protección ordenadas) del Comité de Ministros fueron, sin embargo, mantenidas bajo el nuevo sistema del Protocolo 11 (*cfr., e.g.*, M. Scalabrino, *Il Controllo sull'Applicazione della CEDU alla Vigilia dell'Entrata in Vigore dell'XI Protocollo*, Urbino/Italia, Università degli Studi di Urbino, 1998, pp. 68-70).

37. Cfr. OEA, *Informe del Presidente de la Corte Interamericana de Derechos Humanos, Juez Antônio A. Cançado Trindade, a la Comisión de Asuntos Jurídicos y Políticos del Consejo Permanente de la Organización de los Estados Americanos en el Marco del Diálogo sobre el Sistema Interamericano de Protección de los Derechos Humanos*, documento OEA/Ser.G-CP/CAJP-1627/00, del 16.3.2000, pp. 13-14.

procedimiento ante el Tribunal,[38] y en los debates que se siguieron en la OEA, en ambas ocasiones, volví a enfatizar la creciente importancia de las medidas provisionales de protección ordenadas por la Corte Interamericana.

En el periodo que se extiende de julio/2001 hasta junio/2003 la Corte adoptó nuevas resoluciones sobre medidas provisionales de protección relativas a 11 casos particularmente significativos, involucrando la salvaguardia de distintos derechos.[39] De ese modo, se ha mantenido el mismo patrón de uso creciente de dichas medidas, alcanzando un número cada vez mayor de personas protegidas. El total constatado de cerca de 1,500 personas protegidas hasta mediados del año 2001 (*supra*) se ha elevado, en los dos últimos años, a un total de cerca de 4,500 personas protegidas (hasta mediados de 2003).

Solamente en el importante caso de las "Comunidades de Jiguamiandó y Curbaradó" (2003), de especial interés para el estudio de las obligaciones *erga omnes* de protección (como enfaticé en mi voto concurrente), las medidas provisionales ordenadas por la Corte protegen actualmente un total de 2,125 personas. Estos datos son suficientes para revelar el extraordinario potencial de protección, desde un enfoque esencialmente preventivo, de que se revisten dichas medidas, y la notable dimensión y la trascendencia que han adquirido en los últimos años en la jurisprudencia de la Corte Interamericana.

Recientemente, en mi voto razonado en las resoluciones de la Corte Interamericana sobre medidas provisionales de protección (del 29.6.2005 y 22.9.2005) en el caso de "Eloísa Barrios y Otros *versus* Venezuela", avanzé la tesis de la "responsabilidad autónoma del Estado"

---

38. Cfr. OEA, *Informe del Presidente de la Corte Interamericana de Derechos Humanos, Juez Antônio A. Cançado Trindade, a la Comisión de Asuntos Jurídicos y Políticos del Consejo Permanente de la Organización de los Estados Americanos* (9.3.2001), documento OEA/Ser.G/CP/CAJP-1770/01, del 16.3.2001, pp. 6-8; OEA, *Informe y Propuestas del Presidente y Relator de la Corte Interamericana de Derechos Humanos, Juez Antônio A. Cançado Trindade, a la Comisión de Asuntos Jurídicos y Políticos del Consejo Permanente de la Organización de los Estados Americanos en el Marco del Diálogo sobre el Sistema Interamericano de Protección de los Derechos Humanos: Bases para un Proyecto de Protocolo a la Convención Americana sobre Derechos Humanos, para Fortalecer su Mecanismo de Protección* (5.4.2001), documento OEA/Ser.G/CP/CAJP-1781/01, del 10.4.2001, pp. 13-19.

39. A saber: casos de la "Cárcel de Urso Branco", de la "Comunidad Mayagna (Sumo) Awas Tingni", de la "Comunidad de Paz de San José de Apartadó", de las "Comunidades de Jiguamiandó y Curbaradó", del "Periódico *La Nación*" y casos "Gallardo Rodríguez", "Helen Mack Chang y Otros", "Liliana Ortega y Otras", "Luis Uzcátegui", "Luisiana Ríos y Otros" y "Lysias Fleury".

por violación de dichas medidas (en adición a la responsibilidad del Estado por la supuesta violación original de los derechos sustantivos protegidos bajo la Convención Americana). Mi tesis está basada en el hecho de que, distintamente de otros sistemas de protección de los derechos humanos, en el sistema interamericano de protección las medidas provisionales están dotadas de una base convencional, expresamente consignada en el art. 63(2) de la Convención Americana sobre Derechos Humanos.

En sus resoluciones sobre medidas provisionales de protección, la Corte Interamericana, además de la adopción de dichas medidas, también ha requerido al Estado que informe periódicamente sobre ellas, y a la Comisión que presente a la Corte sus observaciones sobre los informes estatales.[40] Esto ha posibilitado a la propia Corte ejercer, además de la protección de carácter preventivo (*supra*), un monitoreo continuo del cumplimiento, por parte de los Estados en cuestión, de las referidas medidas provisionales de protección por ella dictadas.

En mis "Prólogos" a la "Serie E" de publicaciones oficiales de la Corte Interamericana, sobre sus medidas provisionales de protección, me permití reseñar la experiencia de la Corte en la materia, en el anterior periodo de más de 13 años, entre 1987 y mediados de 2000. Observé que, mientras en la primera década de actuación en este dominio (1987-1996) la Corte tomó resoluciones sobre medidas provisionales en 18 casos,[41] solamente durante 1997 la Corte resolvió medidas provisionales en 11 casos más;[42] tan sólo en el curso de 1998 la Corte dictó resoluciones sobre medidas provisionales en 9 casos,[43] y durante 1999 la Corte volvió a resolver medidas provisionales en 8 casos.[44]

40. Cfr., sobre este punto específico, D. J. Padilla, "Provisional measures under the American Convention on Human Rights", en *Liber Amicorum Héctor Fix-Zamudio*, vol. II, San José, Corte IADH/UE, 1998, p. 1.193.

41. A saber: "Velásquez Rodríguez", "Godínez Cruz", "Fairén Garbi y Solís Corrales", "Bustíos Rojas", "Chunimá", "Chipoco", "Penales Peruanos", "Reggiardo Tolosa", "Colotenango" (reiteradamente), "Caballero Delgado y Santana", "Carpio Nicolle" (repetidamente), "Blake", "Alemán Lacayo", "Vogt", "Suárez Rosero", "Serech y Saquic", "Loayza Tamayo" y "Giraldo Cardona".

42. A saber (algunos repetidamente): "Caballero Delgado y Santana", "Giraldo Cardona", "Alemán Lacayo", "Colotenango", "Blake", "Álvarez y Otros", "Cesti Hurtado", "Carpio Nicolle", "Serech y Saquic", "Vogt" y "Loayza Tamayo".

43. A saber: "Cesti Hurtado", "Álvarez y Otros", "Paniagua Morales y Otros y Vásquez y Otros", "Clemente Teherán y Otros", "James y Otros", "Giraldo Cardona", "Carpio Nicolle", "Bámaca Velásquez" y "Colotenango".

44. A saber: "Clemente Teherán y Otros", "James y Otros", "Caballero Delgado y Santana", "Colotenango", "Cesti Hurtado", "Carpio Nicolle", "Giraldo Cardona", "Digna

Se puede, pues, constatar que las medidas provisionales han seguido siendo cada vez más frecuentemente ordenadas por la Corte Interamericana, en un claro síntoma de las crecientes necesidades de protección del ser humano y de la difusión y conscientización cada vez mayores de este mecanismo de protección, de dimensión esencialmente preventiva. Algunos de estos casos han requerido diversas actuaciones de la Corte (medidas provisionales reiteradas o ampliadas) o de su presidente (medidas urgentes).[45] Así como hubo casos (muy pocos) en que la Corte resolvió no dictar las medidas solicitadas[46] y casos en que la Corte las dió por concluidas o las levantó,[47] también ha habido casos en que las medidas han sido mantenidas o prolongadas por largo tiempo.[48]

Las medidas provisionales ordenadas por la Corte (y las urgentes dictadas por su presidente) son, por definición, de carácter temporal;[49] sin embargo, si persisten en el tiempo sus prerrequisitos – los elementos de "extrema gravedad y urgencia" y la necesidad de "evitar daños irreparables a las personas", consagrados en el art. 63(2) de la Convención Americana –, a la Corte no le ha quedado alternativa sino mantenerlas[50] (y, en algunos casos, inclusive ampliarlas), por cuanto tienen primacía los imperativos de protección del ser humano. En nada sorprende que en nuestra región, donde las condiciones de vulnerabilidad de los derechos

---

Ochoa y "Plácido y Otros"; además, en el primer periodo ordinario de sesiones del año 2000 la Corte volvió a adoptar otra resolución sobre medidas provisionales de protección ("caso Colotenango").

45. Como, por ejemplo, para citar las más numerosas, los casos "James y Otros" (13 actuaciones), "Álvarez y Otros" (16), "Colotenango" (11), "Carpio Nicolle" (9), "Giraldo Cardona" (7), entre otros.

46. *V.g.*, "Chipoco" y "Penales Peruanos".

47. *V.g.*, "Alemán Lacayo", "Vogt", "Serech y Saquic", "Paniagua Morales y Otros y Vásquez y Otros", "Suárez Rosero", "Loayza Tamayo", "Cesti Hurtado", "Ivcher Bronstein", "Tribunal Constitucional".

48. *V.g.*, "Colotenango", 1994-2001; "Carpio Nicolle", 1995-2000; "Caballero Delgado y Santana", 1994-1999; "Álvarez y Otros", 1997-2001; "Blake", 1995-2000; "Giraldo Cardona", desde 1996, entre otros.

49. Tanto es así que varias de ellas han sido, posteriormente, levantadas por la Corte: cfr., *inter alia*, las medidas en los casos de "Alemán Lacayo" (Nicaragua, 1996, levantadas en 1997), "Vogt" (Guatemala, 1996, levantadas en 1997), "Serech y Saquic" (Guatemala, 1996, levantadas en 1997), "Cesti Hurtado" (Perú, 1997, levantadas en 2000).

50. *V.g.*, ya por más de seis años en los casos "Colotenango" y "Caballero Delgado y Santana"; más de cinco años en los casos "Blake" y "Carpio Nicolle"; y más de cuatro años en el caso "Giraldo Cardona".

fundamentales de la persona humana se prolongan patológicamente en el tiempo (a pesar, en algunos casos, de los esfuerzos del Poder Público), las medidas provisionales de protección tengan del mismo modo que mantenerse en el tiempo, para hacer frente a las amenazas crónicas a aquellos derechos fundamentales.

El uso más frecuente de las medidas provisionales de la Corte, y medidas urgentes de su presidente, es alentador, en el sentido de subrayar la dimensión preventiva de la protección internacional de los derechos humanos y propiciar el fortalecimiento de este instituto procesal de crucial importancia para la protección de los derechos fundamentales de la persona humana.[51] En el desarrollo continuo de tales medidas, un papel de la mayor relevancia está naturalmente reservado a la jurisprudencia sobre la materia. Dicha jurisprudencia ha contribuido – tal como lo he señalado en mis numerosos votos en el seno de la Corte – a la construcción del contenido y alcance de las obligaciones *erga omnes* de protección bajo la Convención Americana; además, algunas de las resoluciones de la Corte han llamado la atención a la necesidad del reconocimiento de los efectos de la Convención *vis-à-vis* terceros (el *Drittwirkung*), sin los cuales las obligaciones convencionales de protección quedarían ineficaces en determinadas circunstancias.

En fin, la tesis de la responsabilidad objetiva del Estado en cuestión, sostenida por el razonamiento de la Corte en el presente dominio de salvaguardia de los derechos de la persona humana, ha sido particularmente relevante en situaciones de extrema gravedad y urgencia, que requieren medidas provisionales de protección para evitar un daño irreparable a las personas. Las medidas cautelares o provisionales constituyen hoy día, indudablemente, uno de los aspectos más gratificantes de la labor en pro de la salvaguardia internacional de los derechos fundamentales del ser humano.

---

51. Cfr., recientemente, A. A. Cançado Trindade, "The evolution of provisional measures of protection under the case-law of the Inter-American Court of Human Rights (1987-2002)", 24 *Human Rights Law Journal*, 2003, Strasbourg/Kehl, ns. 5-8, pp. 162-168; e "Les mesures provisoires de protection dans la jurisprudence de la Cour Interaméricaine des Droits de l'Homme", 4 *Revista do Instituto Brasileiro de Direitos Humanos*, 2003, pp. 13-25.

*Argüição de Descumprimento de Preceito Fundamental
(sua Doutrina em face de uma Situação Concreta)**

José Afonso da Silva

Professor Titular aposentado de Direito Constitucional
da Faculdade de Direito da Universidade de São Paulo

1. Relevância do tema. 2. Descumprimento de preceitos fundamentais. Cabimento da ação. 3. Dispositivos argüidos e razões da argüição. 4. Função legislativa e o princípio da razoabilidade da lei. 5. Conclusão.

1. Relevância do tema

1. A sede constitucional do tema está no art. 102, § 1º, da CF de 1988, que assim dispõe: "A argüição de descumprimento de preceito fundamental, decorrente desta Constituição, será apreciada pelo Supremo Tribunal Federal, na forma da lei".

Ver-se-á que estamos diante de um caso especial de ação constitucional que, uma vez proposta, gera um tipo de *processo constitu-*

---

* Texto organizado para figurar em um livro em homenagem ao Dr. Héctor Fix-Zamudio, em comemoração ao seus 50 anos de investigar jurídico e porque foi ele um sistematizador do direito processual constitucional.

cional. Significa isso que se trata de um instituto de *direito processual constitucional*.

O texto fará considerações teóricas sobre a argüição de descumprimento de preceito fundamental decorrente da Constituição como meio adequado de apreciar a constitucionalidade ou inconstitucionalidade de dispositivos legas, ilustrando essas considerações com a análise de artigos questionados da Lei Complementar 101, de 4.5.2000. Só depois desse estudo prévio é que estaremos aptos a responder sinteticamente aos quesitos apresentados.

2. Descumprimento de preceitos fundamentais. Cabimento da ação

2. *Preceitos fundamentais* são aqueles que conformam a essência de um conjunto normativo constitucional. São aqueles que conferem identidade à Constituição. Diferenciam-se dos demais preceitos constitucionais por sua importância, o que se dá em virtude dos valores que encampam e de sua relevância para o desenvolvimento ulterior de todo o Direito.[1] Como anotam Celso Bastos e Alexis Vargas, tem-se que "a Constituição, ao referir-se a preceitos fundamentais, demonstra o papel que o veículo processual visa a cumprir, que é o de proteger a Nação das situações que violentam aquilo que lhe é mais sagrado e que há de mais valoroso no seu sistema jurídico. Não é a lesão a qualquer norma formalmente constitucional que poderá ensejar a argüição. Haverão de ser levados em conta os preceitos maiores da Carta Política, que, por não estarem definidos na legislação em comento, demandarão um trabalho doutrinário e jurisprudencial".[2]

3. O *descumprimento* de preceito fundamental pode dar-se de diversas maneiras. Certamente que a *inconstitucionalidade* de leis e atos normativos constitui uma forma de descumprimento da Constituição ou de qualquer de seus princípios ou preceitos. Cármen Lúcia Antunes Rocha o afirmou com todas as letras: "Consiste a inconstitucionalidade no descumprimento da Constituição, vale dizer, no cometimento de um

---

1. Cf. André Ramos Tavares, *Tratado da Argüição de Preceito Fundamental*, pp. 121, 123, 124 e 134.

2. Celso Bastos e Alexis Vargas, "Argüição de descumprimento de preceito fundamental", *Revista de Direito Constitucional e Internacional*, p. 69, *apud* André Ramos Tavares, *Tratado da Argüição de Preceito Fundamental*, cit., p. 123.

ato contrário a ela. Pode este ato vir do Poder Público, manifestando-se em qualquer de suas funções – e o agravo tem, então, um tratamento específico –, e pode vir do particular – hipótese em que a senda para a sua impugnação será definida em situação diversa daquela primeira. Entretanto, ambas são reprimíveis, pois em qualquer delas terá havido descompasso jurídico no acatamento obrigatório à Constituição".[3]

4. Mas o descumprimento não se confunde com a pura inconstitucionalidade. Se o constituinte utilizou termos diversos é porque devem referir-se a fenômenos também diferentes. Primeiro porque o descumprimento, para o fim da argüição prevista no § 1º do art. 102 da CF e na Lei 9.882, de 3.12.1999, refere-se à violação de *preceitos fundamentais* decorrentes da Constituição, enquanto a inconstitucionalidade constitui uma forma de violação de qualquer preceito ou princípio constitucional. A lei só admite o descumprimento de preceito fundamental por *atos* do Poder Público (art. 1º). *Atos do Poder Público* podem ser normativos ou simplesmente materiais. Ora, é importante observar esse aspecto, porque a ação direta de inconstitucionalidade só é cabível contra *lei* ou *ato normativo* federal ou estadual (CF, art. 101, I, "a"). O STF tem reiteradamente decidido que não cabe ação direta de inconstitucionalidade contra lei de efeito concreto, entendendo que só é cabível contra lei normativa.

5. Pois bem, a argüição de descumprimento de preceito fundamental não está subordinada a essa orientação. Se um ato concreto, como uma lei de efeito concreto, descumpre preceito fundamental decorrente da Constituição, aí se compõe o pressuposto essencial de cabimento da argüição. A respeito disso, lembra André Ramos Tavares: ficam superados os empecilhos levantados até agora pelo STF com a introdução da argüição de descumprimento. "Não mais será preciso forçar construções jurídicas, realizar verdadeiros 'malabarismos mentais', para fins de considerar legislativos certos atos de cunho material, só para que possam ser objeto de apreciação concentrada pelo Supremo sem quebrantar os princípios por este adotados".[4]

6. Como se vai ver adiante, os dispositivos impugnados nesta oportunidade têm nítido caráter material: nada mais concreto que uma regra que reparte verba orçamentária entre órgãos estatais, ainda que estejam dispondo também para o futuro. Desmonstrar-se-á em seguida

---

3. Cármen Lúcia Antunes Rocha, *Constituição e Constitucionalidade*, Belo Horizonte, Editora Lê, 1991, pp. 99-100.
4. André Ramos Tavares, *Tratado da Argüição de Preceito Fundamental*, cit., p. 195.

que esses dispositivos (arts. 18 e 20 da Lei de Responsabilidade Fiscal) ofendem preceitos fundamentais da Constituição: o princípio federalista, com desrespeito à autonomia dos Estados e Municípios (arts. 1º, 18, 25, 29, 29-A e 30), o princípio de divisão de Poderes, com desrespeito à autonomia dos Poderes Judiciário e Legislativo (arts. 2º, 51, IV, 52, XIII, e 99), o princípio do devido processo legal, no que concerne ao princípio da razoabilidade, que nele se contém (art. 5º, LIV), indiretamente o princípio da não-vinculação da receita; e ainda desrespeitam o preceito do art. 169, com repercussão no princípio da acessibilidade à jurisdição (art. 5º, XXXV), como se está sentindo em São Paulo.

7. Ora, se tais preceitos fundamentais são vulnerados por dispositivos concretos de uma lei, nada mais apropriado para impugnar sua validade que *a argüição de descumprimento de preceito fundamental*, mais que a própria ação direta de inconstitucionalidade, que pode esbarrar no entendimento de que não é ela meio adequado para aferir a inconstitucionalidade de regras concretas. Significa isso que estão presentes os pressupostos do cabimento da ação, segundo a lei (art. 1º): (a) para *evitar* lesão a preceito fundamental, resultante de ato do Poder Público; (b) para *reparar* lesão a preceito fundamental, resultante de ato do Poder Público; (c) quando for *relevante* o fundamento da *controvérsia constitucional*; (d) inexistência de outro meio eficaz para sanar a lesividade.

8. Este último requisito merece atenção. O art. 4º, § 1º, da Lei 9.882/1999 é que o exige, ao declarar que *não será admitida argüição de descumprimento de preceito fundamental quando houver qualquer outro meio eficaz de sanar a lesividade*. Tem-se chamado a isso de *princípio da subsidiariedade*. É preciso interpretar essa regra conforme a Constituição, sob pena de se anular uma ação constitucional por via de um requisito simplesmente legal. Isso porque as leis processuais sempre oferecem meios para a invocação do Poder Judiciário em qualquer hipótese. Por isso, não é feliz a idéia de que se trata de subsidiariedade. A Constituição não pode ter querido estabelecer um mecanismo apenas subsidiário para uma missão tão relevante – qual seja, proteger seus preceitos fundamentais. Ao contrário, a Constituição entendeu necessário preordenar um instituto próprio e adequado para o fim de argüir descumprimento de preceito fundamental. Para tal fim, essa é a ação apropriada, e não outra, pouco importa encontrem-se no sistema outras ações que possam gerar o mesmo resultado. Nesse sentido, a argüição é via principal, não podendo estar sujeita ao princípio da subsidiariedade. A exigência legal, para não se anular o mandamento constitucional, tem

que ser entendida em face do sistema da Constituição e da própria lei. E pode até ser que, antes de ser subsidiária, a argüição seja o remédio adequado e que, por isso, afasta os demais. Mais que isso, porque se trata de meio autônomo para alcançar o fim posto a ele pela Constituição. É preciso ter em mente que o § 1º do art. 102 da CF só autorizou a lei a dar a *forma*. É isso que quer dizer "na forma da lei". A lei, portanto, não está autorizada a ingressar no conteúdo do dispositivo constitucional, menos ainda para impor limites que a própria Constituição não admitiu. Já escrevi a respeito dos limites das leis integrativas da Constituição em texto que vem a calhar: "(...) convém não olvidar que essas leis são puramente complementares das normas constitucionais. Não podem, portanto, distorcer o sentido do preceito complementado, mudando o sentido da Constituição. Isso desbordaria de sua competência, e implicaria verdadeira mutação constitucional por via indireta. A doutrina não tem dúvida em declarar que *absolutamente não é lícito à lei complementar, seja de que tipo for, procurar fixar o sentido ou o alcance duvidoso do texto constitucional, dando-lhe determinada interpretação*. Não existe interpretação autêntica da Constituição. Lei que o pretendesse efetivamente estaria emendando o estatuto político, e isso só é possível atendendo-se às regras expressas para tanto".[5] Em suma, lei integrativa não pode inovar a norma integrada, criando empecilho à sua eficácia.

9. Em verdade, o STF vem tentando ajustar a compreensão da norma a uma interpretação conforme a Constituição. Contudo, ainda se apega ao princípio da subsidiariedade, dando a este certo relevo. Merece, no entanto, ser referido o seguinte entendimento expendido pelo Min. Celso de Mello em despacho preliminar na ADPF 17-AP:

"É claro que a mera possibilidade de utilização de outros meios processuais não basta, só por si, para justificar a invocação do princípio da subsidiariedade, pois, para que esse postulado possa legitimamente incidir, revelar-se-á essencial que os instrumentos disponíveis mostrem-se aptos a sanar, de modo eficaz, a situação de lesividade.

"Isso significa, portanto, que o princípio da subsidiariedade não pode – e não deve – ser invocado para impedir o exercício da ação constitucional de argüição de descumprimento de *preceito fundamental*, eis que esse instrumento está vocacionado a viabilizar, numa dimensão

---

5. V. meu *Aplicabilidade das Normas Constitucionais*, 7ª ed., 2ª tir., São Paulo, Malheiros Editores, 2008, p. 230, citando, sob nota 7, J. H. Meirelles Teixeira, *Curso de Direito Constitucional*, p. 362.

estritamente objetiva, a realização jurisdicional de direitos básicos, de valores essenciais e de *preceitos fundamentais* contemplados no texto da Constituição da República.

"Se assim não se entendesse, a indevida aplicação do princípio da subsidiariedade poderia afetar a utilização dessa relevantíssima ação de índole constitucional, o que representaria, em última análise, a inaceitável frustração do sistema de proteção, instituído na Carta Política, de valores essenciais, de *preceitos fundamentais* e de direitos básicos, com grave comprometimento da própria efetividade da Constituição."

Perfeito. Falou o constitucionalista sensível aos valores essenciais da Constituição. Pena que ainda insista tanto no princípio da subsidiariedade, que, no fundo, não se compadece com a doutrina sustentada na decisão. O eminente Magistrado não poderia, de ofício, reconhecer a inconstitucionalidade do § 1º do art. 4º da Lei 9.882/1999; vislumbra-se, contudo, *data venia*, no seu despacho certa inconformidade com a regra limitadora. O apego ao princípio da subsidiariedade, no caso, tem, além do mais, o inconveniente de oferecer uma visão abstrata, a dizer: "você entrou com a argüição; não há qualquer outra ação proposta; mas isso não importa, porque existe a ação popular ou a ação direta de inconstitucionalidade, que você poderia ter utilizado; por isso, indefiro a argüição". Esse é um efeito danoso dessa doutrina da subsidiariedade, que afasta o conhecimento de uma ação apropriada porque, em abstrato, existe outra que poderia ter sido usada. Nem se sabe ainda se a outra é, de verdade, eficaz, porque, *a priori*, não se pode admitir uma eficácia real de uma medida ainda não proposta; e, mesmo que esteja proposta, cumpre verificar se ocorre, ou não, tal eficácia. Assim já decidiu, ao que entendi, o Min. Maurício Corrêa, relator da ADPF 10-AL, na qual ele concedeu a medida liminar apesar de existir a ADI 2.231-9-DF, afirmando: "Evidente, contudo, o risco de dano irreparável ou de difícil reparação, e o fundado receio de que, antes do julgamento deste processo, ocorra grave lesão ao direito do requerente, em virtude das ordens de pagamento e de seqüestro de verbas públicas, desestabilizando-se as finanças do Estado de Alagoas".

Se o texto do § 1º do art. 4º teve mesmo a intenção de transpor para o sistema brasileiro o princípio da subsidiariedade do sistema alemão e do espanhol,[6] o intento é frustrado, porque esbarra com outro tipo

---

6. Parece que assim entende Gilmar Mendes, conforme referência de André Ramos Tavares (se bem entendi), *Tratado da Argüição de Preceito Fundamental*, cit., nota 2, pp. 241-242, e nota 485.

de previsão constitucional. O direito constitucional alemão tem norma autorizativa para tanto. De fato, o recurso constitucional está previsto no art. 93, 1, 4a, mas o art. 94, 2, declara que a lei de organização do Tribunal Constitucional e do processo perante ele poderá "impor como condição para os processos constitucionais que previamente se tenham esgotado as vias legais e prever um processo especial de aceitação do processo". Isso não existe na Constituição brasileira em relação à argüição de descumprimento de preceito fundamental. O recurso de amparo do Direito Espanhol é bem diferente da argüição, porque se aproxima do mandado de segurança. Demais, a Constituição espanhola admite o amparo nos *casos* e *formas* que a lei estabeleça. Vale dizer, a lei está autorizada a indicar não só a forma (processo), mas também os *casos* de seu cabimento. Nosso art. 102, § 1º, só autoriza a lei a dispor sobre a *forma* da argüição, não sobre casos de seu cabimento. Isso tudo está a mostrar que o princípio da subsidiariedade não foi acolhido pelo nosso direito constitucional em relação à argüição de que me ocupo, aqui. Logo, se não se der ao art. 4º, § 1º, uma interpretação conforme a Constituição, consoante se indicará abaixo, não há como fugir da sua inconstitucionalidade.

10. A interpretação conforme a Constituição, ao contrário de entender a disposição legal como restritiva, concebe-a como ampliativa e abrangente de situações outras para as quais não existe remédio constitucional algum (infringência de preceito fundamental, por exemplo, por particulares). É o que parece entender também André Ramos Tavares, quando escreve: "A interpretação válida da lei só pode ser encontrada no sentido de considerar ter o legislador pretendido propiciar o cabimento da argüição *também* em todos os demais casos em que o descumprimento de preceito constitucional fundamental não possa ser sanado por não encontrar via adequada".[7]

Mais adiante, considera o art. 4º, § 1º, em causa, não como uma regra de limitação, mas de abertura de outras vias possíveis. É o que se extrai da seguinte passagem de seu magistério: "O § 1º do art. 4º deve ser compreendido dentro da sistemática da lei; o certo será, partindo das hipóteses já traçadas pelo art. 1º, absorver *outras* hipóteses por via da incidência da regra de abertura do § 1º do art. 4º.[8] Não se deve

---

7. André Ramos Tavares, *Tratado da Argüição de Preceito Fundamental*, cit., p. 242.

8. No original há uma inversão por erro de digitação, por certo. Lá está "§ 4º do art. 1º". Ora, é nítido que a referência é ao "§ 1º do art. 4º", até porque o art. 1º da lei não tem § 4º, apenas parágrafo único. Por isso me pareceu lícito corrigir, na citação, o equívoco.

considerar, pois, o referido parágrafo como uma regra de exceção à regra do art. 1º. Se assim fosse o § 1º do art. 4º deveria estar inserido no próprio art. 1º. De concluir, pois, que o dispositivo controvertido traz uma regra de abertura, e não uma limitação.

Assim, reconhecendo a autonomia da argüição, por força do art. 1º da lei e, acima de tudo, por força das normas constitucionais aplicáveis à hipótese, infere-se que o art. 4º ainda possibilita o cabimento da argüição em hipóteses diversas, quando não houver outro meio eficaz de sanar a lesividade".[9]

11. Enfim, como se vê, em certas situações, como se disse acima, o remédio apropriado é ação de argüição de descumprimento de preceito fundamental, ainda que outro, como a ação direta de inconstitucionalidade, possa eventualmente ser cabível ou, mesmo, já ter sido proposto. No caso em apreço, pela natureza concreta dos dispositivos atacados, sem dúvida alguma o meio adequado é a argüição, pois a ação direta de inconstitucionalidade corre o risco de ser afastada, por entender o Tribunal que não se trata de ato normativo. Por isso, mesmo que haja – como no caso há – ações diretas de inconstitucionalidade (ADI 2.365-9, 2.241-5, 2.238) visando à declaração de inconstitucionalidade de alguns dos dispositivos argüidos, sua eficácia se revela duvidosa, E se há dúvida sobre a eficácia do remédio utilizado, isso é suficiente para demonstrar que o disposto no § 1º do art. 4º da lei não pode ser obstáculo ao conhecimento e julgamento da argüição, com a devida vênia (independentemente de ser ele declarado inconstitucional, ou não), até porque a interposição daquelas ações não teve força para impedir os efeitos concretos da violação contida nos dispositivos impugnados. Além do mais, ao que me consta, o objeto daquelas ações era mais restrito que o objeto desta argüição, que abrange parte do art. 18 e o art. 20, I, "a", "b" e "d", II, "a", "b", "c" e "d", e III, "a" e "b", e § 1º, enquanto outras impugnações, ao que me consta, se restringiram ao art. 20, II, "b".

3. Dispositivos argüidos e razões da argüição

12. A matriz constitucional dos dispositivos impugnados é o art. 169 da CF, que estatui:

---

9. André Ramos Tavares, *Tratado da Argüição de Preceito Fundamental*, cit., p. 244.

"A despesa com pessoal ativo e inativo da União, dos Estados, do Distrito Federal e dos Municípios não poderá exceder os limites estabelecidos em lei complementar."

Essa foi especialmente a razão por que a Lei de Responsabilidade Fiscal veio em forma de lei complementar – *Lei Complementar 101, de 4.5.2000* –, porque boa parte de seus dispositivos não contém a matéria que requeresse lei com essa qualificação, mas lei ordinária de normas gerais de direito financeiro com base no art. 24, I e II. Os arts. 21 a 23 da referida lei tratam de matéria de lei complementar, de acordo com o transcrito art. 169. Interessam, aqui, apenas os arts. 18 e 20, embora seja o art. 19 que mais de perto contém a definição dos limites da despesa com pessoal que o dispositivo constitucional determina sejam estabelecidos por lei complementar. Esse art. 19 está, de fato, afinado com o mandamento constitucional quando declara que, para os fins do disposto no *caput* do art. 169 da CF, a despesa total com pessoal, em cada período de apuração e em cada ente da Federação, não poderá exceder os percentuais da receita corrente líquida que vêm discriminados nos seus incisos e parágrafos.

13. Leis complementares são leis infraconstitucionais, por isso "sua validade afere-se segundo o princípio da compatibilidade vertical Por isso, estão sujeitas ao controle de constitucionalidade, como outra lei qualquer. Sua função é de mera complementariedade, disso não podem desbordar. Nem se há de servir delas para interpretar a Constituição ou qualquer de suas normas".[10] Pontes de Miranda foi claro quanto a esse ponto, concluindo: "Se, ao redigir alguma lei complementar, o Congresso Nacional invadiu a esfera jurídica da Constituição de 1967, ou de alguma das emendas constitucionais, a regra jurídica é *nula*, ou o elemento da regra jurídica, que ofendeu o sistema, é *nulo*, por ofensa à Constituição – o que tem grande relevância no tocante ao recurso extraordinário, à decretação de inconstitucionalidade e outras legitimações ativas".[11]

O art. 18, em parte, e algumas disposições do art. 20 da citada lei complementar foram além das balizas do art. 169 da CF.

14. Vejamos, primeiramente, o art. 18. Diz ele, no *caput*:

10. Cf. José Afonso da Silva, *Aplicabilidade das Normas Constitucionais*, cit., 7ª ed., 2ª tir., p. 245.
11. Pontes de Miranda, *Comentários à Constituição de 1967 com a Emenda n. 1 de 1969*, t. III, p. 140.

"Para os efeitos desta Lei Complementar, entende-se como despesa total com pessoal: (...) o somatório dos gastos do ente da Federação com os ativos, os inativos e os *pensionistas*, relativos a mandatos eletivos, cargos, funções ou empregos, civis, militares e de membros de Poder (...)."

Não é necessário transcrever mais, porque o que se quer questionar é a introdução das despesas com *pensionistas*. Lembra bem Diogo de Figueiredo Moreira Neto:

"Como se pode observar, ao acrescentar a categoria de *pensionistas*, esse conceito infraconstitucional se *ampliou* em relação à sua matriz constitucional, pois que esta se refere, acertadamente, apenas a pessoal *ativo* e *inativo*...

"Como os pensionistas *[adita o autor]* não estão a serviço de entidades públicas nem nele se aposentaram, as pensões referidas no art. 18, *caput*, não podem ser computadas para efeito de estabelecimento de limites de gastos com pessoal."[12]

De fato, *pensionistas* não integram o conceito de "pessoal da Administração Pública", por isso as despesas com *pensões* não são despesas com pessoal, tanto que na classificação orçamentária da despesa os dois tipos estão codificados diferentemente, embora sejam ambos despesas correntes. As despesas de pessoal (código 3.1.1.0.00) são classificadas como "Despesas de Custeio", incluindo pessoal civil, militar e obrigações patronais, enquanto as despesas com pensionistas são classificadas como "Transferências Correntes a Pessoas" (código 3.2.5.0.00).[13]

Essa é, aparentemente, uma violação constitucional de menor significação. Quando, porém, a questão é imposta por lei federal aos Estados e Municípios, a violação tem repercussão não muito pequena. Possivelmente o grave problema que vem ocorrendo no Poder Judiciário de São Paulo não tivesse a amplitude que está tendo se a enorme despesa com os pensionistas da Instituição não estivesse onerando seu orçamento e, especialmente, os 6% que a lei lhes destina.

15. A questão cresce de importância com as determinações do art. 20 da lei em tela. Diz ele:

"Art. 20. A repartição dos limites globais do art. 19 não poderá exceder os seguintes percentuais: I – na esfera federal: a) 2,5% (dois in-

---

12. Diogo de Figueiredo Moreira Neto, *Considerações sobre a Lei de Responsabilidade Fiscal*, p. 169.
13. Cf. Lei 4.320/1964, art. 13.

teiros e cinco décimos por cento) para o Legislativo, incluído o Tribunal de Contas; b) 6% (seis por cento) para o Judiciário; c) 40,9% (quarenta inteiros e nove décimos por cento) para o Executivo, destacando-se 3% (três por cento) para as despesas com pessoal decorrentes do que dispõem os incisos XIII e XIV do art. 21 da Constituição e o art. 31 da Emenda Constitucional n. 19, repartidos de forma proporcional à média das despesas relativas a cada um destes dispositivos, em percentual da receita corrente líquida, verificadas nos 3 (três) exercícios financeiros imediatamente anteriores ao da publicação desta Lei Complementar; d) 0,6% (seis décimos por cento) para o Ministério Público da União; II – na esfera estadual: a) 3% (três por cento) para o Legislativo, incluído o Tribunal de Contas; b) 6% (seis por cento) para o Judiciário; c) 49% (quarenta e nove por cento) para o Executivo; d) 2% (dois por cento) para o Ministério Público dos Estados; III – na esfera municipal: a) 6% (seis por cento) para o Legislativo, incluído o Tribunal de Contas do Município, quando houver; b) 54 % (cinqüenta e quatro por cento) para o Executivo.

"§ 1º. Nos Poderes Legislativo e Judiciário de cada esfera, os limites serão repartidos entre seus órgãos de forma proporcional à média das despesas com pessoal, em percentual da receita corrente líquida, verificadas nos 3 (três) exercícios financeiros imediatamente anteriores ao da publicação desta Lei Complementar."

16. O art. 169 da CF não autoriza a lei complementar a fazer a repartição que foi feita pelo art. 20, citado. Nesse sentido, só por aí a lei já desborda da matriz constitucional que a fundamenta. Se o dispositivo constitucional autorizasse essa interferência na esfera de outros Poderes ou em outras esferas governamentais da Federação, nada haveria a objetar. A lei, no art. 20, I, "a", "b" e "d", quebra a autonomia dos Poderes Legislativo e Judiciário da União. Isso vale também em relação ao Ministério Público Federal, a que também se reconhece autonomia administrativa e financeira, limitada apenas à observação da Lei de Diretrizes Orçamentárias (art. 127, §§ 2º e 3º, da CF).

17. Assim é que o art. 51, IV, dá autonomia à Câmara dos Deputados para a administração de seu pessoal, inclusive a fixação de remuneração, observados os parâmetros estabelecidos na Lei de Diretrizes Orçamentárias, não em outra lei; igual disposição existe para o Senado Federal (art. 52, XIII). Essas regras são fundamentais ao sistema constitucional, porque definem regras da autonomia do Poder Legislativo, como desdobramento do princípio da divisão de Poderes (art. 2º), que tem na independência e harmonia dos Poderes seu núcleo conceitual. Esses dispositivos, sem sombra de dúvida, albergam preceitos fundamentais cujo descumprimento, por lei ou por qualquer outra forma, dá ensejo ao cabimento da ação de argüição prevista no § 1º do art. 102 da CF, segundo seu processo, estatuído na Lei 9.882/1999.

18. Igual ofensa se contém no art. 20, I, "b", em relação ao Judiciário, a que o art. 96 da CF atribui autonomia para a administração de seu pessoal, com a única determinação de obediência ao art. 169, parágrafo único, na redação originária, da CF e ao § 1º, na redação dada pela Emenda Constitucional 19/1998. Reforça essa autonomia de fixação da despesa de seu pessoal a previsão de autonomia orçamentária constante do art. 99, §§ 1º e 2º, tudo isso com o objetivo de conferir eficácia real à independência que lhe confere o princípio da divisão de Poderes (art. 2º). Assim também em relação ao Ministério Público Estadual (art. 127 da CF).

19. O art. 20, II e III, é ainda mais agressivo a preceitos fundamentais decorrentes da Constituição, porque, com ele, a lei penetra no íntimo da organização das unidades federadas e dos Municípios, violando, no primeiro momento, o princípio federativo, pelo desrespeito à autonomia dessas entidades da Federação, e, num segundo passo, penetrando na intimidade dos Poderes estaduais, decidindo sobre assuntos que integram, por inteiro, a autonomia constitucional que lhes garante o art. 25, que confere aos Estados sua capacidade auto-organizativa mediante a Constituição e leis que adotarem, enquanto os arts. 29, 29-A e 30 firmam a autonomia dos Municípios, no que interessa aqui, especialmente o inciso III do art. 30, ao lhes conferir poder autônomo para aplicarem suas rendas. Todos esses preceitos encontram sua base no princípio federativo insculpido no art. 1º e na organização político-administrativa da República prevista no art. 18, que embasam a autonomia dessas entidades, nos termos da Constituição. Ora, os termos da Constituição não admitem a invasão dessas autonomias a título de determinar o que cada Poder da organização dos Estados e dos Municípios pode gastar, porque essa é uma questão de estrita competência da capacidade financeira dessas entidades. O art. 169, como se disse antes, não autoriza essa invasão. Apenas previu que lei complementar fixasse os limites da despesa com pessoal ativo e inativo. Isso foi feito, corretamente, pelo art. 19 da lei questionada. O que o art. 20, II e III, e seu § 1º acrescentaram é demasia que ultrapassa a autorização constitucional, com ofensa não só ao princípio federativo, mas também ao princípio da divisão dos Poderes estaduais e municipais. Acrescente-se que o art. 99 da CF confere autonomia administrativa e financeira ao Poder Judiciário, especificando, no § 1º, que "os tribunais elaborarão suas propostas orçamentárias dentro dos limites estipulados conjuntamente com os demais Poderes na Lei de Diretrizes Orçamentárias", e, no seu § 2º, que "o encaminhamento da proposta, ouvidos os outros tribunais interessados, compete: (...) II no âmbito dos Estados e no do Distrito Federal e Territórios, aos presidentes dos Tribunais de Justiça, com a aprovação dos respectivos Tribunais". Estatui-se que a proposta orçamentária dos tribunais estaduais só fica sujeita aos limites estipulados conjuntamente com os demais Poderes na Lei de Diretrizes Orçamentárias. Como pode uma lei federal, ainda que lei complementar, descumprir um tal mandamento constitucional? A ilegitimidade é evidente. São preceitos estruturais do sistema adotado pela Constituição – portanto, preceitos fundamentais, que devem ser protegidos e defendidos pela interposição da argüição de descumprimento de preceito fundamental.

20. Agrava ainda mais essas ofensas a adoção do *regime de competência* na apuração da despesa do pessoal. Dir-se-á que a Constituição não optou nem pelo *regime de caixa*, nem pelo *regime de competência*. *Regime de caixa* se dá quando da apuração da despesa pública em consonância com o exercício financeiro, que coincide com o ano civil; quer dizer, no regime de caixa as despesas empenhadas pertencem ao exercício financeiro, que a Lei 4.320/1964, art. 34, define como sendo coincidente com o ano civil. No *regime de competência* a apuração da despesa não coincide com o exercício financeiro. Pois bem, para a apuração da despesa total de pessoal, a Lei Complementar 101/2000, no art. 18, § 2º, adotou expressamente o regime de competência, ao declarar que a despesa total com pessoal será apurada somando-se a realizada no mês em referência com as dos 11 meses imediatamente anteriores. A Constituição não escolheu diretamente o regime da despesa, mas estatuiu, no art. 165, § 9º, que cabe à *lei complementar* dispor sobre o exercício financeiro, a vigência, os prazos, a elaboração e a organização do Plano Plurianual, da Lei de Diretrizes Orçamentárias e da Lei Orçamentária Anual. Essa matéria já é regulada pela Lei 4.320/1964, que agora só pode ser modificada pela lei complementar prevista naquele dispositivo constitucional. Isso significa que ela foi recebida pela Constituição, porque harmonizada com suas normas e princípios; e recebida com a qualidade de lei complementar, que Estados e Municípios são obrigados a respeitar. Aí é que está o complicador, porque as regras técnico-burocráticas de repartição dos percentuais

constantes no art. 20, II e III, que são proporcionais aos percentuais da despesa total estabelecida no art. 19, não coincidem com o exercício financeiro (ano civil) a que a Lei de Diretrizes Orçamentárias e a Lei Orçamentária Estadual e Municipal são obrigadas a atender. Se isso não é inconstitucional, certamente agrava a inconstitucionalidade do art. 20, II e III.

21. Finalmente, para concluir esse aspecto da questão, é de lembrar o princípio orçamentário da *não vinculação* de receitas, bem expresso no art. 167, IV, da CF, segundo o qual é vedada "a vinculação de receita de impostos a órgão, fundo ou despesa". Não há de impressionar a indicação de que só se veda a vinculação de impostos, porque, em verdade, quando a Lei Complementar 101/2000, no art. 20, reparte, entre órgãos, percentuais da despesa global previstos no art. 19, na verdade está vinculando parte da receita corrente, que é receita de tributos, basicamente de impostos, à despesa desses órgãos com o pessoal. Essa é uma inconstitucionalidade implícita, mas, assim mesmo, é uma forma de descumprimento de princípio constitucional.

4. Função legislativa
e o princípio da razoabilidade da lei

22. A esse propósito limitar-me-ei a sintetizar texto que produzi em outro parecer sobre as preocupações doutrinárias modernas a respeito dos limites da lei em face do princípio da razoabilidade, porque tem pertinência aqui o que foi dito naquela oportunidade.

23. A *função legislativa* consiste na edição de regras gerais, abstratas, impessoais e inovadoras da ordem jurídica, denominas "leis", e cabe ao Poder Legislativo em cada órbita de governo da estrutura federativa, na conformidade da distribuição constitucional de competências. Decorre ela do *princípio da especialização funcional*, que, juntamente com a independência orgânica, fundamenta a divisão de Poderes, que foi sempre um princípio fundamental do ordenamento constitucional brasileiro. O que se extrai dessas breves considerações é que não há função de poder ilimitada. A função legislativa, como a executiva e a jurisdicional, está sujeita a limites. E quando o ato respectivo é produzido sem observância desses limites, torna-se arbitrário e inválido. Os limites são formais ou substanciais. *Formais* quando o órgão criador do ato legislativo, executivo/administrativo ou judicial/jurisdicional não observa as regras de competência e, assim, invade campo de outro órgão. *Substanciais* quando o conteúdo do ato se contrapõe ao conteúdo de princípio ou norma constitucional.

"Significa isso que a lei, embora seja o ato oficial de maior realce na vida política e ato discricionário por excelência (porque de conformação política), está também sujeita a limites. Já Carlos Esposito, pelos anos de 1934, no seu clássico livro sobre a validade das leis, doutrinou amplamente sobre os limites da lei, dizendo mesmo que não há lei que, por natureza, se subtraia a limites, ou, por natureza, seja a eles submetida, mas qualquer lei pode ser subordinada a limites; e o determinar, em concreto, se isso ocorre, e em que medida, depende do exame das disposições de direito positivo que regulam a espécie fática, e não da inclusão do ato na categoria das leis formais ou materiais.[14] E aqui não se quer tratar da tradicional forma de inconstitucionalidade das leis, questão sobejamente conhecida... Quer-se aqui demonstrar que a lei pode ser ilegítima e inválida porque desviou dos fins postos à função legislativa em casos específicos."[15]

É de lembrar que o Poder Legislativo, excepcionalmente, produz lei não geral e não abstrata, mas individual e de efeito concreto, como é o caso que me ocupa neste parecer.

"É nesse âmbito que mais fácil se verifica o desvio do Poder Legislativo. Primeiro porque já é, em certo sentido, um desvio da função legislativa a produção de leis concretas; *[no todo ou em parte, acrescente-se agora]* segundo porque é nesse caso que o legislador mais habitualmente comete abusos e proteção individual, que requerem correção pelo Poder Judiciário, especialmente porque ferem o princípio da razoabilidade, que encontra seu fundamento no princípio constitucional do devido processo legal, como veremos mais adiante."[16]

24. Quer-se aqui, em verdade, mostrar que a lei pode ser ilegítima e inválida por ofensa ao *princípio da razoabilidade*. "Implícito na Constituição Federal, deduzido especialmente dos princípios da moralidade, da igualdade e do devido processo legal (...) o princípio da razoabilidade (às vezes, também chamado de princípio da proporcionalidade) ganha, dia a dia, força de relevância no estudo do direito público em geral (...) e que hoje não se concebe apenas como uma regra de con-

---

14. Carlos Esposito, *La Validità delle Legge*, 1934, p. 154.
15. Cf. José Afonso da Silva, "O princípio da razoabilidade da lei. Limites da função legislativa", parecer, *RDP* 220/345, São Paulo, Ed. RT.
16. Idem, p. 347.

tenção e de validade só do ato administrativo. Pois existem preceitos constitucionais em que a razoabilidade se converte no parâmetro por excelência do exame da constitucionalidade ou inconstitucionalidade de atos e normas".[17]

San Thiago Danas explorou o tema exatamente em relação ao problema das leis arbitrárias: "O problema da lei arbitrária, que reúne formalmente todos os elementos da lei, mas fere a consciência jurídica pelo tratamento absurdo ou caprichoso que impõe a certos casos, determinados em gênero ou espécie, tem constituído, em todos os sistemas de direito constitucional, um problema de grande dificuldade teórica e de relevante interesse prático".[18]

Como se vê, situa ele o problema no âmbito do direito constitucional. Observa ele que o problema se apresenta especialmente em relação às leis especiais, leis pelas quais o Poder Legislativo resolve criar para um gênero de casos, ou mesmo para casos concretos determinados, uma norma especial, diferente da que rege os casos gerais – diferenciação que não raro se sente ser arbitrária, e que os princípios do Direito se insurgem contra seu reconhecimento e aplicação. E logo põe ele a questão de saber qual o critério que permite distinguir a lei arbitrária da lei especial justificada; e, admitido um tal critério, se ele autoriza o Poder Judiciário a recusar aplicação à lei arbitrária.[19] Todo seu texto está voltado para a resposta positiva a essa indagação.

25. É palmar que a repartição de percentuais de despesa entre órgãos dos Poderes, como fez o art. 20 da Lei Complementar 101/2000, é arbitrária. Não se fundamenta em qualquer critério razoável. O que mais demonstra essa irrazoabilidade é que se conferiu ao Poder Judiciário de São Paulo apenas 6%, quando antes dela ele já utilizava 7%. É arbitrário destinar o mesmo percentual igualmente para o Poder Judiciário Federal e todos os Poderes Judiciários dos Estados. É arbitrário, porque amarra o futuro do Judiciário a um percentual que hoje mal dá para cobrir as despesas vigentes, sem levar em conta as necessidades futuras, especialmente porque o Poder Judiciário, na medida mesma em que o povo desperta para a defesa de seus direitos, tem necessidade de ampliar seus quadros de pessoal a fim de abrir amplo acesso à Justiça

---

17. Idem, ibidem.

18. San Thiago Dantas, "Igualdade perante a lei e *due process of law*", in *Problemas de Direito Positivo*, 1953, p. 37.

19. Idem, *apud* José Afonso da Silva, "O princípio da razoabilidade da lei. Limites da função legislativa", cit., parecer, *RDP* 220/345.

pela cidadania. Arbitrário, porque num certo momento o percentual distribuído ao Executivo pode ser excessivo, enquanto os outros Poderes necessitam mais recursos para seu pessoal. Enfim, a proporcionalidade estabelecida é arbitrária e não leva em consideração diversos fatores que influem na distribuição de recursos orçamentário nas diferentes esferas governamentais. Não se pense que, estabelecendo percentuais que indicam proporções, se está atendendo ao princípio jurídico da proporcionalidade (outro nome do princípio da razoabilidade), pois fixar proporções iguais, mediante percentuais, para situações díspares o mesmo é que contravir aquele princípio.

26. Põe-se em destaque a questão do Judiciário, porque exatamente foi em relação a ele que a arbitrariedade da lei gerou conseqüências danosas à prestação da jurisdição. É de palmar evidência que a prestação de serviços judiciários é mais que serviço público (art. 5º, XXXV, da CF), porque é verdadeiro dever jurídico do Estado Democrático de Direito (art. 1º da CF).

Regra infraconstitucional que negue direta ou indiretamente o acesso à jurisdição, ou a inviabilize concretamente, retirando-lhe a possibilidade de prover cargos públicos anteriormente dimensionados, é de inconstitucionalidade cristalina (art. 96, I, "c", "d" e "e"). Foi exatamente o que ocorreu com o Poder Judiciário paulista, situação que somente ficou evidenciada e comprovada com o *agravamento* no movimento grevista.

Se a eficácia do art. 20, II, "b", da Lei de Responsabilidade Fiscal tem o condão de paralisar os serviços judiciários do Estado economicamente mais forte da Federação Brasileira, tal fato é indicativo seguro de que ela é causa de deterioração de *serviço público essencial e privativo do Estado* – resultado, esse, que agride nosso sistema constitucional e que, portanto, não pode prosperar. Aliás, em seu pronunciamento, o eminente Min. Costa Leite, então Presidente do STJ, afirmou que o pleno funcionamento de todo o Poder Judiciário está comprometido com essa lei, e reconhece que o quadro é grave e que o Judiciário não pode se omitir (notícia do STJ, 9.11.2001, Internet).

5. Conclusão

27. A pretensão deste texto era mostrar, em face de uma controvérsia concreta, o cabimento da ação de argüição de descumprimento de preceito fundamental independentemente de haver ações de inconstitucionalidade versando parte do mesmo objeto; primeiro porque o objeto proposta para a ação de argüição era mais amplo; segundo porque as partes seriam completamente diferentes, ainda que se pretenda tratar-se de dois tipos de processos objetivos.

28. Por outro lado, o texto também pretendeu demonstrar que os dispositivos questionados da Lei Complementar 101/2000 (chamada "Lei de Responsabilidade Fiscal") continham evidentes violações a preceitos fundamentais da Constituição, tais como o *princípio federativo*, pela interferência na esfera da autonomia dos Estados e dos Municípios (CF, arts. 1º, 18, 25, 29, 29-A e 30, especialmente art. 30, III), e o princípio da divisão de Poderes e da autonomia dos Poderes Legislativo e Judiciário (CF, arts. 2º, 51, IV, 52, XIII, 96, I, e 99, §§ 1º e 2º), além de violar o próprio art. 169 que é a matriz daqueles dispositivos, porque vão além das balizas por ele traçadas ao legislador complementar. Vulneram igualmente o art. 5º, LIV, da CF, na medida em que se reconhece que nele se alberga o princípio da razoabilidade e na medida em que protege o devido processo legal. São preceitos estruturais do sistema constitucional brasileiro, cuja proteção foi confiada exatamente a essa ação constitucional a que se deu o nome de "argüição de descumprimento de preceito fundamental/ADPF".

29. Por outro lado, o texto também quis mostrar que o § 1º do art. 4º da Lei 9.882/1999 (que regula o processo da argüição de descumprimento de preceito fundamental), literalmente considerado como adoção do princípio da subsidiariedade, é ilegítimo, porque importa criar obstáculo, constitucionalmente não previsto, ao cabimento da argüição de descumprimento de preceito fundamental. Ele não pode ser entendido como uma condição de procedibilidade, porque esta nada tem a ver com subsidiariedade. No entanto, uma interpretação conforme a Constituição não só pode salvá-lo da eiva de inconstitucional, como até elevá-lo à condição de meio de abertura de novas possibilidades de aplicação da norma constitucional do art. 102, § 1º, da CF. Mas entendido como princípio da subsidiariedade o dispositivo é indubitavelmente inconstitucional. Caracteriza-se mesmo como uma forma de descumprimento de preceito fundamental da Constituição, porque, no sistema, o preceito do art. 102, § 1º, assume esse valor.

30. Demais, o texto procurou mostrar também que argüição de descumprimento de preceito fundamental é um meio direto de argüir inconstitucionalidades, ainda que apenas de preceitos fundamentais, inclusive em situações de descabimento de ação direta de inconstitu-

cionalidade, porque esta só pode ser intentada de lei ou ato normativo federal, tendo a jurisprudência do STF firmado a orientação de que uma lei ou ato legislativo ou administrativo de efeito concreto não pode ser objeto de ação direta de inconstitucionalidade, enquanto a argüição de descumprimento de preceito fundamental não está submetida a essas limitações.

*Teoria do Processo Constitucional:
uma Breve Visão Pessoal**

IVO DANTAS

Professor Titular (antigo Catedrático) da Faculdade de Direito do Recife/UFPE
– Doutor em Direito Constitucional/UFMG
– Livre-Docente em Direito Constitucional/UERJ
– Livre-Docente em Teoria do Estado/UFPE

1. Justificativa inicial e primeiras colocações. 2. Do processo constitucional: 2.1 Natureza jurídica do processo. 3. O direito constitucional processual e o direito processual constitucional. 4. Da codificação e da consolidação: 4.1 Unificação legislativa do direito constitucional processual e do direito processual constitucional. Os exemplos do Peru e de Honduras. 5. Nossa posição.

1. Justificativa inicial e primeiras colocações

O título objeto destas considerações (que ainda podem ser provisórias) é motivado por uma questão de ordem terminológica, com reflexos no que se poderia denominar "Teoria da Jurisdição Constitucional", a saber: o uso indiscriminado das expressões "jurisdição constitucional",

---

* O texto tem por objetivo desmanchar o equívoco (que nos parece existir) entre aqueles que tratam a *jurisdição constitucional* como sinônima de *processo constitucional*.

"justiça constitucional" e "processo constitucional" por parte da doutrina significa que elas são *sinonímicas*? Ou, em caso contrário, estão sendo utilizadas de forma imprecisa e/ou, mesmo, errônea?

O problema aqui suscitado, em última análise, é conseqüência da falta de precisão terminológica que caracteriza os estudos sociais, e de forma especial os estudos jurídicos, que até o momento não são possuidores de um vocabulário inteligível e aceito, facilmente, pelos iniciados.

A fim de facilitar a exposição e defesa de nosso entendimento, afirmamos que nossa posição é no sentido de que as expressões representam duas realidades distintas, ou seja, a *jurisdição constitucional* ou *justiça constitucional*, integrando o conceito genérico de "jurisdição", é *espécie desta*, e cuja competência é privativa para julgar as diversas espécies de *processos constitucionais*.[1]

Esta segunda expressão ("processo constitucional"), por sua vez, possui duas vertentes – a saber: um *sentido restrito* (voltado para o *controle de constitucionalidade como garantia da Constituição*) e um *sentido amplo*, caracterizando em seu âmbito todos os denominados "remédios constitucionais" (*como garantias do cidadão*), tais como mandado de segurança (ou equivalente), mandado de injunção, *habeas corpus*, *habeas data*, ação popular...

Tratando do tema em capítulo intitulado "La Jurisdicción Constitucional y el Modelo Dual o Paralelo", Domingo García Belaunde[2] escreve que:

> Neste sentido, adverte-se que ambas as expressões são realidades distintas, com características e conteúdos próprios. Ademais, discutimos e apresentamos uma diferença entre as expressões "direito constitucional processual" e "direito processual constitucional" e seus conteúdos.
>
> *Palavras-Chaves*: Constituição & Processo. Jurisdição Constitucional. Processo Constitucional. Direito Constitucional Processual e Direito Processual Constitucional. Controle de Constitucionalidade.1. Esta afirmativa não se aplica ao Brasil, cujo modelo constitucional confere ao STF competências que não são de natureza constitucional. Aliás, em nosso entender, o STF, apesar de ser indicado como "guardião da Constituição", não se assemelha, por diversos motivos, a um *tribunal* ou *corte constitucionais*.
>
> 1. Esta afirmativa não se aplica ao Brasil, cujo modelo constitucional confere ao STF competências que não são de natureza constitucional. Aliás, em nosso entender, o STF, apesar de ser indicado como "guardião da Constituição", não se assemelha, por diversos motivos, a um *tribunal* ou *corte constitucionais*.
>
> 2. Domingo García Belaunde, *Derecho Procesal Constitucional*, Bogotá, Temis, 2001, p. 129.

"(...) se acostumbra denominar como *jurisdicción constitucional* al conjunto de mecanismos procesales destinados a defender la Constitución, sea en su aspecto orgánico o en el dogmático. Dentro de ella, tienen destacada importancia el control constitucional de las leyes y la defensa de los derechos humanos. Y esto dentro del área en donde actúa nuestro sistema romanista, en donde la problemática se inicia en forma sistemática en el período de entreguerras, si bien en nuestra América y en menor grado en la propia Europa existen elementos y antecedentes de mayor antigüedad. Pero lo importante es que así se le conoce y este es el nombre que más se utiliza.

"También de gran predicamento, sobre todo por influencia francesa, es la utilización de *justicia constitucional*, que en rigor significa prácticamente lo mismo. Tanto es así, que el gran teórico de la disciplina, Hans Kelsen, les dió um significado equivalente".[3]

Prosseguindo, García Belaunde assevera que, "por cierto, estas no son las únicas diferencias terminológicas y conceptuales existentes, como ya en otro lugar lo hemos señalado, ni podemos olvidar los importantes planteos de Fix-Zamudio, que han merecido una justa acogida y sana discusión entre los especialistas. Tampoco podemos dejar de reconocer que, en los últimos tiempos, está abriéndose paso el concepto más amplio y más ajustado de 'derecho procesal constitucional', sobre el cual ya existe una literatura importante. Pero, en la práctica, el concepto de *jurisdicción constitucional* debe reputarse como equivalente a derecho procesal constitucional, pues así es entendido por los especialistas y así ha ganado un público importante, que de esa manera identifica los temas de su preferencia.[4] Si bien lo previsible es que con el tiempo se imponga el nombre *derecho procesal constitucio-*

---

3. O autor refere-SE a Hans Kelsen, especialmente na obra *La Giustizia Costituzionale* (Milano, Giuffrè Editore, 1981), da qual há uma edição brasileira, *Jurisdição Constitucional* (São Paulo, Martins Fontes, 2003).

4. No Brasil, inclusive, já existe uma grande produção bibliográfica sobre o tema. Vale noticiar que o professor García Belaunde está realizando uma pesquisa entre os especialistas de diversos países a fim de fixar, exatamente, o objeto do *direito processual constitucional*.

Ao responder ao *Cuestionario sobre Derecho Procesal Constitucional* que nos foi enviado seguimos, exatamente, o que vai defendido neste estudo, mais precisamente quando discutimos as expressões "direito processual constitucional" e "direito constitucional processual". Referido trabalho foi publicado com o título *Encuesta sobre Derecho Procesal Constitucional*, México, Porrúa/Instituto Mexicano de Derecho Procesal Constitucional, 2007. Nossa posição encontra-se às pp. 35-41.

nal como una nueva disciplina, y que el de *jurisdicción constitucional* sea abandonado, o en su defecto replanteado, y sea considerado como uno de los capítulos de aquella".[5]

Em nosso entendimento, quando falamos em "tribunal constitucional", "jurisdição constitucional" ou "justiça constitucional" caber-nos-á esclarecer sua natureza e suas relações com os demais Poderes do Estado, se ela está representada por órgão único (controle concentrado) ou se, ao contrário, a competência de dizer o Direito em matéria constitucional se encontra diluída entre vários órgãos, acima dos quais haverá uma Corte que decide em última instância. Em alguns casos, como acontece no Brasil, além de julgar em última instância (quando se tratar de controle difuso – *competência derivada*), tem a competência para apreciar e julgar de forma concentrada (*competência originária*).

Assim entendida, a expressão "Teoria da Jurisdição ou Tribunal Constitucional"[6] comporta ainda as análises referentes à *composição dos diversos modelos de Cortes, forma de indicação de seus membros, duração de mandato* ou *vitaliciedade* (exemplos: Estados Unidos da América, Brasil).

Por outro lado, quando se tratasse de *Teoria do Processo Constitucional* em *sentido estrito*, estaremos diante de uma outra realidade, compreendendo-se aí a análise dos diversos *tipos de ação de controle de constitucionalidade*. Neste sentido, no modelo do *controle concentrado* serão discutidos os temas referentes a *cada espécie de ação,* ou seja, *legitimação ativa, procedimento, teoria das decisões e efeitos que delas decorrem, recursos próprios de cada uma* etc.

Ainda no âmbito do *processo constitucional em sentido estrito* será tratado o *controle difuso de constitucionalidade*, enfrentando questões como o *momento em que pode ser argüida a matéria, procedimento, decisões e seus efeitos*, além de *recursos próprios de cada uma.*

5. Idem, pp. 129-130.
6. Bastante sintomático, neste sentido, é o título do livro *Jurisdicción y Procesos Constitucionales*, no qual há trabalhos de Francisco Caamaño Domínguez, Ángel J. Gómez Montoro, Manuel Medina Guerreiro e Juan Luis Requejo Pagés (Madrid, McGraw-Hill, 1997); Marian Ahumada Ruiz, *La Jurisdicción Constitucional en Europa*, Navarra, Aranzadi, 2005; Constance Grewe *et al.* (dirs.), *La Notion de Justice Constituttionnelle*, Paris, Dalloz, 2005; José Julio Fernández Rodríguez, *La Justicia Constitucional Europea ante el Siglo XXI*, Madrid, Tecnos, 2002; Pedro José González-Trevijano Sánchez, *El Tribunal Constitucional*, Navarra, Aranzadi, 2000; Alfonso Pérez Gordo, *El Tribunal Constitucional y sus Funciones*, Barcelona, Bosch Casa Editorial, 1983.

À *teoria do processo constitucional (em sentido amplo)*, e como se disse, pertenceria o estudo de todos os *remédios constitucionais*, o que é feito através da legislação própria de cada sistema, impedindo, assim, que, neste sentido, seja possível uma generalização, salvo naqueles casos em que o instituto exista em vários sistemas (exemplo: *habeas corpus*), seja nas hipóteses em que haja correspondência de institutos (*acción de amparo* e *mandado de segurança*, em certo sentido).

Em todos estes temas defendemos que deverá o estudioso lançar mão de dados do *Direito Comparado* e da *História Comparada*,[7] como único caminho possível para se estabelecer uma *Teoria da Jurisdição e do Processo Constitucionais*.[8]

Neste sentido, são muito oportunas as palavras de Francisco Carnelutti em seu *Sistema de Derecho Procesal Civil*[9] quando escreve que:

"(...) para conocer el Derecho vigente hace falta estudiar también el Derecho pasado, como para conocer el Derecho de un país es preciso estudiar asimismo el de otro.

"Se comprende así el beneficio que rinden a la ciencia del Derecho la *historia* en sentido estricto, es decir, como narración de hechos pasados, y la *comparación*: una y otra extienden el campo de observación en el tiempo y en el espacio. Historia y comparación son dos manifestaciones de una tendencia, o más bien de una exigencia única: la comparación, entendida como investigaciones del Derecho vigente en otros países, es también historia, o sea representación de hechos, y a la vez la historia, entendida como investigación del Derecho vigente en otros tiempos, es asimismo comparación, puesto que la utilidad de conocer el Derecho pasado no se revela sino al confrontarlo con el Derecho actual. Pero ello no quiere decir que la introducción al estudio del derecho procesal haya de abarcar un conjunto de noticias acerca del Derecho pasado o del Derecho extranjero, que proporcionado en esa forma al alumno ayuno aun de los principios de aquél, solo serviría para complicar la representación de los fenómenos sobre los que se desenvuelva la indagación; y es evidente que, desde el punto de vista

---

7. A propósito, consulte-se nosso livro *Direito Constitucional Comparado – Introdução, Teoria e Metodologia*, 2ª ed., totalmente revista, atualizada e aumentada, Rio de Janeiro, Renovar, 2006.

8. Não adotamos a expressão "Teoria Geral", por entendê-la pleonástica, já que *toda teoria é geral*.

9. Francesco Carnelutti, *Sistema de Derecho Procesal Civil*, vol. I ("Introducción y Función del Proceso Civil"), Buenos Aires, Uthea Argentina, s/d, pp. 2-3.

didáctico, esa representación ha de reducirse al mínimum indispensable, sob pena de engendrar una confusión nociva. La historia y la comparación deben, en cambio, acompañar la exposición de los principios, siempre que el contraste del Derecho vigente con el Derecho pasado o con el extranjero sea útil para la mejor comprensión de su alcance. Por otra parte, una y otra prestarán al estudioso sus mejores servicios cuando, en posesión ya de los principios, esté en condiciones de apreciar las diversas instituciones y de ordenar así en su mente el conjunto cada vez más vasto de los datos. Por estas razones, las noticias históricas y las extraídas de la comparación deben, en mi opinión, constituir más bien un apéndice que una introducción al sistema. Que después ese apéndice se agregue o no a un tratado de derecho procesal es cosa que depende de razones de conveniencia, y como predominante entre ellas la relativa a la existencia de otras fuentes fácilmente accesibles, en las que el estudioso pueda beber con provecho" — conclui.[10]

2. Do processo constitucional

Apesar de a *Teoria do Processo* ter seus conceitos centrais aplicados a qualquer espécie de processo, nosso interesse este estudo é bem claro – ou seja, o *processo constitucional*, sobre o qual José Afonso da Silva, tratando das *definiciones terminológicas*, observa:

"1. El tema demanda aclaraciones iniciales para eliminar las dudas que su imprecisión denota, especialmente porque el término 'proceso' es asociado a diversas situaciones constitucionales, tales como proceso constituyente o proceso de formación de la constitución, proceso legislativo, proceso de *impeachment*, derecho procesal constitucional y derecho constitucional procesal, etc. Frente a ello, la expresión 'proceso constitucional', para quien no convive con esta temática, bien podría dar la impresión de ser genérica y abarcadora de todas esas situaciones. No obstante, no es así y, ciertamente, se podrá verificar que significa algo mucho más próximo del proceso de control de constitucionalidad que la expresión que comúnmente se le asigna.

---

10. Cabe lembrar que, em geral, tanto o *Direito Comparado* quanto a *História Comparada* são ministrados em nível de pós-graduação – exceção feita, pelo que sabemos, à Faculdade de Direito da PUC/RJ, que consagra a primeira disciplina no curso de Bacharelado, a cargo da professora Dra. Ana Lúcia de Lyra Tavares. Assim sendo, concordamos com o que é defendido por Carnelutti, entendendo, porém, que nas áreas de concentração dos cursos de Bacharelado (9º e 10º períodos) deveria haver uma disciplina voltada à comparação.

"2. Podemos hacer, desde ya, una delimitación a partir de la idea de que la doctrina emplea la expresión 'proceso constitucional' como instrumento jurisdiccional de solución de los conflictos derivados de la aplicación de las normas constitucionales. De ese modo, no tendrá conexión alguna con el proceso constituyente, el proceso de formación de la Constitución, el proceso de constitucionalización o reconstitucionalización, que son procesos políticos, no jurisdiccionales; ni tampoco con el proceso de formación de las leyes, el proceso legislativo, que es el proceso parlamentario."[11]

Mais adiante, José Afonso da Silva escreve que: "4. Kelsen fue quien estableció las bases doctrinarias del proceso constitucional, empero sin emplear esta expresión. Así, utilizó expresiones diversas, tales como: 'jurisdicción constitucional', 'control de constitucionalidad', 'garantías constitucionales de la Constitución' e 'justicia constitucional'.[12] En él ya se encuentran algunas señas distintivas. Así, consideraba con igual sentido las expresiones 'garantias constitucionales de la Constitución' y 'justicia constitucional', que se referían a los medios técnicos destinados a regular el ejercício regular de las funciones del Estado, y destacaba la *jurisdicción constitucional* y el *procedimiento de control de constitucionalidad* como los médios técnicos de realización de la justicia constitucional. No obstante, entendia que el control de constitucionalidad de las leyes representaba el objeto de la jurisdicción constitucional. Por eso, no se refería al *proceso constitucional* como instrumento de la actuación de la jurisdicción constitucional; en tanto, se limitaba a relevar el procedimiento de control de constitucionalidad".[13]

Pelo que foi trazido à colação verifica-se a dificuldade com que as doutrinas, tanto nacional quanto estrangeira, se defrontam para definir e caracterizar a locução "processo constitucional", principalmente em razão da variedade de expressões que são utilizadas com a finalidade de significar o mesmo que aquela expressão, e dentre as quais se destaca "jurisdição constitucional".

Ademais, cumpre não esquecer que, ao contrário do que possa parecer aos menos avisados (*só o processo constitucional se fundaria*

---

11. José Afonso da Silva, "El proceso constitucional", in Víctor Bazán (coord.), *Defensa de la Constitución: Garantismo y Controles. Libro en Reconocimiento al Dr. Germán J. Bidart Campos*, Buenos Aires, Ediar, 2003, p. 753 (grifos nossos).

12. O autor cita o livro de Hans Kelsen, *La Giustizia Costituzionale*, cit., nota 3. Vale lembrar que existe uma edição brasileira (Hans Kelsen, *Jurisdição Constitucional*, São Paulo, Martins Fontes, 2003).

13. Idem, p. 754.

em norma constitucional!), qualquer pretensão pode fundamentar-se em norma constitucional e/ao lado de normas de outras naturezas. Neste sentido é a lição de Jesús González Pérez[14] quando, estudando *derecho constitucional y proceso* escreve:

"La existencia de unas normas fundamentales o constitucionales diferenciadas en el cuadro del ordenamiento jurídico no comporta sin más la existencia de un proceso especial con aquel objeto específico. No existe una correlación entre proceso y normas de derecho material. Es cierto, como ha dicho Alcalá-Zamora y Castillo, que, normalmente, si su distinta índole motiva el fraccionamiento de la jurisdicción en ramas, o la especialización de los juzgadores dentro de ellas, nada más natural que haya dado lugar a una división del derecho procesal en diferentes sectores. Ahora bien, 'no cabe decir que, en todo caso, a un conjunto de normas substantivas perfectamente diferenciadas corresponde una clase de proceso y solo una, porque el paralelismo, por razones de múltiple índole, no se ha guardado en toda su pureza'.[15] Esta falta de correspondencia entre normas sustantivas – concretamente, normas constitucionales – y proceso – proceso constitucional – puede tener lugar: porque no exista un proceso específico para examinar pretensiones fundadas en derecho constitucional, porque normas de derecho constitucional funden pretensiones que han de ser examinadas en procesos distintos y porque en un mismo proceso se examinen y actúen pretensiones fundadas en derecho constitucional y en normas de distintas naturalezas.

"Las normas de derecho constitucional pueden servir de fundamento a pretensiones deducidas en procesos que no tengan este objeto específico."[16]

Mais adiante, é incisivo:

"Si las normas que sirven de fundamento a la pretensión no constituyen elemento diferenciador válido del proceso constitucional, sí lo constituyen el conjunto de órganos jurisdiccionales a los que se confía su conocimiento. En tanto en cuanto el conocimiento de las pretensiones fundadas en normas de derecho constitucional se atribuye a una clase especial de órganos jurisdiccionales, puede hablarse de un proceso constitucional o político diferenciado de los demás.

---

14. Jesús González Pérez, *Derecho Procesal Constitucional*, Madrid, Civitas, 1980, pp. 39-40.

15. Neste texto aspeado o autor cita Guasp, em seus *Commentarios a la Ley de Enjuiciamiento Civil*, I, Madrid, 1943, p. 28.

16. Esta é a hipótese, entre nós, do controle incidental de constitucionalidade.

"En el ordenamiento jurídico español existe tal atribución a unos determinados órganos jurisdiccionales: el Tribunal Constitucional.

"El Tribunal Constitucional, como órgano jurisdiccional para conocer determinadas pretensiones fundadas en normas constitucionales, delimita el ámbito de un proceso especial netamente diferenciado de los demás tipos de proceso.

"Será proceso constitucional aquél del que conoce el Tribunal Constitucional."[17]

2.1 Natureza jurídica do processo

Ponto capital de nossas reflexões diz respeito à *natureza jurídica do processo constitucional*, a qual González Pérez desdobra em dois itens, como se vê:

"1. *Es un proceso* – La defensa de la Constitución atribuida al Tribunal Constitucional se configura como un auténtico proceso. Las normas constitucionales sirven de fundamento a una pretensión que se deduce por un sujeto frente a otro ante un órgano estatal supraordenado a las partes.

"Estamos ante un complejo de actividades de órgano jurisdiccional y partes en que se concreta la función jurisdiccional del Estado.

"2. *Es um proceso especial* – Si la distinción entre procesos común y especiales radica en la naturaleza de la jurisdicción a la que se atribuye su conocimiento, parece indudable que en el ordenamiento español el proceso constitucional ha de considerarse proceso especial. Su conocimiento no se atribuye a los órganos de la jurisdicción ordinaria – característica esencial de los procesos comunes –, sino a un órgano jurisdiccional que está fuera del marco de la jurisdicción ordinaria. Como todos los ordenamientos inspirados en el precedente austriaco de la Constitución de 1920 (restablecida en 1945), obra de Hans Kelsen y de su Tribunal de Justicia Constitucional instaurado en 1926, el conocimiento de los procesos cuyo objeto específico son pretensiones fundadas en normas de derecho constitucional se atribuye a una jurisdicción especial, desgajada de la común organización judicial e incluso de la estructuración tradicional de los Poderes del Estado.

"En orden a la determinación de las normas aplicables a este sector procesal en lo no previsto en la regulación específica se aplicarán las

---

17. Jesús González Pérez, *Derecho Procesal Constitucional*, cit., nota 14, p. 41.

normas generales reguladoras del proceso común por antonomasia: el proceso civil."[18]

María Mercedes Serra Rad,[19] ao tratar do *proceso constitucional* e fazer várias referências doutrinárias, cita Enrique Véscovi ao conceituá-lo como aquele que "tiene por objeto la materia constitucional". Em seguida, agora tratando da *naturaleza del proceso constitucional*, relaciona várias posições, a saber: "(a) el proceso constitucional como un 'auténtico proceso', pero 'especial'; (b) el proceso constitucional como un 'proceso voluntario'; c) el proceso constitucional como un 'proceso contencioso'; e, finalmente, d) el proceso constitucional como una 'ficción'".[20]

Na primeira perspectiva ("el proceso constitucional como un 'auténtico proceso', pero 'especial'"), leciona Serra Rad que "algunos autores sostienen que el proceso constitucional es un auténtico 'proceso', como lo indica su nombre, pero de naturaleza 'especial'. Así lo define González Pérez, quien considera que existen – como en todo proceso – dos partes, que deducen pretensiones fundadas en normas constitucionales, ante un órgano preestablecido, mediante una serie de actividades. En otras palabras, es 'un complejo de actividades de un órgano jurisdiccional y partes en que se concreta la función jurisdiccional del Estado'; y aclara el autor: es un proceso 'especial', ya que no entenderá de esas pretensiones cualquier órgano jurisdiccional o común, sino un órgano jurisdicional especial que se situa fuera de la jurisdicción ordinaria".[21]

Na segunda perspectiva ("el proceso constitucional como un 'proceso voluntario'"), observa que:

"(...) los autores italianos – entre otros Carnelutti, Cappelletti – consideran que en el proceso constitucional no existen partes; hablan de un 'proceso voluntario' (de 'jurisdicción voluntaria') por entender que el juez, al plantear la cuestión de inconstitucionalidad o al franquear la petición que – por vía de excepción – plantea la parte al respecto, deduce la solicitud de autorización para eludir el deber de aplicar la ley.

"Es cierto, sin embargo, que esta tesis solo se comprende en jurisdicciones constitucionales donde no hay recurso directo contra leyes

---

18. Idem, p. 42 (grifos no original).

19. María Mercedes Serra Rad, *Procesos y Recursos Constitucionales*, Buenos Aires, Depalma, 1992, pp. 51 e ss.

20. Idem, pp. 53-55.

21. Vale observar que a posição de González Perez é, justamente, a que já foi citada acima.

ni recurso de amparo, y donde, además, se considera como 'complementario', y no 'principal', de la justicia constitucional la función de arbitraje (o resolución de conflictos) entre Poderes."

No tocante à concepção que identifica "el proceso constitucional como un 'proceso contencioso'", escreve Serra Rad que:

"Cierta corriente de opinión considera que el proceso constitucional importa un verdadero proceso contencioso, ya que subsiste por debajo una auténtica litis y su resolución dependerá de lo siguiente: si la norma impugnada, por ser contraria a la Constitución, se debe aplicar o no, si permanecerá dentro del ordenamiento jurídico o si, al contrario, deberá ser eliminada del mundo jurídico. En este sentido se enrola el profesor Enrique Véscovi.

"A juicio del profesor González-Deleito y Domingo[22] 'el presupuesto ineludible para poder hablar de proceso constitucional es la preexistencia de un *status* litigioso: la posible colisión entre Constitución y ley, el entrecruzamiento de intereses subjetivos contradictorios (la parte a quien conviene la declaración de inconstitucionalidad y la parte a quien perjudica tal declaración)'.

"Otros autores aluden a la existencia de 'verdaderas partes procesales', si bien con distinta intensidad, en los diferentes procesos constitucionales. Así admiten la existencia de 'partes demandantes', 'partes demandadas', 'parte general', 'partes coadyuvantes' y 'quienes ostentan un interés legítimo'."

Sobre a última das correntes ou perspectivas ("el proceso constitucional como una 'ficción'"), afirma Serra Rad que, segundo Geiger:

"(...) el proceso constitucional es pura ficción, que se justifica en la necesidad que el Estado tiene de atribuir a uno de sus órganos la función de determinar lo que es constitucional o no – y a lo cual los demás órganos del Estado deben inevitablemente acomodarse.

"Señala el autor citado *[continua a autora portenha]* que la esencia del proceso constitucional es radicalmente distinta de la de los procesos civiles o contenciosos, y, precisamente por esa misión atribuida al Tribunal Constitucional de decidir definitivamente lo que el Estado quiere, los efectos de sus decisiones no pueden ser comparados a los de las sentencias de los demás tribunales.

---

22. O livro de Nicolás González-Deleito Domingo a que se refere María Mercedes Serra Rad tem por título *Tribunales Constitucionales – Organización y Funcionamiento*, Madrid, Tecnos, 1980. A posição citada encontra-se à p. 12.

"Explica el autor alemán que en el proceso civil el Estado decide con carácter general sobre pretensiones que le son ajenas y en presencia de partes que son portadoras de derechos propios. En el proceso constitucional es diferente y su existencia sólo es posible como consecuencia de una ficción jurídica, porque, ejemplificando con los conflictos entre órganos, todas manifestaciones especialmente de los órganos constitucionales son manifestaciones de un único, en esencia inseparable, Poder del Estado. Por ello, *no es posible un conflicto del Estado consigo mismo, de modo que, para facilitar el proceso, la ley otorga a determinados órganos capacidad procesal y finge una relación jurídica, sobre cuya existencia y contenido debe discutirse y ser judicialmente decidido. Se actúa como si existieran diversos titulares con derechos propios y como si esas 'partes' estuvieran frente al Estado como tenedor de la* **Gerichtshoneit***, pero en realidad es la única persona jurídica Estado y el único poder del Estado que demanda, es demandado y juzga. Concibe así al proceso constitucional como un 'autocontrol del Estado' sobre la juridicidad de sus propias manifestaciones soberanas*."

Finalmente, em item intitulado "Mi Opinión", Serra Rad faz uma correta análise-conclusão da *natureza jurídica do processo constitucional*, com a qual concordadamos em sua integralidade. Afirma: "A mi entender, el proceso constitucional resulta un verdadero proceso, que tiene por fin la protección de los principios constitucionales, especialmente los que otorgan derechos a los individuos, frente a las decisiones ilegítimas de la autoridad pública, y la tutela de su supremacía constitucional. La *litis* existe tanto en el proceso constitucional por via directa o indirecta, que se resolverá al solucionarse la cuestión definitiva de legitimidad constitucional. El objeto del proceso lo constituirá, pues, esa ley o acto u omisión administrativa o judicial impugnada, que colisiona con una norma constitucional. Por tanto, el fin del proceso constitucional apuntará al control y a la declaración sobre la constitucionalidad o no de un determinado acto o omisión estatal, o de determinada disposición legal, por parte del órgano constitucional competente, como resultado del proceso previsto para efectuar el control constitucional. En suma, *por medio del 'proceso constitucional' se pretende la realización efectiva del orden normativo, la concreción del jusnaturalismo, la defensa jurídica de la libertad*".[23]

---

23. María Mercedes Serra Rad, *Procesos y Recursos Constitucionales*, cit., p. 56 (grifos nossos).

Rubén Hernández Valle afirma que:

"(...) desde Kelsen existe una confusión entre los términos 'justicia constitucional' y 'jurisdicción constitucional', que se ha ido acentuando con el transcurso del tiempo.

"La primera acepción, según algún sector de la doctrina, es preferible por dos razones: una de carácter filosófico, pues subraya que la supremacía y defensa constitucional persiguen la consecución de determinados valores suprajurídicos; y otra de carácter netamente jurídico, según la cual dicha acepción abarca, además de la existencia de un órgano especializado en la materia, todos los procedimientos de carácter procesal mediante los cuales se encarga a determinados órganos estatales la imposición forzosa de la Constitución."[24]

Em seguida, o mesmo autor refuta ambas as posições:

"(...) afirmando que 'ninguna de las dos razones es convincente; la primera porque soslaya el problema sacándolo de la órbita jurídica; la segunda, porque conduce lógicamente que sólo se pueda hablar de jurisdicción constitucional en aquellos ordenamientos en que exista un órgano especializado en la materia. Bajo tal prisma, países como Estados Unidos, cuna de la jurisdicción constitucional, Argentina, México, Venezuela etc. carecerían de jurisdicción constitucional, por no existir una jurisdicción concentrada en la materia. *Lo que interesa, como es obvio deducirlo, es que existan órganos estatales especializados o no que ejerzan el control y que sus decisiones sean vinculadantes.*

"Por otra parte, *[continua Hernández Valle]* como ha puesto de relieve Zagrebelsky, 'la justicia constitucional está, en efecto, constituida por los procedimientos de aplicación de la Constitución para la resolución de los casos controvertidos, aunque no se agota solamente en esto. Ella comprende también la teoría de la Constitución como norma sustancial. De esa forma la justicia constitucional debe ser concebida no como una suma de estos dos elementos, sino más bien como la unión de ambos, porque cada concepción de la Constitución lleva en sí misma una concretización del procedimiento, así como cada concepción del procedimiento implica una concepción de la Constitución. No existe un *prius* ni un *posterius*, sino una recíproca implicación."[25]

E conclui Hernández Valle: "Por consiguiente, el término 'justicia constitucional' es muy lato para explicar la materia en estudio, lo cual nos

---

24. Rubén Hernández Valle, *Derecho Procesal Constitucional*, San José/Costa Rica, Editorial Juricentro, 1995, p. 32 (grifos nossos).
25. Idem, pp. 32-33.

lleva a indagar las otras dos acepciones generalmente utilizadas al efecto: jurisdicción constitucional y derecho procesal constitucional".[26]

Diante das controvérsias apontadas, em nosso entendimento parece-nos possível resumir afirmando que a *jurisdição constitucional* é definida sob uma *perspectiva orgânica*, assim entendida como o conjunto de órgãos que, integrando ou não a jurisdição como Poder do Estado, tem competência para conhecer e julgar as ações de controle da constitucionalidade e os remédios constitucionais. Em outras palavras, pode ocorrer que integrem o Judiciário (Estados Unidos da América, com a Suprema Corte, e Brasil com o STF), ou como nos modelos europeus, nos quais as Cortes ou Tribunais Constitucionais não integram o Judiciário. Por outro lado, o *processo constitucional* seria sempre definido sob uma *perpectiva material*, ou seja, como o conjunto de atos regulados pela lei, determinando como e em que condições a jurisdição constitucional se manifesta.

Em outras palavras: quem é competente para decidir sobre tais matérias; quem poderá provocar a jurisdição (legitimação ativa); provocada, qual o caminho a ser seguido e como (procedimento); quais os efeitos de suas decisões; etc.

No caso específico do Brasil, vale mencionar que inúmeras são as leis que regulam a *Teoria do Processo Constitucional em sentido estrito*, ou seja, os diversos *tipos de ação de controle concentrado de constitucionalidade*: a *Lei 9.868, de 10.11.1999* (*DOU* 11.11.1999), que "dispõe sobre o processo e julgamento da ação direta de inconstitucionalidade e da ação declaratória de constitucionalidade perante o Supremo Tribunal Federal"; a *Lei 9.882, de 3.12.1999* (*DOU* 3.12.1999), que "dispõe sobre o processo e julgamento da argüição de descumprimento de preceito fundamental, nos termos do § 1º do art. 102 da Constituição Federal".

Com relação ao controle incidental, devemos citar a *Lei 11.417, de 19.12.2006*, que "regulamenta o art. 103-A da Constituição Federal e altera a Lei n. 9.784, de 29 de janeiro de 1999, disciplinando a edição, a revisão e o cancelamento de enunciado de *súmula vinculante* pelo Supremo Tribunal Federal, e dá outras providências"; e a *Lei 11.418, de 19.12.2006*, que acrescenta à Lei 5.869, de 11.1.1973 – Código de Processo Civil –, dispositivos que regulamentam o § 3º do art. 102 da CF.[27]

---

26. Idem, p. 33 (grifos nossos).

27. Esta lei se refere à *repercussão geral no recurso extraordinário*, que motivou a Reforma Regimental do STF pela Emenda Regimental 21.

Por outro lado, no tocante à *Teoria do Processo Constitucional em sentido amplo* há de ser referida toda a legislação que trata dos diversos *remédios constitucionais*: *mandado de segurança*, **habeas corpus**, **habeas data**, *ação popular* etc.

Mais à frente discutiremos a conveniência, ou não, do que se poderia chamar de *Codificação ou Consolidação das Leis do Processo Constitucional*, através da qual seriam unificados todos os diplomas legais que digam respeito à matéria referida.

3. O direito constitucional processual e o direito processual constitucional

Em última análise, e pelo que já foi dito, pode-se afirmar que a *jurisdição constitucional* é competente para conhecer e julgar os *processos constitucionais*, assim entendidos em razão da *matéria* e da *competência*.

Para tanto, merece que se discutam as expressões "direito constitucional processual" e "direito processual constitucional", fixando-se, corretamente, o âmbito de aplicação de cada uma delas, sem esquecermos que se trata de uma discussão de natureza epistemológica.

Domingo García Belaunde, ao analisar "Las Inevitables Imitaciones", observa que:

"(...) los problemas teóricos de una disciplina, y más aún si se trata de su naturaleza jurídica, tenemos que abordarlos con cautela, advirtiendo desde el inicio las limitaciones ante las cuales nos encontramos.

"Precauciones que, como lo sabe toda persona situada dentro de la familia romano-civilista, vienen de muy antiguo, nada menos que desde Roma, en donde nace el *Derecho*, aunque la consolidación sobreviene mucho después, en largo período que parte de la Edad Media, y llega al siglo XIX, que es cuando se da su sistematización moderna. Por tanto, con tan vastos conocimientos tenemos que saber por dónde andamos, cuánto avanzamos, o si es que estamos dando vueltas en torno de algo útil. Además, tratándose del derecho procesal – y aquí aceptamos provisionalmente que el derecho procesal constitucional lo es, ya que más adelante lo analizaremos en detalle – el asunto se complica, pues no obstante que el proceso tiene raíces muy antiguas, su formulación moderna, en el sentido de la autonomía de la acción, se remonta a fines del siglo pasado, por parte de la doctrina alemana, y a su posterior desarrollo y afinamiento, por ella misma y por la doctrina italiana. Esto es, se trata de una disciplina relativamente joven, que aún no ha desarrollado todas sus potencialidades, sobre todo en cuanto al derecho público interno. En consecuencia, un enfoque como el que ahora pretendo, centrado solo en los aspectos principistas o de partida, debe ser consciente de estas limitaciones."[28]

Em seguida, já no item intitulado "El *Nomen Iuris*", García Belaunde escreve que:

"(...) podría decirse, teniendo en cuenta los congresos, las numerosas publicaciones, incluso las especializadas (libros y revistas), las mesas redondas, cátedras etc., que las expresiones que más uso tienen son 'justicia constitucional' y 'jurisdicción constitucional', tomadas generalmente como sinónimas.

"Pero es indudable que al hablar de una justicia o de una jurisdicción constitucionales, por la gravitación de las cosas, ello nos lleva a teorizar sobre su contenido, que se da a lo largo de un proceso, y que conduce inevitablemente a un planteo más amplio, abarcador y que da sentido a toda esa actividad. Y eso solo puede ser *el derecho procesal constitucional, como rama específica para estudiar la actividad procesal relacionada con la defensa de la Constitución*. Así, la aparición de esta nueva disciplina procesal remata el edificio del moderno derecho constitucional que se construye desde hace más de 70 años, es decir, desde los inicios del periodo de entreguerras. *Si el derecho civil no puede realizarse ni complementarse sino con el derecho procesal civil, en igual forma el derecho procesal constitucional sirve de cierre al edificio del moderno constitucionalismo.*

"Pero esta disciplina procesal todavía está en ciernes. Hay dudas sobre su alcance, su contenido y hasta de su utilidad. Estas líneas intentan agregar algo propio que sirva para apuntalar su necesidad y su vigor.

"Aceptemos, pues, la expresión 'derecho procesal constitucional', con cargo a mayores precisiones"[29] – conclui o autor peruano.

Elvito A. Rodríguez Domínguez, ao analisar as expressões "derecho constitucional procesal" e "derecho procesal constitucional", afirma que:

---

28. Domingo García Belaunde, *Derecho Procesal Constitucional*, cit., pp. 1-2.

29. Idem, pp. 2-3. No item 3 o autor tece considerações sobre "Los Orígenes del Nombre", fazendo um levantamento bibliográfico bastante interessante.

"...en relación con el derecho procesal, las Constituciones tienen dos clases de normas: unas, que se refieren a la estructura del Poder Judicial u órgano jurisdiccional del Estado, su organización, la forma de acceso al cargo, las garantías de que gozan los magistrados, sus responsabilidades, la creación de organismos especiales para la selección y nombramiento de los magistrados, establecimiento de garantías de la administración de justicia que aseguren el debido proceso, etcétera; y otras cuya finalidad es garantizar el cumplimento de las disposiciones constitucionales atinentes a los derechos de la persona y al cumplimiento de la jerarquía normativa también dispuesta por la Constitución, concediendo acciones para recurrir a los órganos jurisdiccionales para hacer efectivos estos derechos, y que disponen se dicten leyes de procedimiento para canalizar dichas acciones.

"El primero grupo de normas sirven de fundamento al Derecho Constitucional Procesal porque se trata de disposiciones que se refieren a la administración de justicia en general. Las segundas, *son normas procesales contenidas en la Constitución cuya finalidad es resolver conflictos en materia constitucional* y que se tramitan en procesos especiales: éstas sirven de fundamento al derecho procesal constitucional."[30]

Mais adiante, depois de afirmar que "es necesario determinar si efectivamente existen estas dos disciplinas, es decir, el derecho constitucional procesal e derecho procesal constitucional",[31] escreve Rodríguez Domínguez que "la existencia de normas procesales en la Constitución no implica la existencia de un derecho procesal constitucional, estamos todavía en el ámbito del derecho constitucional, porque la Constitución es el fundamento del sistema jurídico de un Estado. Si esto no fuera así, tendríamos que admitir que también existe un derecho civil constitucional o derecho del trabajo constitucional (la Constitución tiene normas sobre la familia, la propiedad y normas laborales)".[32]

Doutrina, ainda, que, "en suma, el derecho procesal constitucional se funda en la Constitución, pero no nace de la Constitución, aunque en ésta existan normas de naturaleza procesal. Nace cuando se dictan las normas que regulan los procesos mediante los cuales deben resolverse

---

30. Elvito A. Rodríguez Domínguez, *Derecho procesal constitucional*, 2ª ed., Lima, Editora Jurídica Grijley, 1999, pp. 13-14 (grifos no texto).

31. Idem, p. 15.

32. Idem, ibidem. Observe-se que a posição do autor referido vai em sentido oposto àquele reconhecido pela doutrina, exatamente, ao consagrar um direito constitucional do trabalho, um direito civil constitucional, direito econômico constitucional etc.

conflictos de naturaleza constitucional; y la naturaleza constitucional del conflicto se da por la razón de ser de toda Constitución: el mantenimiento del sistema jurídico mediante el respeto de la jerarquía normativa y la protección de los derechos esenciales de la persona".[33]

Finalmente, Rodríguez Domínguez conceitua o *direito processual constitucional* como sendo "aquella disciplina que se ocupa del estudio de las garantías constitucionales, las que consisten en instrumentos procesales que sirven para efectivizar el respeto de la jerarquía normativa que señala la Constitución y el respeto y cumplimiento de los derechos humanos que la Carta Magna establece".[34]

Uma das maiores obras publicadas na Argentina sobre o tema é de autoria de Nestor Pedro Sagüés, intitulada *Derecho Procesal Constitucional*.[35] Para ele, "el *derecho constitucional procesal*, en síntesis, es un sector del *derecho constitucional* que se ocupa de algunas instituciones procesales reputadas fundamentales por el constituyente (formal o informal). Entre esas cuestiones procesales pueden mencionarse, por ejemplo, ciertas garantiás de una recta administración de justicia (garantías para los jueces, para las partes, formalidades esenciales del procedimiento etc.)".[36]

Em relação ao *derecho procesal constitucional*, afirma Pedro Saqüés que "esta rama del mundo jurídico se sitúa en el *derecho procesal*, y atiende a los dispositivos (obviamente jurídicos) procesales destinados a asegurar la supremacía constitucional. El derecho procesal constitucional es, principalmente, el derecho de la *jurisdicción constitucional*, y tiene dos áreas-claves: la *magistratura constitucional* y los *procesos constitucionales*".[37]

Em estudo posterior ao já mencionado *Derecho Procesal Constitucional*, Nestor Pedro Sagüés, (*Los desafios del derecho procesal constitucional*), depois de observar que "no es sencillo precisar cuándo nace el derecho procesal", aponta que "los antecedentes más lejanos se

---

33. Elvito A. Rodríguez Domínguez, *Derecho procesal constitucional*, cit., 2ª ed., p. 16 (grifos no original).
34. Idem, p. 17.
35. Nestor Pedro Sagüés, *Derecho Procesal Constitucional*, 4 ts., Buenos Aires, Astrea, 1989. Nela o autor estuda os institutos do direito processual constitucional, principalmente o recurso extraordinário.
36. Idem, t. I, p. 4.
37. Idem, ibidem.

remontan al interdicto romano *de homine libero exhibendo*, preludio del *habeas corpus* inglés que ya aparece en la Carta Magna (1215)".[38]

Em seguida, tendo feito um levantamento do *direito processual constitucional na América Latina*, reconhece um amplo crescimento do mesmo, tanto em nível de graduação como de pós-graduação, pelo quê "la cuestión es, pues, propicia para reflexionar sobre los principales retos que hoy afronta la asignatura"; após o quê aponta o *desafio espacial* como o principal dos desafios. E escreve: "Aludimos aquí al talvez principal de los retos: el de la superficie que debe cubrir el derecho procesal constitucional. Es el problema de su extensión y contenido, a la vez que de su perímetro y fronteras. Dónde comienza y dónde termina? Cuáles son su perfil y su relieve?".[39]

E prossegue:

"Hay en este punto dos posturas-claves, cada una con sus variantes:

"*(A)* La versión mínima del *derecho procesal constitucional* lo entiende como una disciplina eminentemente procesal, y la circunscribe a dos temas esenciales: la Magistratura constitucional y los procesos constitucionales, que tal vez se podrían sintetizar en uno solo: *la jurisdicción constitucional*.[40]

"Para esta concepción, el derecho procesal constitucional se ocupa de los órganos y de los procesos que custodian la supremacía de la Constitución. La cuestión parece simple, pero a la postre no lo es.

"En los países con control concentrado de constitucionalidad la temática tiende a estrecharse: la Magistratura constitucional sería el Tribunal o Corte Constitucional, y los procesos constitucionales, los diferentes recursos y trámites que se ventilan ante aquél, en aras de tutelar la supremacía de la Constitución.

"Pero en los países con control difuso o desconcentrado, al estilo de los Estados Unidos, resulta que todo juez es, en principio, idóneo para juzgar la inconstitucionalidad de un precepto; y esa inconstitucionalidad puede alegarse también en cualquier proceso. Con ello, la superficie del derecho procesal constitucional sufriría una expansión enorme. Para circunscribirla de algún modo, en estos países se prefiere

---

38. Nestor Pedro Sagüés, in Víctor Bazán (coord.), *Desafios del Control de Constitucionalidad*, Buenos Aires, Ediciones Ciudad Argentina, 1996, pp. 21-41.

39. Idem, pp. 23-24.

40. Idem, p. 24 (grifos nossos). O texto é relativamente longo, mas de leitura bastante útil.

reservar la expresión 'proceso constitucional' sólo para determinada clase de procesos: los especialmente destinados a tutelar principios, valores o derechos constitucionales, como – por ejemplo – la acción de inconstitucionalidad, el recurso extraordinário (cuando opera como vehículo del control de constitucionalidad), el *habeas corpus*, el amparo o el *habeas data*.

"Aun, así, el problema no está de todo resuelto. ¿Que decir, por ejemplo, de órganos no judiciales que pueden realizar control de constitucionalidad, como por ejemplo el Congreso de los Estados Unidos, cuando una de sus Salas (la de Representantes) acusa, y el Senado juzga, en el juicio político (*impeachment*) al presidente o a otros funcionarios federales? ¿Qué opinar sobre el rol del Parlamento, cuando en muchos países evalúa la validez constitucional de los diplomas de los legisladores que se incorporan al mismo? El acoplamiento o el rechazo de esa Magistratura constitucional no judicial al derecho procesal constitucional (y de los consecuentes procesos o trámites) importa un terreno todavía en disputa entre el derecho constitucional y la disciplina que nos ocupa.[41]

"*(B)* Pero hay otra región más debatida. *[prossegue Pedro Sagüés]* Aludimos al *derecho constitucional procesal*, sector del derecho constitucional que trata de los *principios constitucionales regulatorios del proceso*.[42] Las reglas de la Constitución concernientes al debido proceso y a la defensa en juício resultan, a menudo, casi confundidas con las normas relativas a los procesos constitucionales. Por ejemplo, la doctrina exclutoria del 'fruto del árbol venenoso' (*fruit of the poisonous tree*),[43] que reputa constitucionalmente inválidas las probanzas obtenidas en un proceso penal a partir de un acto lesivo al debido proceso constitucional, atrae irresistiblemente a los procesalistas constitucionales. Lo mismo ocurre con principios como los de pronta justicia, la erradicación de las confesiones compulsivas, el derecho del justiciable a ser juzgado por sus jueces naturales y a obtener una sentencia que para que sea

---

41. Em nota de rodapé o autor faz referência a uma *jurisdicción constitucional parlamentaria* e indica a consulta a Biscaretti Di Ruffia, em seu *Direito Constitucional*.

42. Nestor Pedro Sagüés, in Víctor Bazán (coord.), *Desafios del Control de Constitucionalidad*, cit., nota 38, p. 25 (grifos nossos).

43. Capella é autor de um livro com o título *Fruta Prohibida. Una Aproximación Histórico-Teorética al Estudio del Derecho y del Estado* (Madrid, Trotta, 1999). Há uma tradução brasileira (*Fruto Proibido. Uma Aproximação Histórico-Teórica ao Estudo do Direito e do Estado*, Porto Alegre, Livraria do Advogado, 2002).

constitucional también debe ser razonable, de lo que nace la teoría de las 'sentencias arbitrarias' como opuestas a la Constitución, etc."[44]

Depois de todas estas considerações, Sagüés, sob forma conclusiva, afirma:

"Claro está que, si se añade al derecho procesal constitucional todo el derecho constitucional procesal, esa sumatoria engendra una rama jurídica por cierto inmensa, de contornos imprecisos y con una vocación expansiva preocupante.

"En aras de comprender esta situación de indefensión, puede decirse que, como disciplina joven que es, el derecho procesal constitucional sufre, al modo de un adolescente, un periodo de crisis de identidad y de falta de madurez que sólo el tiempo podrá resolver. Corresponde, pues, asumir este reto, y encararlo sin evasivas o negaciones que en nada sirven para superarlo."[45]

Em livro intitulado *Constitución y Proceso – La Nueva Edad de las Garantías Jurisdiccionales*, Augusto Mario Morello[46] escreve que "acerca de las fronteras un poco huidizas entre el 'derecho procesal constitucional' y el 'derecho constitucional procesal' se ha hecho notar el deslinde acordando a la primera de esas disciplinas (dentro de la ciencia del proceso) lo que atañe a la 'justicia constitucional', estableciendo instrumentos específicos para la tutela de las disposiciones constitucionales, lo que incluye una jurisdicción especializada como la Corte o el Tribunal Constitucional, idea originaria de Kelsen, plasmada en la Constitución austriaca de 1920. Resplandece la 'jurisdicción constitucional de la libertad' (Cappelletti) como referida a los mecanismos de tutela de los derechos fundamentales consagrados en la Constitución: amparo, *habeas corpus*, que deben jugar de una manera directamente operativa y en el tratamiento de los límites de los órganos del Estado y de sus relaciones cuando se suscitan conflictos de poderes. A su vez, contenido del 'derecho constitucional procesal' (en la órbita del derecho constitucional) son las categorías procesales específicas que se han elevado a normas constitucionales para reforzar en concreto garantías de la audiencia y del debido proceso: el acceso a la justicia, el derecho a la

---

44. Nestor Pedro Sagüés, in Víctor Bazán (coord.), *Desafíos del Control de Constitucionalidad*, cit., nota 38, p. 26.

45. Idem, pp. 26-27.

46. Augusto Mario Morello, *Constitución y Processo – La Nueva Edad de las Garantías Jurisdiccionales*, Buenos Aires, Librería Editora Platense/Editorial Abeledo-Perrot, 1998, p. 36.

justicia o a la jurisdicción, las garantías del juez natural, independiente, imparcial, inamovible, etc. (acuñadas por Couture)".

J. J. Gomes Canotilho[47] discute os conceitos de "direito processual constitucional" e de "direito constitucional processual", além de se referir ao "direito processual judicial".

Desta forma, para ele, o *direito processual constitucional* compreende *dois sentidos*, sendo um *amplo* e outro *restrito*. No primeiro (*sentido amplo*) "entende-se o conjunto de regras e princípios positivados na Constituição e noutras fontes de Direito (leis, tratados) que regulam os procedimentos juridicamente ordenados à solução de questões de natureza jurídico-constitucional pelo Tribunal Constitucional (cf. CRP, art. 221º)".

Em *sentido estrito*, o *direito processual constitucional* "tem por objecto o *processo constitucional*. O *processo constitucional* reconduz-se a um complexo de actos e formalidades tendentes à prolacção de uma decisão judicial relativa à conformidade ou desconformidade constitucional de actos normativos públicos. Neste sentido, o processo constitucional é o *processo de fiscalização da inconstitucionalidade* de normas jurídicas (cf. CRP, art. 223º/1)".[48]

A seguir, observa Gomes Canotilho que o *"direito processual constitucional,* seja em sentido amplo, seja em sentido restrito, não deve confundir-se com o *direito constitucional processual"*.[49]

Neste sentido, o direito constitucional processual abrange, desde logo, as normas constitucionais atinentes ao processo penal. Alude-se aqui ao *direito constitucional processual penal* ou *constituição processual penal*. A doutrina refere também o *direito constitucional processual administrativo* ou *constituição processual administrativa* para dar ordenação ao conjunto de regras e princípios constitucionais processualmente relevantes para o julgamento de litígios respeitantes a relações jurídico-administrativas e fiscais (cf., sobretudo, o art. 268º da CRP). Na mesma perspectiva, passou também a ganhar foros de cidade o *direito constitucional processual civil* ou *constituição processual civil* para exprimir o conjunto de normas constitucionais processualmente relevantes para o julgamento das chamadas causas cíveis ou civis.

---

47. J. J. Gomes Canotilho, *Direito Constitucional e Teoria da Constituição*, 5ª ed., Coimbra, Livraria Almedina, 2002.
48. Idem, p. 955 (grifos no original).
49. Idem, p. 956.

E prossegue: "Por outro lado, existem dispersos pela Constituição determinados princípios que, além de serem *direitos fundamentais constitucionais*, constituem também princípios constitutivos de toda a ordem processual".[50]

Finalmente, afirma Canotilho que "o direito constitucional processual conforma também o direito processual constitucional. A pluralidade de processos jurisdicionais (penais, civis, administrativos, fiscais) não perturba a existência de um paradigma constitucional processual informado pelos princípios que se acaba de referir. A existência de um *paradigma processual* na Constituição portuguesa obriga a estudar e a analisar os diferentes processos não apenas na sua configuração concreta dada pela lei ordinária (os códigos processuais ordinários), mas também sob o ângulo da sua conformidade com as normas constitucionais respeitantes às dimensões processuais das várias jurisdições. O direito processual constitucional estará também, nesta medida, vinculado ao paradigma constitucional do processo".[51]

Interessante na posição do constitucionalista português é a referência que faz ao *direito constitucional judicial*, ao escrever: "Não se deve confundir direito processual constitucional com *direito constitucional judicial*. Embora haja muitos pontos de contactos, os dois têm objectos diferentes. O direito constitucional judicial é constituído pelo conjunto de regras e princípios que regulam a posição jurídico-constitucional, as tarefas, o *status* dos magistrados, as competências e a organização dos tribunais".[52]

No Brasil a questão terminológica não é diferente.

Assim, José Alfredo de Oliveira Baracho, em estudo pioneiro intitulado *Processo Constitucional*,[53] ensina que "a aproximação entre Constituição e processo gera o surgimento do direito constitucional processual ou direito processual constitucional, como preferem outros:

"A condensação metodológica e sistemática dos princípios constitucionais do processo toma o nome de direito processual constitucional.

"Não se trata de um ramo autônomo do direito processual, mas sim de uma colocação científica, de um ponto de vista metodológico

---

50. Idem, ibidem.
51. Idem, p. 957 (grifos no original).
52. Idem, ibidem (grifos no original).
53. José Alfredo de Oliveira Baracho, *Processo Constitucional*, Rio de Janeiro, Forense, 1984, pp. 125-126.

e sistemático, do qual se pode examinar o processo em suas relações com a Constituição.

"O direito processual constitucional abrange, de um lado, a tutela constitucional dos princípios fundamentais da organização judiciária e do processo; de outro lado, a jurisdição constitucional.

"A tutela constitucional dos princípios fundamentais da organização judiciária corresponde às normas constitucionais sobre os órgãos da jurisdição, sua competência e suas garantias. A tutela constitucional do processo engloba o direito de ação e de defesa[54] e outros postulados que desses decorrem.

"A jurisdição constitucional compreende, por sua vez, o controle judiciário da constitucionalidade das leis e dos atos da Administração, bem como a denominada jurisdição constitucional das liberdades, com o uso dos remédios constitucionais-processuais: o *habeas corpus*, o *mandado de segurança* e a *ação popular*" – conclui Baracho.[55]

Segundo José Frederico Marques, "pode-se falar, também em *direito processual constitucional* como o conjunto de preceitos destinados a regular o exercício da jurisdição constitucional, ou seja, a aplicação jurisdicional das normas da Constituição. Ele não se confunde com o *direito constitucional processual*, que trata das normas do processo contidas na Constituição".[56]

Antônio Carlos de Araújo Cintra, Ada Pellegrini Grinover e Cândido R. Dinamarco,[57] por sua vez, utilizam-se apenas da expressão "direito processual constitucional", entendido como "a condensação metodológica e sistemática dos princípios constitucionais do processo". Após o quê doutrinam:

"Não se trata de um ramo autônomo do direito processual, mas de uma colocação científica, de um ponto de vista metodológico e sistemático, do qual se pode examinar o processo em suas relações com a Constituição.

54. V., do mesmo autor, "O valor constitucional dos 'direitos de defesa': jurisdição e constituição", in *JP – Jornal da Pós-Graduação em Direito da FD/UFMG* 12/5-6, Ano 2, Belo Horizonte, maio/2000.

55. O autor não cita os demais remédios constitucionais, vez que a obra foi escrita em 1984.

56. José Frederico Marques, *Manual de Direito Processual Civil*, 1ª ed. atualizada, vol. I, Campinas/SP, Bookseller Editora e Distribuidora, 1997, pp. 30-31 (grifos nossos). Em verdade, a 1ª edição é bem antiga, publicada na década de 60 pela Editora Forense.

57. Antônio Carlos de Araújo Cintra, Ada Pellegrini Grinover e Cândido R. Dinamarco, *Teoria Geral do Processo*, 25ª ed., São Paulo, Malheiros Editores, 2009, p. 85.

"O direito processual constitucional abrange, de um lado, (a) a tutela constitucional dos princípios fundamentais da organização judiciária e do processo; (b) de outro, a jurisdição constitucional."

Cândido R. Dinamarco, desta feita em clássico livro intitulado *A Instrumentalidade do Processo*, assume uma posição bastante interessante ao estabelecer as relações entre processo e Constituição, as quais, em seu entender, revelam "*dois sentidos vetoriais* em que elas se desenvolvem, a saber: (a) no sentido Constituição-processo, tem-se a *tutela constitucional* deste e dos princípios que devem regê-lo, alçados ao nível constitucional; (b) no sentido processo-Constituição, a chamada *jurisdição constitucional*, voltada ao controle da constitucionalidade das leis e atos administrativos e à preservação de garantias oferecidas pela Constituição (*jurisdição constitucional das liberdades*), mais toda a idéia de instrumentalidade processual em si mesma, que apresenta o processo como sistema estabelecido para a realização da ordem jurídica, constitucional inclusive".[58]

Discutindo as expressões "direito constitucional processual" e "direito processual constitucional", José de Albuquerque Rocha observa que: "Apesar de os autores não explicitarem os fundamentos da dualidade de denominações, o que seria indispensável por não se tratar de algo evidente, as razões que lhe estão subjacentes são as seguintes:

"(a) Os que usam a expressão 'direito constitucional processual' fazem-no por entenderem ser esta disciplina constituída de normas *constitucionais* que consagram princípios processuais. O direito constitucional processual é assim um conjunto de normas *constitucionais* fixadoras de princípios sobre o processo.

"(b) Por sua vez, os que optam pela expressão 'direito processual constitucional' fazem-no por entenderem ser o mesmo constituído de normas *processuais* embutidas na Constituição. O direito processual constitucional é assim composto substancialmente de normas de natureza *processual*, embora formalmente inseridas na Lei Fundamental. É a denominação preferida pela dogmática tradicional."[59]

Adiante, afirma o autor que opta "pela expressão 'direito constitucional processual' por entender "(a) não ser a Constituição simples

---

58. Cândido R. Dinamarco, *A Instrumentalidade do Processo*, 13ª ed., São Paulo, Malheiros Editores, 2008, pp. 26-27.

59. José de Albuquerque Rocha, *Teoria Geral do Processo*, 6ª ed., revista, atualizada e ampliada, São Paulo, Malheiros Editores, 2002, p. 57.

receptáculo do existente, mas consagradora de valores e princípios criadores de novas práxis jurídicas e sociais que servem de fundamento de validade e guia hermenêutico de todo o Direito" e "(b) ser a denominação 'direito constitucional processual' fundada na hierarquia das normas constitucionais, que é o critério mais correto do ponto de vista lógico e jurídico para classificar, objetivamente, todas as normas do ordenamento, já que separa em classes qualitativamente inconfundíveis, o que não acontece com a outra denominação, cujo critério de classificação é arbitrário, por ser fundado na pretensa natureza da matéria, questão de difícil solução, já que decidir se uma matéria em si mesma é processual ou constitucional depende sempre de opiniões e não de um dado objetivo como é a hierarquia entre normas constitucionais e infraconstitucionais".[60]

Finalmente, arremata:

"No entanto, a expressão 'direito processual constitucional' pode ser conservada para designar as normas que regulam o chamado *processo constitucional*, ou certos institutos de direito constitucional, como a ação de inconstitucionalidade, mandado de injunção etc.

"(...).

"A análise das diferentes normas constitucionais que formam o direito constitucional processual mostra que seu conteúdo é constituído, entre outros, pelos seguintes setores constitucionais: (a) o inteiro Capítulo III, Título IV, que trata do Poder Judiciário; (b) o inteiro Capítulo IV, Título IV, sobre o Ministério Público, Advocacia-Geral da União e Defensoria Pública; (c) princípios e normas sobre a participação popular na função jurisdicional (art. 5º, XXXVIII, e art. 98); (d) o princípio do acesso ao Judiciário (art. 5º, XXXV); (e) princípios e normas que tratam dos poderes-deveres dos juízes e direitos fundamentais das partes no processo (art. 5º, XXXVI a LXVII, entre outros)".[61]

José da Silva Pacheco escreve que:

"Quando se fala em direito processual constitucional ou em direito constitucional processual – e de uns tempos para cá vem se falando muito – tem-se em vista uma série de questões, sobre as quais não há, por enquanto, pacífico entendimento.

"Pode-se visualizar o assunto sob quatro aspectos: (a) ao se tratar de questão, que se encontra regulada na Constituição, sob a ótica do

---

60. Idem, pp. 58-59.
61. Idem, p. 59.

direito processual, acrescenta-se a este o qualificativo derivado da sua proveniência; (b) ao se cogitar de algo que, embora sendo processual, está na Constituição, que é examinada sob o ângulo constitucional, adiciona-lhe o adjetivo resultante da sua natureza; (c) ao se elucidar matéria processual, que está fora da Constituição, mas ao fazê-lo aplicam-se princípios ou normas constitucionais, o estudo é de direito processual, mas sob influência do princípio constitucional, o que justifica acrescer àquele este qualificativo; (d) ao se aplicarem os conceitos e técnicas processuais aos processos internos previstos na Constituição, como no caso de processo legislativo, ou do processo na ação direta de inconstitucionalidade, tem-se estudo de direito constitucional processual."[62]

Seguindo, esclarece Silva Pacheco que, "em síntese, pode o direito processual constitucional ter em vista: (a) *os processos de declarar a constitucionalidade ou a inconstitucionalidade de leis ou atos da Administração Pública*, que hoje em dia são previstos em muitas Constituições, mas que podem até não ser, como ocorre nos Estados Unidos, com o *public review*, e que nem por isso deixam de ter conotação constitucional; (b) *os processos para proteger ou garantir os direitos, liberdades e garantias fundamentais, declarados ou reconhecidos na Constituição*; (c) *os processos para dar cumprimento às disposições constitucionais*; (d) *a jurisdição orgânica constitucional*; (e) *os princípios e normas constitucionais aplicáveis nos diversos processos comuns*; (f) os processos para as ações constitucionais típicas".[63]

Marcelo Andrade Cattoni de Oliveira, por sua vez, escreve que:

"O *direito constitucional processual* seria formado a partir dos princípios basilares do *devido processo* e do *acesso à justiça*, e se desenvolveria através dos princípios constitucionais referentes às partes, ao juiz, ao Ministério Público, enfim, os princípios do contraditório, da ampla defesa, da proibição das provas ilícitas, da publicidade, da fundamentação das decisões, do duplo grau, da efetividade, do juiz natural etc.

"Já o *direito processual constitucional* seria formado a partir de normas processuais de organização da Justiça Constitucional e de instrumentos processuais previstos nas Constituições, afetos à 'garantia da Constituição' e à 'garantia dos direitos fundamentais', controle de

---

62. José da Silva Pacheco, *O Mandado de Segurança e Outras Ações Constitucionais Típicas*, 3ª ed. revista, atualizada e ampliada, São Paulo, Ed. RT, p. 73.

63. Idem, pp. 73-74 (grifos nossos).

constitucionalidade, solução de conflitos entre os órgãos de cúpula do Estado, resolução de conflitos federativos e regionais, julgamento de agentes políticos, recurso constitucional, *habeas corpus, amparo, mandado de segurança, habeas data* etc."[64]

Em seguida, de forma correta, observa o autor que.

"Esta distinção é problemática à luz de uma teoria constitucional constitucionalmente adeqüada do Direito Brasileiro, pelo menos, pelas seguintes razões:

"(1) Por um lado, se o direito constitucional é o fundamento de validade de todo o ordenamento jurídico, posto que estabelece os processos através dos quais todas as demais normas serão produzidas, quer da perspectiva legislativa, quer da perspectiva da aplicação, não há direito processual que não deva ser, nesse sentido, 'constitucional'.

"(2) Por outro lado, no Brasil, apesar de vozes discordantes, o controle jurisdicional de constitucionalidade das leis e dos atos normativos é fundamentalmente difuso e incidental, como exigência constitucional basilar no esteio da melhor tradição democrática e constitucional brasileira.[65]

---

64. Marcelo Andrade Cattoni de Oliveira, "Direito constitucional processual e direito processual constitucional – Limites da distinção em face do modelo constitucional brasileiro do controle jurisdicional de constitucionalidade", in *JP – Jornal da Pós-Graduação em Direito da FD/UFMG* 13/6, Ano 2, Belo Horizonte, junho/2000.

65. Não há dúvidas de que assiste razão a Marcelo Cattoni em muitos pontos. Entretanto, não se pode esquecer que recentes mudanças na legislação, bem como na posição do STF, sobretudo com o julgamento da Rcl 4.335/AC (rel. Min. Gilmar Mendes, j. 1.2.2007, *Informativo do STF* 454), vêm diminuindo o valor do controle incidental, com seus efeitos inter-partes, sobretudo a atuação do Senado Federal, ao qual, nos termos da CF de 1988, art. 58, X, cabe "suspender a execução, no todo ou em parte, de lei declarada inconstitucional por decisão definitiva do Supremo Tribunal Federal".

Em sentido contrário ao texto expresso na Constituição, o Min. Gilmar Mendes escreve que, "de acordo com a doutrina tradicional, a suspensão da execução pelo Senado do ato declarado inconstitucional pelo STF seria ato político que empresta eficácia *erga omnes* às decisões definitivas sobre inconstitucionalidade proferidas em caso concreto".

E prossegue: "A amplitude conferida ao controle abstrato de normas e a possibilidade de se suspender, liminarmente, a eficácia de leis ou atos normativos, com eficácia geral, no contexto da Constituição Federal de 1988, concorreram para infirmar a crença na própria justificativa do instituto da suspensão da execução do ato pelo Senado, inspirado numa concepção de separação de Poderes que hoje estaria ultrapassada. Desta forma, ao alargar, de forma significativa, o rol de entes e órgãos legitimados a provocar o STF, no processo de controle abstrato de normas, o constituinte restringiu a amplitude do controle difuso de constitucionalidade".

"É legítimo entender *[escreve, ainda, Gilmar Mendes]* que, atualmente, a fórmula relativa à suspensão de execução da lei pelo Senado há de ter simples efeito de publicidade, ou seja, se

"Assim, no Brasil, e cada vez mais em toda parte, a Constituição estabelece um verdadeiro 'modelo constitucional do processo', estruturante do direito processual, que não pode ser desconsiderado, sob pena de inconstitucionalidade e até mesmo de descaracterização do instituto do processo enquanto tal."[66]

Em outro estudo, intitulado *Uma Justificação Democrático-Radical da Jurisdição Constitucional Brasileira e a Inconstitucionalidade da Lei Federal 9.686/1999: um Ensaio Crítico*,[67] ainda Marcelo Cattoni, depois de repetir as mesmas posições já mencionadas, escreve: "No Brasil, nosso controle de constitucionalidade pode dar-se como preliminar de mérito em qualquer processo, cível ou penal, de tal forma que todo cidadão tem o direito de se opor ou de argüir uma inconstitucionalidade e todo juiz ou tribunal, da primeira à última instância, não só pode mas deve, como atividade típica e função intrínseca à jurisdição brasileira, apreciar a constitucionalidade de lei ou ato normativo de qualquer espécie, negando a aplicação de 'comando' eivado de inconstitucionalidade. Nesse sentido é que José Luiz Quadros de Magalhães afirma: 'No Brasil, toda jurisdição é jurisdição constitucional'".

Não estamos em Weimar. A ação direta de inconstitucionalidade, o mandado de segurança, o *habeas corpus*, o mandado de injunção, nada mais são que meios processuais especiais, complementares, e, como tais, devem ser compreendidos como formas de concretização do mais amplo modelo do direito à tutela jurisdicional. A atividade jurisdicional que se desenvolve através deles não cria um *estado de exceção* e nem mesmo o STF deve assumir o papel de uma Corte Constitucional kelseniana ou de um presidente do *Reich* schmitiano. A cidadania não precisa de tutores.

Portanto – continua Cattoni –, não se pode levar tão a sério a distinção entre um direito constitucional processual e um direito pro-

o STF, em sede de controle incidental, declarar, definitivamente, que a lei é inconstitucional, essa decisão terá efeitos gerais, fazendo-se a comunicação àquela Casa legislativa para que publique a decisão no *Diário do Congresso*".

66. Marcelo Andrade Cattoni de Oliveira, "Direito constitucional processual e direito processual constitucional – Limites da distinção em face do modelo constitucional brasileiro do controle jurisdicional de constitucionalidade", cit., in *JP – Jornal da Pós-Graduação em Direito da FD/UFMG* 13/6.

67. Marcelo Cattoni, *Uma Justificação Democrático-Radical da Jurisdição Constitucional Brasileira e a Inconstitucionalidade da Lei Federal 9.686/1999: um Ensaio Crítico*, texto enviado ao autor, via *e-mail*, em 18.9.2001, pp. 16-17. Consulte-se, do mesmo autor, o livro *Direito Processual Constitucional*, Belo Horizonte, Mandamentos, 2001.

cessual constitucional, a ponto de se chegar a distinguir o que deve estar intimamente relacionado, processo e Constituição: "Ainda que se admita a existência de um processo constitucional, enquanto disciplina a congregar o estudo de instrumentos especiais e complementares de garantia, no Brasil, qualquer processo é constitucional, quer em razão de sua estrutura e de seus fundamentos, quer pelo fato de garantir as condições institucionais para a problematização e para a resolução de questões constitucionais subjacentes às situações concretas de aplicação do direito penal, civil, comercial, administrativo, tributário etc.".

É preciso pontuar: a distinção entre direito constitucional processual e direito processual constitucional tem uma história. Ela surge no contexto histórico de criação de uma jurisdição constitucional concentrada.

No direito tradicional continental europeu, o juiz comum, assim como o cidadão, deve presumir a constitucionalidade dos atos normativos e das leis e guiar-se pelo entendimento da Corte Constitucional. Em termos kelsenianos, o Legislativo e a Corte são autorizados a interpretar a Constituição; o cidadão e o juiz comum, não. Questões sobre constitucionalidade ou inconstitucionalidade não devem ser explicitamente tratadas através dos processos comuns e nenhum cidadão pode argüi-las (pelo menos no modelo clássico) e nenhum juiz ordinário pode pronunciar-se acerca delas. Como diria Peter Häberle, trata-se de uma "sociedade fechada de intérpretes da Constituição". Uma sociedade fechada que criou a doutrina das normas constitucionais programáticas, dos direitos fundamentais em sentido objetivo, que equiparou os direitos a bens negociáveis, que inspirou a doutrina dos escopos metajurídicos do processo, que criou a jurisprudência dos valores.

No Brasil, como nos Estados Unidos, o quadro é outro. Todo cidadão é intérprete da Constituição, qualquer cidadão tem o direito de desobedecer a comandos estatais inconstitucionais e qualquer juiz deve pronunciar-se sobre a inconstitucionalidade desses comandos. Não é sem motivo o fato de que para nós, assim como para os norte-americanos, a decisão judicial é declaratória e com efeitos retroativos; a decisão é o resultado do reconhecimento institucional de um direito concreto a desobedecer. Quem desobedece a uma lei por considerá-la inconstitucional não é criminoso; tem razões públicas para isso.[68]

---

68. Vale lembrar que com as Leis 9.868, de 10.11.1999, e 9.882, de 3.12.1999, ficou prevista a possibilidade de efeitos *ex nunc* e de efeitos *pro futuro*.

Sem dúvida alguma, qualquer que seja a perspectiva em que se estude o *processo na Constituição*, o ponto fundamental é a análise do *devido processo legal*, até porque este é princípio fundamental ao denominado *Estado Democrático de Direito*. Neste sentido, referindo-se aos desdobramentos do *devido processo legal*, José Alfredo de Oliveira Baracho, (*Proceso Constitucional en Brasil*70), com base em lição de Eduardo J. Couture, doutrina: "A tutela do processo efetiva-se pelo reconhecimento do princípio da supremacia da Constituição sobre as normas processuais".[69]

E, mais adiante, prossegue Oliveira Baracho: "Entende-se, constitucional e processualmente, a razoável oportunidade de se fazer valer do Direito, para execução de garantias em que: o demandado tenha tido a devida notícia ou citação, que pode ser atual ou implícita; todos devem ter oportunidade adequada para comparecer e expor seus direitos, inclusive o de declará-lo por si próprio; apresentar testemunha, documentos relevantes ou outras provas; o tribunal, perante o qual os direitos são questionados, deve estar composto de maneira tal que estejam presentes as condições de honestidade e imparcialidade; deve esse tribunal ser competente para examinar os conflitos constitucionais".

Depois de demonstrada esta ascensão da matéria processual ao nível constitucional e suas repercussões terminológicas, cumpre-nos fazer referência ao artigo de João Batista Lopes[70] no qual escreve:

"Que sentido, porém, se deve emprestar à locução *constitucionalização do processo civil*?

"A primeira impressão que se colhe é a de que se cuidaria de nova disciplina jurídica, a par de tantas já existentes em nossas grades curriculares.

"Tal orientação é admissível, inquestionavelmente, mas é possível analisar a questão sob outra perspectiva, isto é, de que a constitucio-

---

69. José Alfredo de Oliveira Baracho, "Processo constitucional en Brasil", in D. García Belaunde e F. Fernández Segado (coords.), *La Jurisdicción Constitucional en Iberoamérica*, Madrid, Dykinson, 1997, pp. 441-442. Mais recentemente, Oliveira Baracho publicou o trabalho "Teoria geral do processo constitucional", no livro *Estudos em Homenagem ao Ministro Adhemar Ferreira Maciel* (São Paulo, Saraiva, 2001, p. 339-414), bem como em *Direito – Revista da Faculdade Mineira de Direito* (vol. 2, ns. 3 e 4, 1º e 2º semestres/1999, p. 89-154). Mais recentemente o autor publicou o livro *Direito Processual Constitucional: Aspectos Contemporâneos*, Belo Horizonte, Forum, 2006.

70. João Batista Lopes, "Efetividade da tutela jurisdicional à luz da constitucionalização do processo civil", *RePro* 119/29-39, Ano 29, São Paulo, Ed. RT, julho-agosto/2004.

nalização do processo signifique apenas um método de trabalho, uma nova postura do processualista: estudar o processo civil com os olhos voltados para a Constituição. Esse método de estudo tem como ponto de partida e de chegada a própria Constituição Federal, mas não pode ignorar, à evidência, os princípios e regras do direito processual civil. Não se trata, pois, de esvaziar o direito processual civil, mas de estudá-lo à luz da Constituição, para fazer atuar concretamente os valores da ordem jurídica."[71]

Por fim, vale observar que para Héctor Fix-Zamudio[72] são quatro os setores dentro desta nova disciplina, a saber: (1) jurisdição; (2) garantias judiciais; (3) garantias das partes; e (4) formalidades essenciais do procedimento.

4. Da codificação e da consolidação

Interessante questão desperta logo nossa atenção: a conveniência, ou não, de uma *codificação* ou *consolidação* das normas referentes ao *direito constitucional processual* e do *direito processual constitucional*.

Antes, contudo, de discutirmos a questão concreta, parecem-nos oportunas algumas considerações sobre o fenômeno da *codificação*

---

71. Idem, p. 30. Mais adiante (p. 32) o autor afirma:
"Fácil é perceber o risco da supervalorização dos princípios constitucionais do processo. Por exemplo, a sacralização do princípio do contraditório pode comprometer a efetividade do processo; a proibição absoluta das provas ilícitas pode manter na cadeira um inocente; interpretação literal do princípio da isonomia levaria a tratar igualmente pessoas capazes e deficientes físicos etc.

"A supervalorização dos princípios constitucionais do processo acarreta também o risco de desprezar por completo a legislação processual, como se todas as causas pudessem ser resolvidas com aplicação direta da Constituição. A invocação de princípios constitucionais não pode erodir normas técnicas e requisitos necessários ao desenvolvimento do processo (por exemplo, os prazos processuais não podem ser desprezados; as condições da ação – rectius, requisitos de admissibilidade do julgamento do mérito – não podem ser dispensadas; a exigência de prova escrita, na ação monitória, é inafastável; etc.) [conclui].
Na verdade, nenhum estudioso do direito constitucional processual defendeu (pelo menos que tenhamos conhecimento a respeito) a desnecessidade da legislação infraconstitucional. O que sempre se defende é que as normas que a compõem, quando fundadas em princípio e/ ou norma constitucional, não poderão ser relativizadas, mas sim, consideradas, respeitadas e aplicadas em sua inteireza."

72. Héctor Fix-Zamudio, artigo intitulado "Reflexiones sobre el derecho constitucional procesal mexicano". Cf. José Ovalle Favela, "Tendencias actuales en el derecho procesal civil", in José Luis Soberanes (comp.), *Tendencias Actuales del Derecho*, México, Fondo de Cultura Econômica, 1994, p. 29.

(gênero), tema de suma importância na *história do Direito* e no *Direito Comparado*.[73]

Neste sentido, iniciamos lembrando, como o fez Paulo Gimenes Alonso no artigo "A crise das codificações e uma nova forma de legislar",[74] que "renomados juristas sempre divergiram acerca da conveniência de se reunir as normas legais de um povo em códigos. Basta lembrar o célebre desacordo 'Savigny *versus* Thibaut', ocorrido na Alemanha no século XIX. Encantado pelo Código de Napoleão, de 1804, o professor alemão *Anton Friedrich Justus Thibaut* (1772-1840), da Universidade de Heidelberg, reeditou, em 1814, um pequeno livro denominado *Da Necessidade de um Direito Civil Geral para a Alemanha*. Neste livro, ele propunha que fossem reunidas num só código todas as leis vigentes nos diversos Estados alemães, com o quê imaginava pôr fim ao verdadeiro caos legislativo que lá imperava, provocando verdadeira balbúrdia jurídica. *Friedrich Carl von Savigny* (1779-1861), figura marcante da Escola Histórica, contrário às idéias de *Thibaut*, respondeu com um opúsculo que denominou *Da Vocação de Nossa Época para a Legislação e a Jurisprudência*, combatendo com veemência a proposta de seu colega de cátedra. Franz Wieacker lembra que para *Savigny* todas as codificações seriam inorgânicas, e, por isso, ou prejudiciais ou inúteis; o Direito só se formaria de maneira orgânica, a partir das convicções do povo, isto é, através do costume, da ciência e da prática".

Venceram as idéias de Thibaut, pois em 1900 entrou em vigor o Código Civil alemão, promulgado em 1896; mas nem por isso a questão se acha esgotada. Ao contrário, depois de um largo período em que imperou a "glória dos códigos", tidos como verdadeiros "monumentos legislativos", vêm ganhando espaço, na comunidade jurídica, opiniões que apontam o declínio dessa forma de legislar.

Outro aspecto relacionado ao tema deve ser logo trazido à colação, destacando-se que no tocante ao fenômeno da *codificação* a *teoria* precedeu à *prática* – como, aliás, observa Giordano Bruno Soares Roberto ao escrever que:

---

73. Cf. Ivo Dantas, *Direito Constitucional Comparado. Introdução. Teoria e Metodologia*, 2ª edição totalmente revista, aumentada e atualizada, Rio de Janeiro, Renovar, 2006, pp. 196-201.

74. Paulo Gimenes Alonso, "A crise das codificações e uma nova forma de legislar", in *Intertemas – Revista do Curso de Mestrado em Direito* 1/186-187, Ano 1, Presidente Prudente/SP, dezembro/2000 (grifos no original).

"Antes que a codificação se realizasse na prática, muitos pensadores se dedicaram ao assunto. As características que um código deveria ter e os desafios que precisaria enfrentar foram discutidos. Muitos autores se perguntaram como e por quem ele deveria ser elaborado; que dimensões deveria ter; que linguagem deveria utilizar. Grandes debates foram travados em torno de sua conveniência para determinado país e época. Fartos argumentos foram suscitados entre os que defendiam a codificação e os que a repudiavam.

"Essas reflexões formariam o que se pode chamar de *Teoria da Codificação*."[75]

Assim, de forma didática, podemos informar que a *codificação*,[76] apesar de possuir antecedentes desde a Antigüidade Oriental, foi um movimento tipicamente da Civilização Ocidental, iniciado no século XIX, e a partir do qual, em uma perspectiva formal, pode-se falar em *direito continental* (ou *codificado*) e direito da *Common Law*. No primeiro grupo encontram-se o grupo *francês* (*Code Civil des Français* ou Código de Napoleão, 1804) e o grupo *alemão*, enquanto no sistema da *Common Law* se encontra o grupo *anglo-americano*.

---

75. Giordano Bruno Soares Roberto, *Introdução à História do Direito Privado e da Codificação. Uma Análise do Novo Código Civil*, Belo Horizonte, Del Rey, 2003, p. 27.

76. A propósito, além dos que estão citados no texto, consultem-se os seguintes estudos: Bruno Oppetit, *Essai sur la Codification*, Paris, Presses Universitaires de France/PUF, 1998; Giovanni Tarello, *Storia della Cultura Giuridica Moderna. Assolutismo e Codificazione del Diritto*, Bolonha, Il Mulino, 1976; Fábio Siebeneichler de Andrade, *Da Codificação – Crônica de um Conceito*, Porto Alegre, Livraria do Advogado, 1997; Arthur Virmond de Lacerda, *História Breve das Codificações Jurídicas*, Curitiba, Juruá, 1997; S.A. Bayitch, "La codificación en el derecho civil y en el *Common Law*", *Boletin del Instituto de Derecho Comparado de Mexico* 7/3-57, *Nueva Serie*, Ano III, México, janeiro-abril/1970; Luis Maisset de Espanes, *Codificación Civil y Derecho Comparado*, Buenos Aires, Zavalia Editor, 1994; Luis María Cazorla Prieto, *Codificación Contemporánea y Técnica Legislativa*, Madri, Aranzadí, 1999; Winfried Hassemer, "Sistema jurídico e codificação: a vinculação do juiz à lei", in A. Kaufmann e W. Hassemer (orgs.), *Introdução à Filosofia do Direito e à Teoria do Direito Contemporâneas*, Lisboa, Fundação Calouste Gulbenkian, s/d; Bruno Aguilera Narchet, *Introducción Jurídica a la Historia del Derecho*, 2ª ed., Madri, Civitas, 1996, pp. 26-40; Adriane Stoll de Oliveira, "A codificação do Direito", *Jus Navigandi* 60, Ano 7, Teresina, novembro/2002 (disponível em *http://www1.jus.com.br/doutrina/texto.asp?id=3549*, acesso em 22.11.2002); Dilvanir José da Costa, "Trajetória da codificação civil", Revista da *FD/UFMG* 44/71-85, Belo Horizonte, janeiro-junho/2004; Cristiano Tutikian, "Sistema e codificação. O Código Civil e as cláusulas gerais", in Ricardo Aronne (org.), *Estudos de Direito Civil-Constitucional*, Porto Alegre, Livraria do Advogado, 2004, pp. 17-84; Sílvio de Salvo Venosa, *Introdução ao Estudo do Direito – Primeiras Linhas*, São Paulo, Atlas, 2004, pp. 218-237.

Distinção útil deve ser feita as expressões "consolidação de leis" e "codificação", tal como ensina Ricardo Luis Lorenzetti em seu livro *Las Normas Fundamentales de Derecho Privado*:[77] "Antes do advento dos Códigos *decimonónicos*[78] regia-se a sociedade mediante consolidações. Estas pretendiam reproduzir o Direito sem modificá-lo, visando apenas a continuá-lo, melhorá-lo, em um *continuum* histórico. As obras legislativas totalizadoras constituíam inventários da regulação existente, como as da Índia, ou uma seleção de textos escolhidos, como o *Digesto*, ou um espelho da região, como o *Swabspiegel*. O código, ao contrário, não é continuidade, é ruptura. Pretende criar uma nova regulação, substitutiva; ao invés de compilar, ordena, baseando-se na racionalidade. Tem um caráter de constituinte do direito privado".

Em seguida, Lorenzetti estabelece as diferenças entre as duas expressões, "consolidação" e "codificação", da seguinte forma:

"A consolidação gerava insegurança, porque não se sabia se tal ou qual disposição estaria em vigor. O código é segurança, que se traduz em uma seqüência ordenada de artigos. A imutabilidade é uma das suas características essenciais: não se pode alterar uma parte sem mudar o todo.

"A legislação anterior era incognoscível para o cidadão. O código se bosquejou como uma espécie de manual de Direito, porque, como dizia Andrés Bello, 'poderá então ser por todos manuseado, poderá ser consultado por cada cidadão nos casos duvidosos e servir-lhe de guia no desempenho de suas obrigações'.

"Na consolidação não havia axiomas fundantes; os princípios deviam ser rastreados em meio a um emaranhado de leis. Por outro lado, no código o modelo é dedutivo, baseado em axiomas, gerando uma ciência demonstrativa, cujo propósito é fazê-los evidentes no caso concreto. O sistema descodificado se baseia em uma ordem distinta, cronológica e casuística, onde não gravitam os enunciados gerais e abstratos.

"Na consolidação o intérprete tinha uma enorme tarefa e era o grande protagonista. O código, ao contrário, recorta o espaço da inter-

---

77. Ricardo Luis Lorenzetti, *Las Normas Fundamentales del Derecho Privado*, traduzido no Brasil com o título de *Fundamentos do Direito Privado*, São Paulo, Ed. RT, 1998. As citações feitas neste item são da edição brasileira, pp. 42-43.

78. Em nota de pé de rodapé (p. 42) o editor informa que "a palavra 'decimonónico' pode ser interpretada no sentido de 'antiquado'. Do Espanhol: 'em desuso', 'ultrapassado' no uso pejorativo".

pretação jurídica, a qual se limita exclusivamente à lei e se transforma em exegese."

Por fim, escreve Lorenzetti: "A consolidação tem, diversamente, natureza insular, está afastada dos continentes. Ao contrário do código, importa conhecimentos e situações de outros territórios, igualmente insulares. Seu caráter quase portuário lhe permite estabelecer contactos com a Economia, a Medicina, a arte da guerra, a tecnologia, incorporando seus interesses, regras e linguagem" – conclui.

Mário Reis Marques, em fundamental estudo intitulado *Codificação e Paradigmas da Modernidade*, depois de observar que "direito comum e codificação podem ser entendidos como dois sistemas jurídicos autónomos", prossegue, afirmando: "Historicamente, pode até afirmar-se que a codificação surge como um sistema oposto e alternativo ao do *ius commune*. Trata-se esta de uma novidade que surge na Europa Continental entre os finais do século XVIII e o princípio do século seguinte, mas cujo conflito com o *ius commune*, em termos de história jurídica continental, se manteve fundamentalmente nos 150 anos que decorrem entre 1750 e 1900".[79]

Fábio Siebeneichler de Andrade,[80] por sua vez, depois de se referir a algumas considerações históricas, escreve: "A codificação é, em essência, um conceito que se desenvolve em vários momentos. Não é exclusivamente de um determinado período histórico. É forçoso reconhecer, porém, que a partir do jus-racionalismo consolidam-se determinadas características que, praticamente, iriam ser associadas ao conceito de código". E prossegue: "Afinal, se se pode dizer que os códigos representam, em um momento, um sistema, isto é, um modo de ordenar as matérias do Direito, ou de um determinado setor do Direito, é certo que não se pode desconsiderar toda sorte de razões históricas que conduzem à sua realização. Identificam-se, portanto, na teoria da codificação, um elemento técnico, o sistema, e um elemento político".[81]

Produto do jus-racionalismo – doutrina Francisco Amaral – "é a concepção do Direito como sistema, conjunto unitário e coerente de

---

79. Mário Reis Marques, *Codificação e Paradigmas da Modernidade*, Coimbra, 2003, p. 5.

80. Fábio Siebeneichler de Andrade, *Da Codificação – Crônica de um Conceito*, cit., nota 77, pp. 26-27.

81. Idem, p. 27.

princípios e normas jurídicas. Partindo da formulação de conceitos gerais e utilizando o método dedutivo, através de uma *demonstratio more geometrico*, aplica-se o método cartesiano ao Direito e chega-se à idéia de sistema jurídico, do que a jurisprudência dos conceitos, de Puchta e Windscheid, e a parte geral dos códigos civis são a melhor expressão".[82]

"Entende-se que a idéia de sistema permite uma compreensão melhor do Direito, não só de ordem didática como também de Direito Comparado, na medida em que autoriza o confronto e o relacionamento entre sistemas diversos. Além disso, possibilita compreender a matéria social em que se insere o sistema jurídico, isto é, as relações sociais e os valores determinantes do agir em sociedade, e, ainda a interpenetração do Direito com os demais sistemas que formam o universo social, como o econômico, o político e o religioso. O Direito é um sistema de controle que emerge da vida, da sociedade, não podendo isolar-se da realidade que o produz. Já Savigny dizia que a ciência e a história do Direito são inseparáveis do estudo da sociedade que lhe for contemporânea" – conclui Amaral.

Em verdade, quando se fala no fenômeno da *codificação* como fenômeno característico do século XIX limitam-se os autores às análises dos *Códigos Civis*, a saber: o *Código Civil francês* (1804), o *Código Civil austríaco* (1811), o *Código Civil italiano* (1865), o *Código Civil alemão* (1900) e o *Código Civil suíço* (1912), dentre outros, inclusive na América Latina.[83]

A codificação no âmbito do direito privado não nos permite que esqueçamos das *codificações constitucionais*, também conhecidas como *surgimento das Constituições escritas*, sobre as quais não temos dúvidas em afirmar que foram representativas da ideologia liberal.[84]

---

82. Francisco Amaral, *Direito Civil – Introdução*, 5ª ed., revista, atualizada e aumentada de acordo com o Código Civil de 2002, Rio de Janeiro, Renovar, 2003, p. 122.

83. Vale lembrar que os denominados "monumentos legislativos" têm edição brasileira, todas com apresentação de José de Aguiar Dias, *Código Napoleão ou Código Civil dos Franceses – 1804* (Rio de Janeiro, Record, 1962); *Código Civil Alemão – 1896* (Rio de Janeiro, Record, 1960); *Código Civil Suíço e Código Federal Suíço das Obrigações* (Rio de Janeiro, Record, 1961); *Código Civil Italiano* (Rio de Janeiro, Record, 1961).

84. Cf. Tarello, "La codificazione costituzionale in America", in *Storia della Cultura Giuridica Moderna. Assolutismo e Codificazione del Diritto*, Bolonha, Il Mulino, 1976, p. 559-620. Ainda: Alfonso Ruiz Miguel, *Una Filosofia del Derecho en Modelos Históricos de la Antigüedad a los Inicios del Constitucionalismo* (Madri, Trotta, 2002, especialmente, pp. 269-291); José Levi Mello do Amaral Jr., "Constituição e codificação: primórdios do

4.1 Unificação legislativa do direito processual constitucional e do direito constitucional processual. Os exemplos do Peru e de Honduras

De posse dos conceitos de "codificação" e de "consolidação", discutidos acima, verifica-se que em relação ao *direito processual constitucional* e ao *direito constitucional processual* constatamos, atualmente, duas orientações, a saber:

(a) Uma crescente legislação em diversos sistemas jurídicos estrangeiros, tratando de temas como *controle de constitucionalidade, habeas corpus, recurso de amparo* etc., e fazendo com que algumas editoras tragam anexadas ao texto da Constituição diversas destas leis específicas, inclusive a lei que regulamenta o tribunal constitucional.

(b) Alguns sistemas jurídicos, inclusive na América Latina, estão partindo para uma *codificação* (ou sistematização em uma só lei) de toda a regulamentação que trata dos temas referentes aos *direitos e garantias da Constituição* (controle de constitucionalidade) e *direitos e Garantias do indivíduo (habeas corpus, recurso de amparo* etc.).[85]

Nesta segunda orientação podemos citar os casos do *Peru*, com o seu *Código Procesal Constitucional de la República* (*Ley 28.237, de 6.5.2004*), e o de *Honduras*, com a *Ley sobre Justicia Constitucional* (*Ley 224, de 30.8.2004*).[86]

No caso do Peru é exemplo bem elucidativo do que se afirma seu "Artículo I (Alcances)", ao determinar: "El presente Código regula los procesos constitucionales de *habeas corpus*, amparo, *habeas data*, cumplimiento, inconstitucionalidad, acción popular y los conflictos de competencia, previstos en los arts. 200 y 202 (inciso 3) de la Constitución".[87]

---

binômio", in Judith Martins-Costa (org.), *A Reconstrução do Direito Privado*, São Paulo, Ed. RT, 2002, pp. 54-71; Ronaldo Gatti de Albuquerque, "Constituição e codificação: a dinâmica atual do binômio", in Judith Martins-Costa (org.), *A Reconstrução do Direito Privado*, cit., pp. 72-86.

85. Vale lembrar que em Portugal, de uma maneira generalizada, a publicação da Constituição da República traz sempre a Lei do Tribunal Constitucional (exemplo: Coimbra, Livraria Almedina, 2005). Em Espanha são bem conhecidas as publicações das Ediciones Civitas (*Leyes Políticas del Estado*) e da Editorial Colex (*Constitución Española y Ley Orgánica del Tribunal Constitucional*).

86. Disponível em *http://www.uc3m.es/uc3m/inst/MGP/JCI/revista-11notnor-hond.htm*.

87. Disponível em *http://www.uc3m.es/uc3m/inst/MGP/JCI/revista-06notnor-per3.htm*.

Em *Honduras*, após cinco "considerandos", e conforme texto publicado em *La Gaceta* (3.9.2005, n. 30.792), a *Ley sobre Justicia Constitucional* estabelece, em seu *artículo 1*, que "la presente Ley tiene por objeto desarrollar las garantías constitucionales y las defensas del orden jurídico constitucional"; enquanto, logo em seguida (*artículo 2*), fixa a *Regla de Interpretación y Aplicación*, determinando que "las disposiciones de esta Ley se interpretarán y aplicarán siempre de manera que aseguren una eficaz protección de los derechos humanos y el adecuado funcionamiento de las defensas del orden jurídico constitucional".[88]

Neste quadro, já nos parece oportuno, no mínimo, que entre nós seja providenciada a *unificação e/ou consolidação da legislação* referente ao *direito processual constitucional* e ao *direito constitucional processual*, não apenas enquanto plano editorial, visto que já existem publicações que tentam trazer em um só volume a legislação pertinente a determinada área jurídica.

Parece-nos oportuno que, a exemplo dos citados modelos do Peru e de Honduras, já pudéssemos realizar, pelo menos, uma *Consolidação das Leis do Processo Constitucional*, que unificasse as diversas normas referentes à matéria, a saber:

(a) *Ações de controle da constitucionalidade* – ou seja, a *Lei 9.868, de 10.11.1999* (*DOU* 11.11.1999), que "dispõe sobre o processo e julgamento da ação direta de inconstitucionalidade e da ação declaratória de constitucionalidade perante o Supremo Tribunal Federal"; e a *Lei 9.882, de 3.12.1999* (*DOU* 3.12.1999), que "dispõe sobre o processo e julgamento da argüição de descumprimento de preceito fundamental, nos termos do § 1º do art. 102 da Constituição Federal".

(b) *Remédios constitucionais* – que, atualmente, se encontram espalhados na Constituição, nos Códigos e na legislação extravagante, como se vê:

• *Mandado de segurança* (CF, art. 5º, LXIX e LXX)
– Lei 1.533, de 31.12.1951 – *Altera disposições do Código de Processo Civil, relativas ao mandado de segurança*
– Lei 4.348, de 26.6.1964 – *Estabelece normas processuais relativas ao mandado de segurança*
• *Habeas corpus* (CF, art. 5º, LXVIII)
– CPP, arts. 647 a 667
• *Habeas data* (CF, art. 5º, LXII)

---

88. O projeto do qual resultou a *Ley 244/2004* encontra-se disponível em *http://www.uc3m.es/uc3m/inst/MGP/JCI/revista-01notnor-hon1.htm*.

– Lei 9.507, de 12.11.1997 – *Regula o direito de acesso a informações e disciplina o rito processual do **habeas data***
• *Ação popular* (CF, art. 5º, LXXIII)
– Lei 4.717, de 29.6.1965 – *Regula a ação popular*
• *Ação civil pública* (CF, art. 129, III)
– Lei 7.347, de 24.7.1985 – *Disciplina a ação civil pública, de responsabilidade por danos causados ao meio ambiente, ao consumidor, a bens e direitos de valor artístico, estético, histórico, turístico e paisagístico **(vetado)** e dá outras providências*
– Lei 7.913, de 7.12.1989 – *Disciplina a ação civil pública, de responsabilidade por danos causados aos investidores no mercado de valores mobiliários*
• *Exercício da cidadania* (CF, art. 5º, LXXVI, "a" e "b")
– Lei 9.051, de 18.5.1995 – *Dispõe sobre a expedição de certidões para a defesa de direitos e esclarecimentos de situações*
– Lei 9.265, de 12.2.1996 – *Regulamenta o inciso LXXVII do art. 5º da Constituição, dispondo sobre a gratuidade dos atos necessários ao exercício da cidadania.*

Pelo levantamento feito, verifica-se que, na verdade, a intenção do que aqui se defende é que haja uma *consolidação* (ou *unificação*) de tais diplomas, além de outros – como, por exemplo, os Regimentos do STF e do STJ e suas respectivas *Súmulas*, o Regimento Comum do Congresso Nacional, o Regimento Interno do Senado Federal e o Regimento Interno da Câmara dos Deputados.

5. *Nossa posição*

Todos os temas discutidos neste estudo permanecem em aberto, razão pela qual Domingo García Belaunde e Eloy Espinosa-Saldaña Barrera recentemente levaram a efeito uma pesquisa entre os cultores da matéria na Alemanha, Argentina, Bolívia, Brasil,[89] Colômbia, Costa Rica, Chile, Espanha, Itália, México, Paraguai, Peru, Portugal, Uruguai, além de cinco anexos, todos publicados sob o título *Encuesta sobre Derecho Procesal Constitucional*,[90] com um "Prólogo" de Eduardo Ferrer Mac-Gregor.

---

89. No Brasil foram convidados e aqui estão, na ordem constante do livro: Ivo Dantas, Régis Araújo Frota e André Ramos Tavares.

90. *Encuesta sobre Derecho Procesal Constitucional*, México, Porrúa/Instituto Mexicano de Derecho Procesal Constitucional, 2006.

O que se observa na referida *Encuesta* é uma profunda diversidade de entendimentos, razão pela qual, diante de tudo o que foi escrito, devemos expor nosso entendimento frente aos temas tratados, a saber:

(a) *Qual o objeto do direito processual constitucional e do direito constitucional processual?*

(b) *O direito processual constitucional e direito constitucional processual pertencem ao direito constitucional ou ao direito processual?*

Iniciemos pela primeira questão, lembrando que estabelecer a diferenciação entre "direito processual constitucional" e "direito constitucional processual", pelo visto, não é matéria de fácil solução, sobretudo por se tratar de matéria de cunho *epistemológico*[91] – razão pela qual, qualquer que seja a proposta apresentada, sempre encontrará concordâncias e/ou discordâncias.

Em nosso entender, poderíamos afirmar que o *direito processual constitucional* traz consigo dois objetos de análise, a saber: (a) preocupa-se com a denominada *jurisdição constitucional e os órgãos que a exercem, isto é, o tribunal constitucional* (composição, mandato, formas de indicação de seus membros) e com as ações que visam à integridade e defesa da própria Constituição, ou seja, aquelas que hoje formam o *controle de constitucionalidade* (*concentrado e difuso*);[92] (b) consagração de ações tipicamente constitucionais e que dizem respeito à *jurisdição constitucional das liberdades* – denominadas de *ações ou remédios constitucionais* –, exatamente aqueles que visam a tornar efetivos os *direitos individuais e coletivos*, constitucionalmente assegurados. Aqui encontramos, como exemplos históricos, o *habeas corpus* e o *mandado de segurança*, ao lado dos quais, e especialmente no caso brasileiro, acrescentem-se os institutos do *habeas data, mandado de injunção* e *ação civil pública*, os quais deverão levar em consideração as diferentes denominações consagradas em variados sistemas jurídicos para ações com os mesmos objetivos.[93]

O *direito constitucional processual* volta-se para o estudo das garantias principiológicas do *processo* e do *procedimento*, ou seja, à análise do *due process of law*.

---

91. Por ser análise filosófica, está marcada por juízos de valor – variáveis, portanto, de autor para autor.

92. A propósito, v. Ivo Dantas, *O Valor da Constituição. Do Controle de Constitucionalidade como Garantia da Supralegalidade Constitucional*, 2ª ed., revista e aumentada, Rio de Janeiro, Renovar, 2001.

93. Cf. José Ovalle Favela, "Tendencias actuales en el derecho procesal civil", cit., in José Luis Soberanes (comp.), *Tendencias Actuales del Derecho*, nota 73, p. 29.

Pode-se ainda fazer referência ao *direito constitucional judicial*, tendo como objeto o *Poder Judiciário* e sua estrutura, garantias da Magistratura, estrutura e garantias do *Ministério Público* e as *funções essenciais à Justiça*.

Esquematicamente, temos o seguinte quadro:

Direito processual constitucional
{
Jurisdição, justiça ou tribunal constitucional
Estrutura e composiçãodos tribunais contitucionais
Garantia da supralegalidade constitucional e as formas de torná-la efetiva: controle de constitucionalidade
Remédios constitucionais (jurisdição constitucional das liberdades)
}

Direito processual constitucional → Garantias referentes ao processo e ao procedimento (*due process of law*)

Direito constitucional judicial →
Estrutura do Pode Judiciário e do Ministério Público.
Garantias e *judicial*[94] impedimentos.
A Advocacia como função essencial à Justiça

Insistamos no que foi dito acima: toda reflexão de *natureza epistemológica* (no nosso caso, *epistemologia jurídica*, entendida como *filosofia da ciência do Direito*) que tenta delimitar campos do saber tem uma natureza valorativa, variando, portanto, de autor para autor; razão pela qual o entendimento por nós esposado não é pacífico para a totalidade da doutrina que se preocupa com o tema.

Deste fato decorrem duas conseqüências, a saber: (a) mesmo frente às discordâncias doutrinárias, não deixam os autores de reconhecer a *íntima relação* existente entre a *Constituição* e o *processo*; (b) mesmo que aceita a diferenciação entre *direito processual constitucional* e/ou *direito constitucional processual*, um livro ou curso que tente cobrir todo o campo das relações *Constituição* e *processo* o fazem de forma

---

94. Não é neste sentido o livro de Diego Eduardo López Medina intitulado *El Derecho de los Jueces. Obligatoriedad del Precedente Constitucional. Análisis de Sentencias y Líneas Jurisprudenciales. Teoría del Derecho Judicial* (3ª reimpr., Bogotá, Legis Editores, 2002). Neste o autor trata da obrigatoriedade do precedente constitucional, analisa sentenças e linhas jurisprudenciais e, especificamente sob o título "Teoría del Derecho Judicial", discute "el papel político y jurídico de la jurisprudencia en la crítica antiformalista al Derecho".

abrangente, isto é, tratam da *jurisdição do tribunal constitucional* e do *controle de constitucionalidade*, da *jurisdição constitucional das liberdades* e dos *remédios constitucionais, princípios constitucionais do processo* (penal, civil, administrativo, fiscal, eleitoral etc. – *direito constitucional processual*).[95]

Passemos ao segundo problema, ou seja: *o direito processual constitucional e direito constitucional processual pertencem ao direito constitucional ou ao direito processual?*

Em que pese a posição de Belaunde, a nós nos parece que ambas as disciplinas – *direito processual constitucional* e *direito constitucional processual* – pertencem muito mais ao *direito constitucional* que ao *direito processual* – embora, e é evidente, se valham de conceitos e normas da ciência processual.

Seus pilares fundamentais estão na Constituição e sua autonomia (didática e doutrinária) se deve ao interesse sempre crescente quanto aos temas que compõem tanto o *direito processual constitucional* quanto o *direito constitucional processual* – o que, em última análise, se explica em decorrência da elevação da matéria processual ao nível das Constituições.

Entretanto, apesar das posições epistemológicas defendidas pelas diversas correntes, de uma realidade não se pode fugir, ou seja: que a cada dia aumenta o interesse pelos temas relacionados tanto ao *direito processual constitucional* como ao *direito constitucional processual*, os quais estão se fazendo cada vez mais presentes nos cursos jurídicos, sobretudo em nível de pós-graduação.[96]

---

95. Esta é a justificativa para a presença de certos temas que são tratados neste livro e que, antes de representarem uma contradição com o posicionamento defendido, mostram a impossibilidade de uma separação rígida em qualquer campo da ciência do Direito.

96. Na Faculdade de Direito do Recife, na área de concentração em direito público ("Direito Constitucional IV"), há alguns anos temos abordado temas pertencentes ao direito processual constitucional bem como ao direito constitucional processual, insistindo sempre nas íntimas relações entre direito constitucional e direito processual.

Nos cursos de Doutorado e Mestrado, sob nossa responsabilidade, existe a linha de pesquisa intitulada "Neoconstitucionalismo, Processo e Jurisdição Constitucionais".

O Amparo e o Mandado de Segurança no Contexto Latino-Americano

PAULO ROBERTO DE GOUVÊA MEDINA
Professor aposentado e ex-Diretor da Faculdade de Direito
da Universidade Federal de Juiz de Fora;
Professor dos Cursos de Pós-Graduação em Direito Processual Civil
do Centro de Extensão Universitária/CEU, São Paulo,
e do Centro Universitário de João Pessoa/UNIPÊ
– Conselheiro Federal da OAB, pelo Estado de Minas Gerais

1. O tema na perspectiva do Direito Comparado: a proteção judicial dos direitos do homem. 2. O juicio de amparo mexicano. 3. O amparo e ações análogas em alguns países hispano-americanos. 4. O mandado de segurança brasileiro. 5. Convergências e discrepâncias.

1. O tema na perspectiva do Direito Comparado: a proteção judicial dos direitos do homem

O tema que nos propomos abordar, visto sob o prisma da extensa bibliografia em torno dele existente, bem comportaria o chiste do maior escritor brasileiro: é *novo como o sol, que também é velho*.[1] Mas, tal

---

1. Machado de Assis, "Memorial de Aires", in *Obra Completa*, vol. I, Rio de Janeiro, Nova Aguilar, 1985, p. 1.187.

como o brilho do sol, sua importância é incontrastável. De um lado, porque focaliza dois instrumentos processuais que transcendem os lindes do ordenamento jurídico nacional, alçando-se ao plano da proteção internacional dos direitos do homem. Sob um segundo aspecto, porque tais instrumentos correspondem, nas suas origens, às criações mais genuínas do Direito de dois países do Continente Americano – o México e o Brasil. E – *last, but not least* – porque o estudo que, assim, se desenvolverá insere-se em volume destinado a homenagear o eminente professor Héctor Fix-Zamudio, que, no dizer autorizado de Niceto Alcalá-Zamora y Castillo, é o "más brilhante amparista mexicano".[2]

Lembra Néstor P. Sagüés que uma "calificada doctrina habla ya de un 'amparo internacional' emergente del art. 25 del Pacto de San José de Costa Rica",[3] que se acha assim concebido: "Toda persona tiene derecho a un recurso sencillo y rápido o cualquier otro recurso efectivo ante los jueces o tribunales competentes, que la ampare contra actos que violen sus derechos fundamentales reconocidos por la Constitución, la ley o la presente Convención, aun cuando la violación sea cometida por personas que actúen en ejercicio de sus funciones oficiales".[4]

Como veremos ao longo desta exposição, o amparo, de origem mexicana, e o mandado de segurança brasileiro se amoldam, *quantum satis*, ao preceito transcrito. E, ainda que inexistentes semelhantes ações, a norma do Pacto de São José da Costa Rica, por si só, serviria de fanal para conduzir os tribunais à solução por ela preconizada, mediante criação pretoriana que desse às garantias fundamentais prescritas nas Constituições meios de se realizarem efetivamente. Aliás, na Argentina, antes que a Lei 16.896, de 18.10.1966, regulasse o amparo, no plano federal, a Corte Suprema, ao julgar o famoso "caso Siri",[5] partiu do

---

2. Niceto Alcalá-Zamora y Castillo, "El mandato de seguridad brasileño, visto por un extranjero", in *Estudios de Teoría General e Historia del Proceso*, t. II, México, UNAM/Instituto de Investigaciones Jurídicas, 1974, p. 638.

3. Néstor P. Sagüés, "Dimensiones normativa y sociológica en el amparo contra resoluciones judiciales", in Fernando M. Machado Pelloni (coord.), *Derecho Procesal Constitucional*, Buenos Aires, Ad Hoc, 2003, p. 110. Entre os nomes que defendem essa qualificação o autor aponta o de Carlos Ayala Corao (cf. p. 104).

4. *Convención Americana sobre Derechos Humanos*, denominada *Pacto de San José de Costa Rica*, de 22.11.1969, art. 25, n. 1. Cf. texto inserido in *Normas Básicas de Derecho Público*, publicação do Centro de Estudios Superiores de Derecho Público, 9ª ed., San José/Costa Rica, 2004, pp. 33-47.

5. Alusivo ao nome do proprietário do jornal *Mercedes*, Angel Siri, que impetrou amparo contra o ato de interdição daquele diário.

princípio de que "las garantías individuales existen y protegen a los individuos por el solo hecho de estar consagradas por la Constitución e independientemente de las leyes reglamentarias".[6] Em face da citada disposição do Pacto de São José da Costa Rica, obviamente, a solução que se adotou no referido "caso Siri" estaria por demais facilitada.

Vem a propósito recordar a lição de Luis Recaséns Siches quanto ao processo de criação do Direito: "El derecho positivo no es lo que está contenido en la Constitución, las regras legislativas, los reglamentos, como algo ya preconfigurado, concluso, listo para ser 'aplicado'. El proceso de creación o producción del Derecho va desde el acto constituyente, a través de la Constitución, de las leyes, de los reglamentos, de los contratos y demás negocios jurídicos, hasta la norma individualizada en la sentencia judicial o en la decisión administrativa, sin solución de continuidad".[7]

Eis a razão por que a regra do Pacto de São José, tomada como princípio interpretativo, será útil tanto à aplicação dos procedimentos correspondentes ao amparo tradicional quanto ao emprego de remédios análogos, no sentido de torná-los mais ágeis e eficazes na proteção dos direitos fundamentais. À luz da citada regra, ganharão, por certo, dimensão maior institutos como o *recurso de protección* chileno ou a *acción de tutela* da Constituição da Colômbia, assim como o *mandado de segurança* brasileiro, já referido. E tenderão a uniformizar-se, na prática, sob o mesmo espírito que informa aquele preceito-matriz, as legislações dos países da América Latina que instituem a *ação de amparo* – ou seja, as da Argentina, Bolívia, Costa Rica, El Salvador, Guatemala, Honduras, México, Nicarágua, Panamá, Paraguai, Peru, Venezuela e Uruguai, citadas por Fix-Zamudio em precisa resenha,[8] que complementaríamos acrescentando, hoje, a Constituição do Equador.

---

6. Cf. Augusto M. Morillo e Carlos A. Vallefín, *El Amparo*, 5ª ed., La Plata, 2004, p. 3. No mesmo sentido da decisão citada, assevera Adolfo A. Rivas que "toda garantía tancial conlleva la existencia de la respectiva adjetiva – por lo menos genérica – para posibilitar su defensa efectiva. Con respecto a las adjetivas específicas, la ausencia de consagración expresa para ciertos supuestos no puede significar su inaplicabilidad cuando constituya la mejor manera de defender lo sustancial" ("Hacia un nuevo modelo de amparo", in Fernando M. Machado Pelloni (coord.), *Derecho Procesal Constitucional*, cit., nota 3, p. 90, n. 4).

7. Luis Recaséns Siches, *Introducción al Estudio del Derecho*, 11ª ed., México, Porrúa, 1996, pp. 253-254.

8. Héctor Fix-Zamudio, "La justicia constitucional latinoamericana", in José Luis Soberanes Fernández (comp.), *Tendencias Actuales del Derecho*, 2ª ed., Mexico, UNAM/ Fondo de Cutura Económica, 2001, pp. 282-297.

Sobre algumas dessas legislações teceremos comentários mais detidos no item 3, *infra*. Por ora, à guisa de introdução, desejamos apenas pôr em relevo a circunstância de se destinarem as mencionadas ações ao objetivo comum de atender ao disposto no art. 25, n. 1, do Pacto de São José da Costa Rica, devendo, por isso, ser capazes de assegurar a toda pessoa um processo simples e rápido que a ampare contra atos suscetíveis de violar seus direitos fundamentais, qualquer que seja o responsável pela violação.

2. O juicio de amparo *mexicano*

Segundo ensina Fix-Zamudio, a fonte normativa original do amparo mexicano foi a Constituição de 1857 (arts. 101 e 102), cujos antecedentes mais próximos estariam na Carta do Estado de Yucatán, de 1841, e no documento intitulado "Acta de Reformas", referente à Constituição Federal de 1824.[9]

Domingo García Belaunde, pesquisando as fontes históricas do instituto, com o propósito de apontar-lhe os antecedentes cronológicos, reporta-se a um livro de Andrés Lira – *El Amparo Colonial e el Juicio de Amparo* – cuja tese é a de que nesse "instrumento, casi de carácter interdital, que contenía la vieja legislación española que se remonta a la época de Las Partidas" – o amparo colonial –, estaria o embrião do atual *juicio de amparo*. Indo além, o ilustre professor peruano alude aos *reales amparos*, que, segundo José Barragán Barragán, provêm dos interditos possessórios de Castilla y Aragón.[10]

A menção a tais antecedentes do amparo mexicano ganha interesse especial no contexto deste trabalho, porque também o mandado de segurança brasileiro lança raízes nos interditos possessórios. Foi por meio do uso destes que se tentou, inicialmente, no Brasil obter a tutela adequada para os direitos hoje protegidos pelo mandado de segurança. Ainda que frustrada essa tentativa, dos estudos e debates que ela motivou resultaram trabalhos importantíssimos da lavra de Rui Barbosa – o patrono dos advogados brasileiros –, alguns dos quais foram reunidos em livro sob o título *Posse de Direitos Pessoais*.[11]

---

9. Idem, p. 285.

10. Domingo García Belaunde, *Derecho Procesal Constitucional*, Bogotá, Temis, 2001, pp. 82-83.

11. Rui Barbosa, *Obras completas*, vol. XXIII, t. III, 1896. Os mesmos trabalhos acham-se publicados no vol. 6 da coleção *Clássicos do Direito Brasileiro*, sob o título

Pode-se dizer, portanto, que entre o amparo mexicano e o mandado de segurança brasileiro há uma afinidade de origem. Mais que isso: foi considerável a influência exercida pelo *juicio de amparo* na concepção do mandado de segurança, até mesmo no nome que se pretendia atribuir-lhe originariamente, que seria o de "mandado de proteção".[12]

De resto, o México, na história do amparo, é visto por toda a América Latina como "el país-cuna de esta institución".[13]

Do ponto de vista do cabimento e da finalidade distanciam-se hoje, porém, do *juicio de amparo* mexicano tanto o mandado de segurança quanto os amparos regulados na legislação dos países hispano-americanos.

É que o *juicio de amparo*, por ter maior abrangência, apresenta natureza jurídica bastante complexa, sendo um instituto de muitas faces, enquanto os outros remédios processuais referidos caracterizam-se, em geral, pela sua especificidade.

O amparo, segundo a Constituição Política dos Estados Unidos Mexicanos e a lei que o regulamenta (Lei de 10.1.1936, com o texto de 24.4.2006, que incorpora as alterações nela introduzidas), apresenta as seguintes variantes: (a) a do *amparo administrativo*, cabível contra atos de autoridade que violem garantias individuais (Constituição, art. 103, I, c/c Lei Regulamentar, art. 1º, I), causando dano não reparável mediante algum recurso ou meio de defesa (Constituição, art. 107, IV); (b) a do *amparo de inconstitucionalidade*, cabível tanto na hipótese do inciso I do art. 103 da Constituição quanto em relação a leis ou atos de autoridade federal que restrinjam a autonomia dos Estados ou a leis ou atos de autoridade estadual que invadam a esfera de autoridade federal (Constituição, art. 103, II e III, c/c Lei Regulamentar, art. 1º, II e III); (c) a do *amparo em matéria agrária*, para a proteção da propriedade, da

---

"Posse dos Direitos Pessoais", incluindo o volume também o ensaio "Teoria Simplificada da Posse, de Rudolf von Ihering", São Paulo, Saraiva, 1986.

12. "O recurso de amparo, oriundo do Direito Mexicano, exerceu influência mais direta sobre a criação do nosso mandado de segurança. Tanto assim é que o relatório do Min. Muniz Barreto no Congresso Jurídico de 1922, como também o Projeto Gudesteu Pires, de 11.8.1926, que pretendeu instituir no Brasil o mandado de proteção, já se referiam à criação de um recurso idêntico ao recurso de amparo do México; afirmação que também se encontra no parecer da Comissão de Justiça da Câmara de 9.7.1927, que examinou o projeto do mencionado deputado" (Arnoldo Wald, *Do Mandado de Segurança na Prática Judiciária*, 4ª ed., Rio de Janeiro, Forense, 2003, pp. 65-66).

13. Oswaldo A. Gozaíni, *El Derecho de Amparo*, Buenos Aires, Depalma, 1995, p. 8.

posse ou do uso das terras, águas e pastagens por parte de campesinos (Constituição, art. 107, II); (d) a do *amparo judicial*, contra sentenças definitivas que não comportem recurso ordinário, contra atos de execução de que possam decorrer danos irreparáveis e contra atos processuais que afetem direitos de terceiros estranhos ao processo (Constituição, art. 107, III); (e) a do *amparo judicial direto*, que tem o caráter de uma avocatória para a Suprema Corte de Justiça, determinada de ofício ou a pedido, seja de um tribunal inferior, seja do Procurador-Geral da República, quando a questão, por seu interesse e transcendência, assim o admita (Constituição, art. 107, V, "d", segunda parte); (f) a do *amparo judicial de revisão*, cabível na mesma hipótese e segundo a mesma forma de iniciativa da hipótese anterior (Constituição, art. 107, VIII); (g) a do *amparo em matéria penal*, que corresponde ao *habeas corpus* de origem anglo-saxônica (Constituição, art. 107, XII); (h) a do *amparo em que se deduza pretensão decorrente da ocorrência de um crime, na esfera civil ou criminal* (Lei Regulamentar, art. 10).

Já se vê que o amparo tanto pode revestir a forma de ação quanto a de recurso. Nesta última versão, assume, aliás, o caráter de recurso de cassação, como já assinalavam, em antigos trabalhos, Héctor Fix-Zamudio[14] e Niceto Alcalá-Zamora y Castillo.[15]

Diversamente, o amparo dos países hispano-americanos e o mandado de segurança têm por finalidade precípua proteger o autor da ação contra ameaças ou lesões aos seus direitos individuais ou, conforme o caso, coletivos.

São, pois, *ações especiais de garantia*, não se lhes atribuindo outros fins processuais. Fix-Zamudio observa, a esse respeito: "En la mayoría de los ordenamientos latinoamericanos la acción, recurso ou juicio de amparo está dirigido a la tutela de los derechos fundamentales individuales y sociales establecidos en las Cartas Constitucionales, con exclusión de la libertad de movimiento, objeto del *habeas corpus* o exhibición personal".[16]

---

14. Héctor Fix-Zamudio, *Mandato de Seguridad y Juicio de Amparo*, México, Porrúa, 1964, pp. 305-367 (comunicação apresentada ao Congresso Internacional de Direito Processual, realizado em São Paulo, de 10 a 15.9.1962).

15. Niceto Alcalá-Zamora y Castillo, "El mandato de seguridad brasileño, visto por un extranjero", cit., in *Estudios de Teoría General e Historia del Proceso*, t. II, nota 2 (trata-se de *ponencia* sobre o tema "Mandado de Segurança" apresentada no mesmo Congresso Internacional mencionado na nota anterior).

16. Héctor Fix-Zamudio, "La justicia constitucional latinoamericana", cit., in José Luis Soberanes Fernández (comp.), *Tendencias Actuales del Derecho*, 2ª ed., nota 8, p. 286.

3. O amparo e ações análogas em alguns países hispano-americanos

Na esteira do amparo mexicano, a maioria dos países hispano-americanos adota o amparo como ação destinada à proteção dos direitos fundamentais. Aliás, a própria Espanha incorpora esse instituto ao seu ordenamento jurídico. Dispõe a Constituição espanhola, no art. 53, n. 2, que qualquer cidadão poderá receber a tutela desses direitos "a través del recurso de amparo ante el Tribunal Constitucional".

A Constituição da Costa Rica, de 7.11.1949, segundo o texto da Reforma Constitucional 7.128, de 18.8.1989, institui o "recurso de amparo", que terá por fim "mantener o restablecer el goce de los otros derechos consagrados" naquela Carta Política além daqueles que dizem respeito à liberdade e à integridade pessoais, "así como de los de carácter fundamental establecidos en los instrumentos internacionales sobre derechos humanos, aplicables en la República". A competência para apreciar o recurso de amparo é de uma Sala Especializada (em matéria de direito público) da Corte Suprema de Justiça.[17] O instituto do amparo é regulado na Lei da Jurisdição Constitucional (Lei 7.135, de 11.10.1989, Título III). Não constitui o amparo costarriquenho (ou, conforme se diz naquele país, "costarricense") medida adequada para a impugnação de atos de natureza jurisdicional (cf. art. 30, "b", da citada lei). Singularidade que deve ser destacada é a de que, a exemplo do que, em geral, sucede com relação ao *habeas corpus*, "cualquier persona podrá interponer el recurso de amparo" (art. 33 da citada lei).[18]

Outra disposição relevante da citada lei da Costa Rica é a do art. 57, que torna o amparo cabível contra atos de particulares. É do seguinte teor a primeira parte do referido artigo: "El recurso de amparo también se concederá contra las acciones u omisiones de sujetos de derecho privado, cuando éstos actúen o deban actuar en ejercicio de funciones o potestades públicas, o se encuentren, de derecho o de hecho,

---

17. V. art. 10 da Constituição da Costa Rica.

18. O autor deste estudo pode dar testemunho da importância do amparo na vida jurídica da Costa Rica, pois, em visita à Sala Constitucional da Corte Suprema daquele país, teve oportunidade de examinar autos de processos relativos à referida ação, verificando que as petições são, às vezes, manuscritas, de acordo com a simplicidade característica do procedimento, e que a tramitação desse é, segundo informações obtidas, bastante rápida. Há um importante trabalho de divulgação do instituto junto à cidadania, por meio de cartazes que explicam o cabimento e a tramitação dessa ação especial, de forma a facilitar-lhe o uso, como instrumento protetor dos direitos individuais.

en una posición de poder frente a la cual los remedios jurisdiccionales comunes resulten claramente insuficientes o tardíos para garantizar los derechos o libertades fundamentales a que se refiere el art. 2º, inciso 'a', de esta Ley".

Rubén Hernández Valle, chamando a atenção para o fato, assinalado por sociólogos e politicólogos, de que, "por encima y por debajo de la soberanía del Estado existen grupos, poderes y relaciones que, en estos momentos, inciden en la libertad individual con una fuerza que no está al alcance de las autoridades públicas", conclui que: "Hoy día es un imperativo jurídico y social que se le reconozca eficacia a los derechos fundamentales frente a los particulares, de manera que deben existir remedios procesales idóneos, como el recurso de amparo, para tutelar y reparar esas eventuales violaciones". O autor dá como exemplo de amparo cabível contra atos de particulares o caso de "una pequeña empresa que recurre en esta vía contra una poderosa competidora que, con tal de sacarla del mercado, rebaja sus precios por debajo de los costes de producción". Mas ressalva que "la jurisprudencia de la Sala ha sido muy restrictiva en la materia, pues ha considerado que el amparo contra sujetos de derecho privado es excepcional". Num ponto, contudo, a jurisprudência da Sala Constitucional revela-se ampliativa: é no sentido de admitir "que por medio del amparo contra sujetos de derecho privado se protegen los derechos y libertades fundamentales en general, es decir, tanto las que se garantizan en la via del hábeas corpus como del amparo", contemplando, assim, "la protección a la libertad personal y de tránsito".[19]

Na América do Sul consagram o amparo à proteção dos direitos fundamentais a Argentina, a Bolívia, o Equador, o Paraguai, o Peru, a Venezuela e o Uruguai. O Brasil, o Chile e a Colômbia adotam ações análogas.

A Constituição da Nação Argentina instituiu o amparo por meio da reforma de 1994, que deu novo texto ao seu art. 43. Operou-se, assim, na verdade, a constitucionalização desse instituto, porquanto ele fora introduzido no ordenamento jurídico argentino pela Lei federal 16.986/1966, e anteriormente já existia na legislação de várias Províncias.[20] Acrescente-se, a esse propósito, que, como já foi dito,

---

19. Rubén Hernández Valle, *Derecho Procesal Constitucional*, 2ª ed., San José, Editorial Juricentro, 2001, pp. 275-278, *passim*.

20. Para visão mais ampla – e completa – do assunto, consulte-se o tratado de Néstor Pedro Sagüés, *Acción de Amparo*, Buenos Aires, Editorial Astrea, 1988.

o amparo na Argentina surgiu, no âmbito federal, em decorrência de criação pretoriana da Suprema Corte.

Dispõe o citado art. 43 da Constituição da Argentina, na sua primeira parte: "Toda persona puede interponer acción expedita y rápida de amparo, siempre que no exista otro medio judicial más idóneo, contra todo acto u omisión de autoridades públicas o de particulares, que en forma actual o inminente lesione, restrinja, altere o amenace, con arbitrariedad o ilegalidad manifiesta, derechos y garantías reconocidos por esta Constitución, un tratado o una ley".

Consubstancia-se nessa primeira parte do referido artigo o amparo tradicional, que – ressalvadas algumas diferenças (como a do cabimento contra atos de particulares) – se assemelha ao mandado de segurança; enquanto na segunda e na terceira partes do mesmo dispositivo a Constituição argentina trata de formas especiais de amparo, que correspondem, respectivamente, à ação civil pública e ao *habeas data* do Direito Brasileiro.

Duas questões ressaltam da disciplina conferida ao amparo pela legislação argentina, merecendo exame mais detido: (a) a do caráter subsidiário do amparo em relação às ações comuns; (b) a da subsistência, ou não, em face do citado art. 43 da Constituição, de restrições ao cabimento do amparo, estabelecidas na Lei 16.986/1966.

Quanto ao primeiro ponto, a interpretação tende a ser ampla – e não rigorosa –, de forma a não frustrar os objetivos do remédio constitucional. Oswaldo Alfredo Gozaíni assim resume a orientação sobre o tema: "No sería la existencia de otra vía la que cerraría indefectiblemente el paso hacia al amparo, sino la ineptitud de ella la que lo habilita; de modo tal que la aptitud o ineptitud de las vías paralelas como manera de juzgar la viabilidad del amparo dependerá del caso concreto ante el cual habrá de analizar si situaciones de urgente necesidad en obtener la protección buscada o la inminencia del daño tornan ilusoria la protección significada por aquellos caminos".[21]

As restrições ao cabimento do amparo estabelecidas na lei que rege esse instituto – excluídas a que já resulta do seu caráter subsidiário e a que decorre do prazo para a sua impetração[22] – referem-se aos atos jurisdicionais, às hipóteses que digam respeito à continuidade

---

21. Oswaldo Alfredo Gozaíni, *El Derecho de Amparo*, cit., nota 13, p. 14, n. 4.2.

22. O referido prazo é de "15 (quince) días hábiles a partir de la fecha en que el acto fue ejecutado o debió producirse" (lei cit., art. 2º, "e").

dos serviços públicos ou o desenvolvimento de atividades essenciais do Estado, que a intervenção judicial não poderá comprometer; às questões que exijam maior amplitude de debate ou de prova ou que envolvam a declaração de inconstitucionalidade de normas jurídicas. Sustenta Adolfo A. Rivas que: "Al consagrarse un amparo 'expedito', el art. 43 de la Constitución nacional generó una via protectora sin los condicionamientos del art. 2º de la Ley 16.986".[23] Por seu turno, Néstor P. Sagüés, em face do citado dispositivo constitucional, observa que "un amparo para cuestionar veredictos judiciales puede ser concebido como un instrumento subsidiario o supletorio, en el sentido de que únicamente debe ser admisible si el interesado no dispone de otros recursos idóneos para tutelar el derecho en juego". E acrescenta: "Esto lo reservaría como un medio excepcional o heroico destinado a operar si el recorrido de las instancias y trámites recursivos existentes ocasiona, atendiendo las peculiaridades del caso concreto, un agravio irreparable".[24]

Portanto, segundo se vê da lição do jurista argentino citado, deixou de ser absoluta a restrição ao cabimento do amparo contra atos de natureza jurisdicional.

A Constituição da Bolívia, de 1995, institui o amparo no seu art. 19, estendendo-lhe o cabimento aos atos ilegais emanados de particulares. Peculiaridade merecedora de destaque é a de que "el Ministerio Público podrá también interponer de oficio este recurso cuando no lo hiciere o no pudiere hacerlo la persona afectada" (artigo cit., n. II).

Segundo a Constituição do Equador, de 1996 (art. 95), será também cabível o amparo "si el acto o la omisión hubieren sido realizados por personas que presten servicios públicos o actúen por delegación o concesión de una autoridad pública". Todavia, "no serán susceptibles de acción de amparo las decisiones judiciales adoptadas en un proceso" (artigo cit.).

À semelhança das Constituições da Argentina e da Bolívia, o amparo é admitido, amplamente, não só em relação a atos dos Poderes Públicos, mas, por igual, quanto aos que se originem de particulares, pela Constituição do Paraguai, de 1992 (art. 134). Como no Equador, não é cabível, porém, contra atos jurisdicionais, vedando-se ainda sua impetração no que diz respeito ao "proceso de formación, sanción y promulgación de las leyes" (artigo cit.).

23. Adolfo A. Rivas, "Hacia un nuevo modelo de amparo", cit., in Fernando M. Machado Pelloni (coord.), *Derecho Procesal Constitucional*, nota 6, p. 99, n. 12.
24. Néstor P. Sagüés, *ibidem*, p. 107, n. 4.

Do mesmo modo, a Constituição do Peru, de 1993, declara que o amparo é cabível também em relação a atos praticados por particulares que vulnerem ou ameacem os direitos nela reconhecidos, não procedendo, entretanto, "contra normas legales ni contra resoluciones judiciales emanadas de procedimiento regular" (art. 200, n. 2). Como ressalva Domingo García Belaunde, "pero la jurisprudencia ha interpretado que, en ciertos casos, cuando no se dan las mínimas condiciones del debido proceso legal (*due process of law*) cabe un amparo, mas solo en situaciones excepcionales".[25]

De acordo com o que estabelece a Constituição da Venezuela, de 1999: "El procedimiento de la acción de amparo constitucional será oral, público, breve, gratuito y no sujeto a formalidad" (art. 27).

No Uruguai o amparo foi instituído por lei ordinária, a Lei 16.011, de 7.12.1988. A exemplo do amparo argentino, trata-se de uma ação de cabimento subsidiário, isto é, "sólo procederá cuando no existan otros medios judiciales o administrativos que permitan obtener el mismo resultado previsto en el literal 'B' del art. 9º[26] o cuando, si existieren, fueren por las circunstancias claramente ineficaces para la protección del derecho" (art. 2º). Como em outros países já referidos, o amparo uruguaio cabe contra atos de particulares, tanto quanto em relação aos atos emanados dos Poderes Públicos, destes excluídos, porém, "los actos jurisdiccionales, cualquiera sea sua naturaleza y el órgano del que emanen" (art. 1º, *caput* e letra 'A').

O Chile adota instrumento análogo ao amparo, nascido, aliás, sob a inspiração desse. O projeto apresentado ao Congresso Nacional, em 1972, para a criação de medida destinada à tutela de direitos fundamentais adotava, exatamente, o *nomen iuris* "amparo". A *Acta Constitucional 3*, promulgada pelo Decreto-lei 1.552/1976, atribuiu-lhe, porém, a denominação de *recurso de protección*.[27] Acha-se, hoje, definido o instituto no art. 20 da Constituição, segundo o qual: "El que por causa de actos u omisiones arbitrarios o ilegales sufra privación, perturbación o amenaza en el legítimo ejercicio de los derechos y garantías (...) [*ou*] (...) en lo relativo a la libertad de trabajo y al derecho

---

25. Domingo García Belaunde, *Derecho Procesal Constitucional*, cit., p. 122, n. 4.

26. "Art. 9º. La sentencia que haga lugar al amparo deberá contener: (...) B) la determinación precisa de lo que deba o no deba hacerse y el plazo por el cual dicha resolución regirá, si es que correspondiere fijarlo".

27. Enrique Paillas, *El Recurso de Protección ante el Derecho Comparado*, Santiago/Chile, Editorial Jurídica de Chile, 1990, p. 73, n. 46.

a su libre elección y libre contratación (...) podrá ocurrir, por si o por cualquiera a su nombre, a la Corte de Apelaciones respectiva, la que adoptará de inmediato las providencias que juzgue necesarias para restablecer el imperio del Derecho y asegurar la debida protección del afectado, sin perjuicio de los demás derechos que pueda hacer valer ante la autoridad o los tribunales correspondientes".

Acrescenta o citado artigo, em sua segunda parte, que procederá também o recurso "cuando el derecho a vivir en un medio ambiente libre de contaminación sea afectado por un acto arbitrario e ilegal imputable a una autoridad o persona determinada". Como se vê do dispositivo transcrito (primeira parte) e bem anota José Quezada Melendez: "El afectado, por sí o cualquiera persona a su nombre, puede ocurrir a la Corte de Apelaciones respectiva"[28] – o que indica a atribuição de *ius postulandi* ao próprio titular do direito para a ação em referência. O procedimento do *recurso de protección* é disciplinado por normas estabelecidas pela Corte Suprema do Chile em 29.3.1977.

Escrevendo sobre o "Campo de Aplicación del Juicio de Protección", diz o professor chileno Enrique Paillas:

"En nuestro Derecho la competencia de la Corte es amplia en el sentido de que el recurso de protección puede interponerse en contra de actos u omisiones arbitrarios de la autoridad o funcionarios que de ella dependen o de algún particular. En este sentido esta acción se asemeja al *référé* europeo, que también da una competencia amplia, como igualmente se parece al amparo argentino, que, si bien por ciertas normas citadas sólo puede atacar actos de funcionarios públicos, por otros preceptos puede dirigirse en contra de actos de personas privadas.

"Pero se aparta del amparo mexicano y del mandado de segurança, que proceden únicamente cuando hay un acto arbitrario de autoridad o funcionario público.

"El tribunal de protección es competente aun cuando exista un árbitro designado para conocer del asunto."[29]

Adverte Enrique Paillas para um dos pressupostos do *recurso de protección*, que é o da urgência da medida judicial postulada: "No basta que existan actos u omisiones arbitrarios o ilegales (...). Es preciso

---

28. José Quezada Melendez, *Introducción al Derecho Procesal*, Santiago/Chile, Editorial Fallos del Mes, 1983, p. 103.

29. Enrique Paillas, *El Recurso de Protección ante el Derecho Comparado*, cit., p. 80, n. 50.

también que haya urgencia, porque, de otro modo, no habría razón para seguir un procedimiento tan breve y privar al demandado de medios de defensa que pudiera hacer valer en un juicio de lato conocimiento".[30]

No que se refere, ainda, ao cabimento, observa o autor citado: "Hay ciertamente en la jurisprudencia una tendencia favorable de ampliar el alcance de la norma y dar protección a todos los derechos sin exclusión ninguna, siempre que esta vía procesal sea utilizable según los factores de competencia".[31] O *recurso de protección* não é meio hábil, entretanto, para impugnar decisões judiciais.

Na Colômbia a via processual correspondente ao amparo é a *acción de tutela*. A Constituição daquele país (de 1991) a institui no art. 86, cuja primeira parte é do seguinte teor: "Toda persona tendrá acción de tutela para reclamar ante los jueces, en todo momento y lugar, mediante un procedimiento preferente y sumario, por sí misma o por quien actúe a su nombre, la protección inmediata de sus derechos constitucionales fundamentales, cuando quiera que estos resulten vulnerados o amenazados por la acción o la omisión de cualquier autoridad pública".

Tem a ação de tutela caráter subsidiário, como os amparos argentino e uruguaio, porquanto – segundo acrescenta o citado artigo em sua terceira parte – "sólo procederá cuando el afectado no disponga de otro medio de defensa judicial, salvo que aquella se utilice como mecanismo transitorio para evitar un perjuicio irremediable" Em relação a atos de particulares a ação cabe nos casos estabelecidos em lei, se aqueles estiverem "encargados de la prestación de un servicio público" ou, ainda, quando sua "conducta afecte grave y directamente el interés coletivo, o respecto de quienes el solicitante se halle en estado de subordinación o indefensión" (artigo cit., parte final).

Da regulamentação desse instrumento especial de proteção dos direitos fundamentais cuidam os Decretos 2.591/1991 e 306/1992. O primeiro enuncia os casos em que procede a ação de tutela contra particulares, no art. 42. Entre esses, prevê-se o cabimento da ação contra os que estejam encarregados, por delegação, da prestação de qualquer serviço público ou que atuem no exercício de funções públicas; contra os que violem ou ameacem violar a proibição de escravatura, servidão ou tráfico de mulheres; contra a entidade privada em relação à qual se tenha frustrado o pedido de *habeas data*; contra órgãos que atuem como

---

30. Idem, p. 85, n. 53.
31. Idem, p. 88, n. 54.

meios de comunicação, com o fim de retificar informações inexatas ou errôneas.[32]

As sentenças e decisões judiciais, segundo jurisprudência da Corte Constitucional da Colômbia, seriam passíveis de impugnação por meio da ação de tutela apenas em caráter excepcional, ou quando "de manera manifiesta y arbitraria violasen derechos fundamentales y lo hiciesen de manera tan grossera que, salvo la forma judicial, en lo demás constituyesen una verdadera vía de hecho". É o que observa o Min. Eduardo Cifuentes Munõz em trabalho sobre o tema, já citado em nota de rodapé.[33]

Sem prejuízo do direito que assiste aos interessados, a Constituição confere legitimação ativa para a ação de tutela ao Defensor do Povo (art.. 282, n. 3).

Caracteriza-se o procedimento da ação de tutela pela simplicidade da forma. Segundo o autor antes citado: "La presentación escrita de la demanda no precisa de ninguna formalidad; la verbal se autoriza cuando el solicitante no sepa escribir, sea menor de edad o en caso de urgencia".[34] Além disso: "La acción de tutela puede ser interpuesta directamente por la persona afectada, sin necesidad de que un abogado asuma la personería del agraviado".[35]

4. O mandado de segurança brasileiro

O mandado de segurança foi instituído no Brasil pela segunda Constituição republicana, a Constituição de 1934 (art. 113, § 33). Sob a vigência da Constituição anterior, de 1891, já se esboçara na jurisprudência o desenvolvimento de medidas análogas, visando a atribuir proteção aos direitos individuais violados por atos do Poder Público. Como antes, observamos, a primeira solução forjada com esse objetivo verificou-se por meio dos interditos possessórios. Frustrada essa tentativa, ante o entendimento de que os interditos não seriam instru-

---

32. V. o rol desses casos no sumário que faz o eminente Ministro da Corte Constitucional da Colômbia, Eduardo Cifuentes Muñoz, "La acción de tutela en Colombia", *Ius et Praxis* 1/165-174, 68/169, Chile, Facultad de Ciencias Jurídicas y Sociales/Universidad de Talca.
33. Idem, p. 167.
34. Idem, pp. 171-172.
35. Idem, p. 171.

mentos adequados à posse de direitos pessoais, procurou-se alcançar o mesmo resultado mediante o emprego extensivo do *habeas corpus*, que a Constituição então em vigor não adstringia à tutela da liberdade de locomoção.[36] A tese, sustentada por Rui Barbosa, especialmente, perante o STF, acabou vitoriosa, com os temperamentos que lhe atribuiu, naquela Corte, o Min. Pedro Lessa. Segundo os votos por este proferidos na matéria, o *habeas corpus*, sendo um "remédio aplicado somente às pessoas e nunca às coisas", seria admissível, extensivamente, à proteção de outros direitos, além do concernente à liberdade de locomoção, se, "para prevenir, ou remover a coação, que se traduz não em prisão ou detenção, mas na impossibilidade de exercer um direito qualquer, de praticar um ato legal", fosse necessário invocar o direito de locomoção e o juiz verificasse "que o direito que o paciente quer exercer é incontestável, líquido, não é objeto de controvérsia, não está sujeito a um litígio".[37] Era essa a tese do *direito-escopo*, que contribuiu, significativamente, para a formação da chamada *doutrina brasileira do **habeas corpus***.[38] Teve a referida doutrina aplicação até a Emenda Constitucional de 1926, que expressamente restringiu o cabimento do *habeas corpus* às hipóteses relacionadas com a liberdade de locomoção.

O mandado de segurança está, hoje, definido no texto da Constituição de 1988 como uma das garantias fundamentais, achando-se contemplado nos incisos LIX e LXX do art. 5º. O primeiro inciso contém a definição, propriamente, do instituto: "conceder-se-á mandado de segurança para proteger direito líquido e certo, não amparado por *habeas corpus* ou *habeas data*, quando o responsável pela ilegalidade ou abuso de poder for autoridade pública ou agente de pessoa jurídica no exercício de atribuições do Poder Público".

O segundo inciso trata do *mandado de segurança coletivo*, conferindo legitimação ativa para sua impetração a "partido político com representação no Congresso Nacional" (alínea "a"), bem como a "organização sindical, entidade de classe ou associação legalmente constituída e em funcionamento há pelo menos 1 (um) ano, em defesa dos interesses de seus membros ou associados" (alínea "b").

---

36. Constituição de 1891, art. 72, § 22.

37. Pedro Lessa, *Do Poder Judiciário*, Rio de Janeiro, Livraria Francisco Alves, 1915, pp. 286, 288 e 289, *passim*.

38. Sobre o tema, e para uma visão geral do mandado de segurança, v. nosso *Direito Processual Constitucional*, 3ª ed., 2ª tir., Rio de Janeiro, Forense, 2006, pp. 155-184.

A Lei 1.533, de 31.12.1951, estabelece normas processuais relativas ao mandado de segurança. Disposições complementares a essa lei foram adotadas por leis subseqüentes.[39]

O objeto do mandado de segurança consiste, simplesmente, na expedição de uma ordem judicial que proteja o impetrante contra a efetivação da ameaça que paire sobre seu direito (hipótese de mandado de segurança preventivo) ou afaste a coação já consumada, de forma que, restituídas as coisas *in statu quo ante*, o impetrante possa continuar usufruindo seu direito, exercendo sua função, desfrutando de sua prerrogativa ou desempenhando sua atividade, livre do constrangimento que o cerceava ou isento da exigência ilegal que sobre ele pesava (hipótese de mandado de segurança corretivo). Não tem o mandado de segurança por finalidade a reparação de danos ou a concessão de vantagens pecuniárias relativamente a período pretérito.

Trata-se, portanto, de uma ação especial. Assim como seu objeto é simples e direto, o pressuposto de sua impetração também se mostra bastante singelo. Nem todo direito poderá ser protegido por meio de mandado de segurança. Somente o *direito líquido e certo* o será. A expressão correspondente a esse pressuposto básico do mandado de segurança não prima pela exatidão técnica, mas já está consagrada, existindo a seu respeito conceito doutrinário preciso. Como "direito líquido e certo" se entende aquele que resulta de uma relação jurídica de direito público em que o fato gerador do direito subjetivo é, em si mesmo, certo e incontroverso. Dessa forma, o fato há de ser suscetível de comprovação mediante prova exclusivamente documental. Esta deverá instruir a petição inicial, não se abrindo, no curso do procedimento, oportunidade para a produção de outros tipos de prova. O que caracteriza o procedimento do mandado de segurança é exatamente a circunstância de nele não existir a chamada "dilação probatória", isto é, um momento processual em que se colham provas de qualquer natureza, inclusive

---

39. Devem ser referidas as seguintes leis: Lei 2.770, de 4.5.1956 ("Suprime a concessão de medidas liminares nas ações e procedimentos judiciais de qualquer natureza que visem à liberação de bens, mercadorias ou coisas de procedência estrangeira e dá outras providências"); Lei 4.348, de 26.6.1964 ("Estabelece normas processuais relativas ao mandado de segurança", no que concerne ao deferimento de liminares especialmente, vedando-o quando o mandado de segurança tiver em vista a reclassificação ou equiparação de servidores públicos ou a concessão de aumento ou extensão de vantagens); Lei 5.021, de 9.6.1966 ("Dispõe sobre o pagamento de vencimentos e vantagens pecuniárias asseguradas em sentença concessiva de mandado de segurança, a servidor público civil", de forma a assegurá-lo desde logo quanto às prestações que se vencerem a contar da data do ajuizamento da petição inicial).

provas orais. Se, porventura, o fato, pelas suas características, exigir a produção de provas orais ou a realização de perícias e diligências, então, não será o caso de mandado de segurança. Verificando o juiz, desde logo, ao despachar a petição inicial, que essa é a situação do caso concreto, cumpre-lhe, nos termos do art. 8º, *caput*, da Lei 1.533/1951, indeferi-la, liminarmente.

Como já se viu, destina-se o mandado de segurança à proteção, apenas, de *direitos públicos subjetivos*, ou seja, de direitos que devam ser invocados em face do Estado ou de quem exerça funções delegadas do Poder Público. O particular, quer se trate de pessoa física, quer se trate de pessoa jurídica, salvo quando estiver na condição referida, não poderá ser sujeito passivo na ação de mandado de segurança. Podem ser impugnados por meio do mandado de segurança os atos do diretor de uma instituição de ensino superior privada, porque o ensino é facultado, em regime de delegação, a particulares, pelo Estado, ao qual incumbe, em primeiro plano, prestá-lo. Mas é incabível a impetração de mandado de segurança contra empresa particular que atue no campo da iniciativa estritamente privada, qualquer que seja seu fundamento.

Com relação aos atos dos Poderes Públicos, seja qual for o órgão de que emanem, serão suscetíveis de impugnação por via do mandado de segurança. Nem mesmo os atos de caráter jurisdicional, consistentes em decisões do Poder Judiciário, se eximem totalmente do controle peculiar a essa ação. É certo que a Lei 1.533/1951 exclui do cabimento do mandado de segurança *despacho ou decisão judicial* "quando haja recurso previsto nas leis processuais ou possa ser modificado por via de correição" (art. 5º, II). Mas em caráter excepcional, notadamente nos casos de extrema urgência, em face de decisões que não comportem recurso com efeito suspensivo ou com relação às quais o recurso cabível não seja recebido com esse efeito, não se poderá negar a admissão do mandado de segurança.

O mandado de segurança, como ação especial, está sujeito a prazo para sua impetração – prazo, esse, que é de 120 dias, contado "da ciência, pelo interessado, do ato impugnado" (Lei 1.533/1951, art. 18). Decorrido esse prazo sem que o interessado utilize a via do mandado de segurança, somente por meio das ações ordinárias poderá pleitear a proteção do seu direito.

O procedimento do mandado de segurança é também singelo, embora sujeito a determinadas formalidades processuais e não dispensando a exigência de representação do impetrante por advogado – salvo se ele próprio o for, atendendo, assim, ao requisito do *ius postulandi*.

Trata-se de procedimento escrito e de natureza sumaríssima. Impetrado o mandado de segurança, a autoridade responsável pela prática do ato impugnado – a *autoridade coatora* – será notificada para prestar informações, no prazo de 10 dias – o que deverá fazer pessoalmente, por meio de ofício, podendo este ser acompanhado de razões jurídicas subscritas por advogado. Em seguida abre-se vista dos autos ao representante do Ministério Público, para emitir parecer, no prazo de cinco dias, indo, depois, os autos conclusos ao juiz, para proferir a sentença, em igual prazo. Na prática, as manifestações do representante do *Parquet* e do juiz costumam extrapolar esses prazos, a despeito da regra que atribui ao processo do mandado de segurança prioridade sobre todos os demais, exceção feita ao *habeas corpus* (Lei 1.533/1951, art. 17, *caput*).

A bibliografia existente em torno do mandado de segurança é das mais ricas da literatura processual brasileira.[40]

5. Convergências e discrepâncias

O que se expôs nos itens precedentes há de ter revelado que entre as ações destinadas à tutela de direitos fundamentais ali referidas existem pontos de convergência e outros de acentuada discrepância. Na essência, todos esses instrumentos processuais correspondem à diretriz traçada pelo art. 25 do Pacto de São José da Costa Rica ou a ela se amoldam, satisfatoriamente. Com efeito.

(a) Tanto o *juicio de amparo* mexicano (na versão do *amparo administrativo*) quanto os amparos dos países da América Central e

---

40. Devem ser referidas, especialmente, as seguintes obras: Castro Nunes, *Do Mandado de Segurança*, 9ª ed., atualizada por José de Aguiar Dias, Rio de Janeiro, Forense, 1987; Celso Agrícola Barbi, *Do Mandado de Segurança*, 7ª ed., Rio de Janeiro, Forense, 1993; Hely Lopes Meirelles, *Mandado de Segurança* (e outras ações constitucionais), 31ª ed., atualizada por Arnoldo Wald e Gilmar Ferreira Mendes, São Paulo, Malheiros Editores, 2008; Arnoldo Wald, *Do Mandado de Segurança na Prática Judiciária*, 4ª ed., Rio de Janeiro, Forense, 2003; Alfredo Buzaid, *Do Mandado de Segurança*, vol. I, São Paulo, Saraiva, 1989, e *Considerações sobre o Mandado de Segurança Coletivo*, São Paulo, Saraiva, 1992; Milton Flaks, *Mandado de Segurança – Pressupostos da Impetração*, Rio de Janeiro, Forense, 1980; Sérgio Ferraz, *Mandado de segurança*, São Paulo, Malheiros, 2006; Carlos Alberto Menezes Direito, *Manual do Mandado de Segurança*, 4ª ed., Rio de Janeiro, Renovar, 2003; Lúcia Valle Figueiredo, *Mandado de Segurança*, 6ª ed., São Paulo, Malheiros, 2009; Cássio Scarpinella Bueno, *Mandado de Segurança*, São Paulo, Saraiva, 2002; Seabra Fagundes, *O Controle dos Atos Administrativos pelo Poder Judiciário*, 7ª ed., atualizada por Gustavo Binenbojm, Rio de Janeiro, Forense, 2005; J. M. Othon Sidou, *As Garantias Ativas dos Direitos Coletivos*, 5ª ed., Rio de Janeiro, Forense, 1998; José da Silva Pacheco, *O Mandado de Segurança e Outras Ações Constitucionais Típicas*,

da América do Sul e as ações análogas adotadas no Brasil, no Chile e na Colômbia são ações especiais, de procedimentos simples e rápidos, capazes de proteger qualquer pessoa contra atos que violem seus direitos fundamentais, ainda – ou especialmente – quando tal violação seja cometida por quem atue no exercício de funções oficiais – isto é, funções públicas.

(b) Todas essas ações constituem instrumentos de fácil acesso ao Poder Judiciário, algumas delas – como o amparo da Costa Rica, o *recurso de protección* do Chile e a ação de tutela da Colômbia – atribuindo o *ius postulandi* diretamente ao interessado.

(c) Por serem ações especiais, esses instrumentos de tutela apresentam algumas peculiaridades quanto ao seu cabimento e à escolha da via correspondente pelo interessado: assim, em alguns países – como a Argentina, o Uruguai e a Colômbia – tais ações só devem ser ajuizadas subsidiariamente, isto é, quando não houver ação específica que atenda ao mesmo fim; no Chile, a ação de *protección* caracteriza-se pela urgência da tutela judicial por meio dela invocada; em outros países, como no Brasil, as vias ordinárias continuam abertas ao interessado que deixou transcorrer o prazo respectivo, não impetrando mandado de segurança contra o ato de violação do seu direito.

(d) A fixação de prazo para que possam ser exercitadas é, aliás, outro traço característico da singularidade dessas ações, devendo lembrar-se que esse prazo, no Brasil, é de 120 dias; na Costa Rica é de 2 meses – que, entretanto, só começam a correr, em relação aos atos de violação, ameaça, perturbação ou restrição do direito, "después de que hayan cesado totalmente sus efectos directos respecto del perjudicado";[41] no Uruguai é de 30 dias;[42] no México é, em regra, de 15 dias;[43] na Argentina e no Chile é também de 15 dias.[44]

3ª ed., São Paulo, Ed. RT, 1998; Hugo de Brito Machado, *Mandado de Segurança em Matéria Tributária*, 6ª ed., São Paulo, Dialética, 2006; José Cretella Jr., *Comentários à Lei do Mandado de Segurança*, 9ª ed., Rio de Janeiro, Forense, 1998; Francisco Antônio de Oliveira, *Mandado de Segurança e Controle Jurisdicional*, 3ª ed., São Paulo, Ed. RT, 2001; Aroldo Plínio Gonçalves (coord.), *Mandado de Segurança*, Belo Horizonte, Del Rey, 1996; Sálvio de Figueiredo Teixeira (coord.), *Mandados de Segurança e de Injunção*, São Paulo, Saraiva, 1990.

41. Lei 7.135/1989, art. 35.
42. Lei 16.011/1988, art. 4º.
43. Lei Regulamentar do Amparo, art. 21, com as exceções previstas no art. 22.
44. Quanto à legislação argentina, v. nota 22. No Chile o referido prazo é estabelecido pelo *Auto Acordado de la Corte Suprema sobre Tramitación del Recurso de Protección de Garantías Constitucionales*, item 1.

(e) O caráter especial dessas ações justifica, ainda, a exclusão de seu cabimento, regra geral, em relação a atos jurisdicionais, ressalvadas situações de urgência, de ofensa ao princípio do devido processo legal ou da necessidade de não permitir que continuem a produzir efeitos decisões eivadas de erros grosseiros.

Já os pontos que separam várias das ações em exame, revelando significativas discrepâncias entre elas, podem ser assim resumidos:

(a) O procedimento no *juicio de amparo* mexicano, no amparo dos demais países e nas ações análogas do Chile e da Colômbia admite ampla produção de provas, com a inevitável realização de audiência, enquanto no mandado de segurança inexiste dilação probatória, uma vez que a ação tem como pressuposto a existência de um direito líquido e certo, devendo o fato de que se origina evidenciar-se em documentos, isto é, em prova pré-constituída.

(b) O cabimento do amparo e das ações congêneres é mais amplo nos países hispano-americanos que no Brasil, alcançando, em geral, também os atos de violação de direitos originários de particulares. Em maior ou menor extensão, é o que sucede na Costa Rica, no Chile, na Argentina, no Paraguai, no Peru, na Bolívia, no Equador, no Uruguai e na Colômbia. Já no Brasil o mandado de segurança somente é cabível em relação a atos dos Poderes Públicos ou de quem exerça funções públicas delegadas. Não seria fácil, realmente, estender a tutela do mandado de segurança a atos de particulares, em vista do pressuposto básico de sua impetração, que é o da existência de um direito líquido e certo. A solução para tal haveria de ser encontrada na criação, por lei ordinária, de ação dotada de procedimento sumário e cabimento circunscrito a determinadas hipóteses.[45]

Um estudo comparativo entre o *juicio de amparo* mexicano e o mandado de segurança brasileiro poria em destaque, certamente, outros pontos de discrepância.[46] O maior deles já foi por nós indicado: é o que resulta da circunstância de o *juicio de amparo* possuir objeto múltiplo,

---

45. Mostrando que o Direito Brasileiro está, hoje, sob esse aspecto, em situação de desvantagem em face das ações do mesmo gênero existentes nos países hispano-americanos e preconizando, por isso, a criação de ação própria, sujeita a procedimento sumário, que sirva de instrumento de tutela a algumas hipóteses em que graves violações de direitos fundamentais podem ser cometidas por empresas particulares, escrevemos, há tempos, trabalho sobre o assunto, sob o título "Ação especial para tutela de direitos fundamentais em face de particulares", publicado na *RTDP* 20/125-132, São Paulo, Malheiros Editores, 1997.

46. Sobre esse aspecto não se pode deixar de mencionar o trabalho do professor Alfredo Buzaid, "*Juicio de amparo* e mandado de segurança: contrastes e confrontos", *Revista de Direito Processual Civil* 5/30 e ss., São Paulo, Saraiva.

enquanto o mandado de segurança apresenta como traço característico a especificidade de objeto. Aliás, trata-se, no caso, de mais que um ponto de discrepância, de um verdadeiro fosso que se abre entre os dois institutos, situando-os em margens distintas. Não será exagero dizer-se, na linha dessa imagem topográfica, que os amparos dos países hispano-americanos e as ações análogas do Chile e da Colômbia localizam-se, hoje, na margem ocupada pelo mandado de segurança, guardando, por isso, mais afinidades com esse que com o modelo original, do *juicio de amparo*.

Os pontos de aproximação entre o instituto mexicano e a ação brasileira são, todavia, bastante significativos, notadamente quando se considera o *amparo administrativo*, que, como bem acentuou Fix-Zamudio, "es el que tiene una conexión más estrecha y un parentesco más íntimo con el mandato de seguridad brasileño".[47] Ambos os institutos juntam-se nas raízes históricas que lhes são comuns. Cresceram, é certo, em terrenos distintos, ao influxo de exigências peculiares ao direito de suas respectivas Nações. E, embora animados pelo mesmo espírito, que lhes dá vida, ostentam concepções diversas em sua estrutura e em seu procedimento. Por isso, cada um deles permite que se orgulhe de sua própria história. Calamandrei, ao visitar o México, em fevereiro/1952, ali proferindo uma série de conferências, depois enfeixadas em livro sob o título *Proceso y Democracia*, referiu-se ao amparo dizendo que dele "están orgullosos con justicia los jueces mexicanos".[48] Alcalá-Zamora, em exposição feita na cidade de São Paulo em setembro/1962, aludiu ao mandado de segurança como "un tema ciento por ciento brasileño, acaso, entre los de índole jurídica, el más brasileño de todos".[49]

São esses, sem dúvida, dois institutos do direito processual constitucional que expressam os sentimentos de dois povos sempre ciosos da proteção jurídica conferida aos direitos fundamentais do homem. Daí a riqueza que ostentam. Daí a variedade de aspectos que, na prática processual, estão, permanentemente, a revelar. A eles correspondem dois antigos instrumentos processuais, sempre em evolução na doutrina e na jurisprudência de seus países. Como se seguissem o exemplo do sol, a que se referia Machado de Assis, que, sendo velho, torna-se novo ao nascer a cada manhã...

---

47. Héctor Fix-Zamudio, *Mandato de Seguridad y Juicio de Amparo*, cit., nota 14, pp. 325-326.

48. Piero Calamandrei, *Proceso y Democracia*, trad. de Héctor Fix-Zamudio, Buenos Aires, Ediciones Jurídicas Europa-América/EJEA, 1960, p. 23.

49. Niceto Alcalá Zamora y Castillo, "El mandato de seguridad brasileño, visto por un extranjero", cit., in *Estudios de Teoría General e Historia del Proceso*, t. II, pp. 637-638.

Princípios Processuais
e Princípios de Direito Administrativo
no Quadro das Garantias Constitucionais

ADA PELLEGRINI GRINOVER

Professora de Direito Processual – Membro da *Asociación Internacional*
e do *Instituto Iberoamericano de Derecho Procesal*

1. Objeto e limites do estudo. 2. A Administração e o devido processo legal. 3. Contraditório e direito à prova. 4. Da preclusão administrativa. 5. Limites cronológicos da preclusão administrativa. 6. Continuação: fatos novos a ensejar reabertura de investigação no âmbito administrativo. 7. Princípios aplicáveis à Administração: imparcialidade e impessoalidade. 8. Continuação: os princípios da segurança jurídica, da boa-fé e da confiança legítima no direito administrativo. 9. Conclusão: o entrelaçamento dos princípios processuais e de direito administrativo.

1. Objeto e limites do estudo

O sistema jurisdicional brasileiro é uno, inexistindo o contencioso administrativo. Toda a função jurisdicional é atribuída ao Poder Judiciário. No entanto, existem no Brasil tribunais administrativos, despidos de função jurisdicional, para solucionar litígios entre o cidadão e a Administração, em diversos assuntos: para aplicar sanções aos funcionários (processo administrativo punitivo) ou em matérias como a tributária, a ambiental, a relativa ao trânsito, etc. Alguns desses tribunais administrativos, sem função jurisdicional, decidem litígios entre empresas, como no campo econômico, para a defesa da concorrência; ou entre cidadãos e empresas públicas, em relação, por exemplo, à concessão de serviços públicos, por meio das agências reguladoras.

Todas as decisões administrativas proferidas pelos referidos tribunais podem ser submetidas ao controle do Poder Judiciário, sob o aspecto da legalidade – entendida esta em sentido amplo, compreensivo, por exemplo, da motivação e do desvio de poder e de finalidade – e, excepcionalmente, até do mérito do ato administrativo.

O presente estudo analisa a atuação da Administração nos processos administrativos não jurisdicionais, sendo a expressão "processo administrativo" sempre utilizada, no texto, no sentido de processo (porque banhado pelo contraditório) não jurisdicional.

2. A Administração e o devido processo legal

A análise histórica das garantias do *devido processo legal* demonstra que elas nasceram e foram cunhadas para o processo penal, onde se fazia sentir com mais urgência a preocupação com os direitos do acusado. Mas, a partir do art. 39 da Magna Carta de 1215, um longo caminho evolutivo levou, primeiro, ao reconhecimento da aplicabilidade das garantias ao processo civil[1] e, posteriormente, ao processo administrativo punitivo.[2] Este último passo foi dado graças à generosa tendência rumo à denominada "jurisdicionalização do processo administrativo", expressão relevante do aperfeiçoamento do Estado de Direito, correspondendo ao princípio da legalidade a que está submetida a Administração Pública e aos princípios do contraditório e da ampla defesa, que devem preceder toda e qualquer imposição de pena.[3]

A essa evolução não ficou alheio o Brasil. As garantias expressas pelas Constituições para o processo penal foram sendo estendidas ao processo civil até a consagração da aplicabilidade, a este, da cláusula

---

1. Sobre a evolução da cláusula do *due process of law* nos Estados Unidos, do processo penal ao processo civil, v. Ada Pellegrini Grinover, *As Garantias Constitucionais do Direito de Ação*, São Paulo, Ed. RT, 1973, pp. 39-42.

2. Sobre a evolução da cláusula, do processo jurisdicional ao processo administrativo, no Direito Comparado, v. Sérgio de Andréa Ferreira, "A garantia da ampla defesa no direito administrativo processual disciplinar", *RDP* 19/60-61, São Paulo, Ed. RT, 1972.

3. Idem, p. 62.

do "devido processo legal", na interpretação do princípio da proteção judiciária, solenemente explicitado pela Constituição de 1946 (art. 141, § 4º) e mantido pelas Cartas de 1967 e 1969.[4] E, sobretudo a partir de 1946, a recepção de princípios e regras do processo jurisdicional pelo processo administrativo punitivo levou ao reconhecimento, neste, do direito de defesa, pela interpretação dada ao § 15 do art. 141, argumentando-se, ainda, com a isonomia: em qualquer processo em que haja acusado deve haver ampla defesa.[5] A jurisprudência não se afastou desse entendimento.[6]

O coroamento desse caminho evolutivo ocorreu, entre nós, com a CF de 1988, que, no art. 5º, incluiu entre os direitos e garantias individuais: "LIV – ninguém será privado da sua liberdade ou de seus bens sem o devido processo legal; LV – aos litigantes, em processo judicial ou administrativo, e aos acusados em geral são assegurados o contraditório e ampla defesa, com os meios e recursos a ela inerentes".

Assim, as garantias constitucionais do processo desdobram-se hoje em três planos: (a) no plano jurisdicional, em que elas passam a ser expressamente reconhecidas, diretamente como tais, para o processo penal e para o não-penal; (b) no plano das acusações em geral, em que a garantia explicitamente abrange todas as pessoas objeto de acusação; (c) no processo administrativo, sempre que haja litigantes. E por "litigantes" devem ser entendidos os titulares de interesses em conflito. É o que já vinha afirmando em estudos anteriores.[7]

É esta a grande inovação da Constituição de 1988. Com efeito, as garantias que eram extraídas pela doutrina e pela jurisprudência dos textos anteriores, para os acusados em processo administrativo, foram explicitadas pela Lei Maior, que também inovou ao assegurá-las ao processo administrativo em que haja "litigantes". E isso não é casual nem aleatório, mas obedece à profunda transformação que a Constituição operou no tocante à função da Administração Pública.

4. Cf. Pontes de Miranda, *Comentários à Constituição de 1967*, vol. V, pp. 222-223.

5. Cf. Ada Pellegrini Grinover, *As Garantias Constitucionais do Direito de Ação*, cit., pp. 133-137 e 153-158.

6. Cf. Sérgio de Andréa Ferreira, "A garantia da ampla defesa no direito administrativo processual disciplinar", cit., *RDP* 19/63.

7. Cf. Ada Pellegrini Grinover, "Garantias do contraditório e da ampla defesa", *Jornal do Advogado* 175/9, São Paulo, OAB, novembro/1990; e "Do direito de defesa em inquérito administrativo", in *O Processo em Evolução*, Rio de Janeiro, Forense Universitária, 1996, pp. 81-82.

Acolhendo as tendências contemporâneas do direito administrativo, tanto em sua finalidade de limitação ao poder e garantia dos direitos individuais perante o Poder como na assimilação da nova realidade do relacionamento Estado/sociedade e de abertura para o cenário sociopolítico-econômico em que se situa, a Constituição de 1988 trata de parte considerável da atividade administrativa, no pressuposto de que o caráter democrático do Estado deve influir na configuração da Administração, pois os princípios da democracia não podem se limitar a reger as funções legislativa e jurisdicional, mas devem também informar a função administrativa.[8]

Nessa linha, dá-se grande ênfase, no direito administrativo contemporâneo, à nova concepção da processualidade no âmbito da função administrativa, seja para transpor para a atuação administrativa os princípios do "devido processo legal", seja para fixar imposições mínimas quanto ao modo de atuar da Administração.[9]

Como bem acentua Odete Medauar, entre administrativistas e processualistas registra-se tendência à aceitação de uma processualidade que vai além daquela vinculada à função jurisdicional, admitida, assim, a processualidade no âmbito da Administração. É que os escopos de garantia, de legitimação e controle do poder, de correto desempenho da função, de justiça e de democratização estão presentes tanto no processo jurisdicional quanto no administrativo, pois num e noutro regula-se o exercício do poder estatal.[10]

3. Contraditório e direito à prova

As garantias da defesa e do contraditório estão à base da regularidade do processo e da justiça das decisões. Como disse Antônio Magalhães Gomes Filho: "É justamente o antagonismo entre as falas dos interessados no provimento final (*contra dicere*) que garante a imparcialidade do juiz, característica inseparável do exercício da jurisdição;

---

8. V., entre os administrativistas mais sensíveis a essa nova tendência do direito administrativo: Humberto Allegretti, "Pubblica Amministrazione e ordinamento democratico", *Il Foro Italiano*, 1984, pp. 3-4; Sebástian Martin e Retortielo Baquer, *Administración y Constitución*, Madri, Leal, 1981, p. 23.

9. V. especialmente Feliciano Benvenuti, "Funzione amministrativa, procedimento, processo", *Rivista Trimmestrale di Diritto Pubblico* I/118-145, 1952; entre nós, Odete Medauar, *A Processualidade no Direito Administrativo*, São Paulo, Ed. RT, 1993.

10. Odete Medauar, *A Processualidade no Direito Administrativo*, cit., pp. 61 e ss.

daí a universal inclusão do contraditório entre as garantias fundamentais do processo justo, chegando-se mesmo a afirmar que se trata de uma espécie de *direito natural*. Trata-se, portanto, de *garantia fundamental de imparcialidade, legitimidade e correção da prestação jurisdicional*; sem que o diálogo entre as partes anteceda ao pronunciamento estatal, a decisão corre o risco de ser unilateral, ilegítima e injusta; poderá ser um ato de autoridade, jamais de verdadeira justiça".

Dessa forma, observou aludido processualista: "Exigência prévia para o exercício do complexo de atividades processuais próprio das partes é a *ciência efetiva a respeito de tudo o que se passa no processo*"[11] (grifos nossos).

Nesse contexto é que se insere o *direito à prova* – que, à evidência, nada mais é que uma resultante do contraditório. A esse propósito, já tive a oportunidade de escrever: "Não pode ficar imune a tais garantias o *direito à prova*, que nada mais é que uma resultante do contraditório: *o direito de contradizer provando*. E, assim como o contraditório representa o momento da verificação concreta e da síntese dos valores expressos pelo sistema de garantias constitucionais, *o modelo processual informado nos princípios inspiradores da Constituição não pode abrir mão de um procedimento probatório que se desenvolva no pleno respeito do contraditório*"[12] (grifos nossos).

Na relação entre *contraditório* e *prova*, aquele emerge como verdadeira *condição de eficácia* desta. Conforme já tive a oportunidade de assinalar, tanto será viciada a prova colhida sem a presença do juiz quanto aquela colhida sem a presença das partes. Daí, inclusive, se poder afirmar que, ao menos em princípio, não têm eficácia probatória os elementos informativos se a respectiva colheita não contar com a possibilidade real e efetiva de participação dos interessados, em relação aos quais se pretende editar provimento de caráter vinculante que possa atingir a esfera jurídica de terceiros.[13] Tomo a liberdade de voltar a invocar minha anterior manifestação: "E é importante salientar que o princípio da ineficácia das provas que não sejam colhidas em contraditório não significa apenas que a parte possa defender-se em relação às

11. Cf. Antônio Magalhães Gomes Filho, *Direito à Prova no Processo Penal*, São Paulo, Ed. RT, 1997, pp. 169-170.
12. Cf. Ada Pellegrini Grinover, *O Processo em Evolução*, cit., p. 54.
13. Nesse sentido meu trabalho "O conteúdo da garantia do contraditório", in *Novas Tendências do Direito Processual*, Rio de Janeiro, Forense Universitária, 1990, especialmente ns. 3.1 e 3.2, pp. 22-25.

provas contra ela apresentadas: exige-se, isso, sim, que *seja posta em condições de participar, assistindo à produção das mesmas enquanto ela se desenvolve*"[14] (grifos nossos).

Nessa mesma linha, já tive oportunidade de destacar a relevância do contraditório, "entendido como participação das partes no momento da produção das provas. Trata-se, agora, das atividades dirigidas à constituição do material probatório que vai ser utilizado pelo órgão jurisdicional na formação de seu convencimento". Lembramos, então, que a relevância de tais atividades tem sido posta em destaque pela doutrina universal, de que é ilustração o pensamento de Franco Cordero, segundo quem "il contraddittorio (seriamente inteso come partecipazione dei contendenti alla formazione delle prove) è condizione di ogni atto di formazione della prova" porque "*non sono prove quelle formate fuori del contraddittorio*" (grifos nossos). Ou, ainda, a lição de Luigi Paolo Comoglio, para quem: "L'accertamento e la valutazione dei fatti dedotti in giudizio a fondamento di una pretesa *devono scaturire dal contraddittorio dinanzi all'organo giudicante*"[15] (grifos nossos).

Ainda afirmei que "a exigência do contraditório, na formação e produção das provas, vem desdobrada, na experiência jurisprudencial e na lição doutrinária de diferentes países, em diversos aspectos, assim resumidos por Giuseppe Tarzia: (a) a proibição de utilização de fatos que não tenham sido previamente introduzidos pelo juiz no processo e submetidos a debate pelas partes; (b) a proibição de utilizar provas formadas fora do processo ou de qualquer modo colhidas na ausência das partes; (c) a obrigação do juiz, que disponha de poderes de ofício para a admissão de um meio de prova, de permitir às partes, antes da sua produção, apresentar os meios de prova que pareçam necessários em relação aos primeiros; (d) a obrigação de permitir a participação dos interessados na produção das provas".[16] E mais:

"*Também nesse ponto é expresso o Código de Processo Civil alemão ao estatuir, nos §§ 357 e 397, que às partes assiste o direito de participar da produção da prova.* A esse fundamental princípio, doutrina e jurisprudência alemãs dão o nome de *Parteioffentlichkeit*, reconhecendo-o como uma das garantias fundamentais do processo

---

14. Idem, p. 24.
15. Idem, p. 25.
16. V. nosso *Novas Tendências do Direito Processual*, cit., pp. 21-22, com indicação das fontes doutrinárias citadas.

em geral e extraindo de sua inobservância a proibição de utilização das provas produzidas.

"(...).

"Foi salientado, aliás, que a garantia não significa apenas que a parte possa defender-se contra as provas apresentadas contra si, *exigindo-se, ainda, que seja colocada em condições de participar, assistindo às que forem colhidas de ofício pelo juiz*. É que tudo que for utilizado sem prévia intervenção e participação das partes acaba sendo reduzido a conhecimento privado do juiz. Expresso, nesse sentido, Trocker (...), com referências às copiosas doutrina e jurisprudência alemã e italiana"[17] (grifos nossos).

Na doutrina sul-americana, Hernando Devis Echandía destacou que "la parte contra quien se opone una prueba debe gozar de oportunidad procesal para conocerla y discutirla, incluyendo en esto el ejercicio de su derecho de contraprobar, es decir, que debe llevarse a la causa con conocimiento y audiencia de todas las partes; se relaciona con los principios de la unidad y la comunidad de la prueba, ya que, si las partes pueden utilizar a su favor los medios suministrados por el adversario, es apenas natural que gocen de oportunidad para intervenir en su práctica, y con el de la lealtad en la prueba, pues ésta no puede existir sin la oportunidad de contradecirla".[18]

Ainda nas palavras desse prestigioso processualista: "Este principio rechaza la prueba secreta practicada a espaldas de las partes o de una de ellas y el conocimiento privado del juez sobre hechos que no constan en el proceso ni gozan de notoriedad general, e implica el deber de colaboración de las partes con el juez en la etapa investigativa del proceso. Es tan importante, que debe negársele valor a la prueba practicada con su desconocimiento, como sería la que no fue previamente decretada en el procedimiento escrito, e inclusive el dictamen de peritos oportunamente ordenado, o al menos simultáneamente en el oral, pero que no fue puesto en conocimiento de las partes para que éstas ejercitaran su derecho de solicitar aclaraciones o ampliaciones. Los autores exigen generalmente la contradicción de la prueba como requisito esencial para su validez y autoridad".[19]

---

17. Cf. Ada Pellegrini Grinover, *O Processo em Evolução*, cit., p. 24.
18. Hernando Devis Echandía, *Teoría General de la Prueba Judicial*, 6ª ed., t. I, Buenos Aires, Zavalia, 1988, p. 123.
19. Idem, ibidem.

Echandía também ressaltou a importância do princípio da *publicidade da prova*. Segundo asseverou, ele é "consecuencia de su u*nidad y comunidad, de la lealtad, la contradicción y la igualdad de oportunidades que respecto a ella se exigen*. Significa que debe *permitirse a las partes conocerlas, intervenir en su práctica, objetarlas si es el caso, discutirlas y luego analizarlas para poner de presente ante el juez el valor que tienen, en alegaciones oportunas*; pero también significa que el examen y las conclusiones del juez sobre la prueba deben ser conocidos de las partes y estar al alcance de cualquier persona que se interese en ello, cumpliendo así la función social que les corresponde y adquiriendo el 'carácter social' de que habla Frammarino dei Malatesta"[20] (grifos nossos).

Entre nós, esse último aspecto foi bem examinado por Antônio Carlos de Araújo Cintra, para quem: "O princípio da publicidade tende a garantir a tranqüilidade das partes, *afastando as dúvidas e desconfianças que geralmente cercam as atividades secretas, se não furtivas, propiciadoras de ilegalidade e quebra da honestidade ou do decoro*. De outro lado, a publicidade enseja o controle social do desempenho, pelos juízes, de suas atribuições. Nessa perspectiva é de recordar a lição de Hélio Tornaghi no sentido de que 'o contraste da atividade judicial pela opinião pública é uma garantia: para o jurisdicionado, contra a prepotência e o arbítrio; para o juiz, contra a suspeita e a maledicência'. Ou seja, *o sistema da publicidade dos atos processuais situa-se entre as maiores garantias de independência, imparcialidade, autoridade e responsabilidade do juiz*"[21] (grifos nossos).

Ainda na doutrina nacional, Antônio Magalhães Gomes Filho bem observou que: "Se num primeiro momento o respeito ao contraditório, como expressão dos direitos de ação e de defesa, impõe o reconhecimento a cada uma das partes de um *direito à introdução da prova*, e também, inversamente, à parte contrária, de um *direito de exclusão*, no sentido de só ver admitidas as provas lícitas, pertinentes e relevantes, *essa mesma garantia do contraditório deve ser observada quanto aos modos de admissão, introdução e valoração das provas no processo*"[22] (grifos nossos).

20. Idem, pp. 124-125.
21. Antônio Carlos de Araújo Cintra, *Comentários ao Código de Processo Civil* (arts. 332-475), vol. IV, Rio de Janeiro, Forense, 2000, p. 244.
22. Antônio Magalhães Gomes Filho, *Direito à Prova no Processo Penal*, cit., pp. 169-170.

A *introdução* contraditória da prova "significa que, admitida uma prova por decisão judicial, a participação dos interessados nos procedimentos de sua produção deve ser ativa e efetiva. Assim, se se tratar de provas pré-constituídas, suficiente será a possibilidade de manifestação sobre a legalidade ou idoneidade do material probatório introduzido; mas, *no caso de provas que se formam no próprio procedimento, as partes devem ter oportunidade de acesso a todos os atos de sua elaboração, formulando questões às testemunhas ou peritos, obtendo e contestando informações e, ainda, podendo oferecer a contraprova*"[23] (grifos nossos).

Além disso – prosseguiu Magalhães –, "manifesta-se também o contraditório no momento da *valoração* das provas, envolvendo não somente o seu momento argumentativo anterior, com a oportunidade que devem ter as partes de criticar os resultados dos procedimentos probatórios – seja nas alegações finais, seja posteriormente, sempre que novas provas venham aos autos –, mas principalmente a efetiva apreciação, pelo juiz, das provas introduzidas em observância ao *direito à prova* e, em contrapartida, *a não consideração, para fins de decisão, das provas inadmissíveis ou daquelas introduzidas sem respeito ao contraditório*"[24] (grifos nossos).

De forma correta e abrangente, referido processualista também observou que "casos há em que a violação do contraditório representa somente um aspecto do *quomodo* da prova, ou seja, trata-se de irregularidade relacionada apenas à forma com que se realizaram os atos procedimentais probatórios; e*m outras situações, ao contrário, o desrespeito à contraditoriedade atinge a própria essência da prova considerada na decisão; aqui não se tem uma prova simplesmente irregular, mas, na verdade, uma não-prova, ato sem a mínima aptidão para fundar o raciocínio judicial*".

E mais:

"Se se tratar de uma infringência ao contraditório que atinge a própria natureza do ato tido como probatório, sua própria *existência*, a solução deve ser a mesma reservada para as provas *inadmissíveis*, que *jamais podem ser utilizadas pela sentença*.

"Pense-se, como exemplo dessa categoria, na utilização de dados colhidos no inquérito policial, que não podem fundar o convencimento

---

23. Idem, ibidem.
24. Idem, pp. 147-148.

judicial porque não obtidos sob o contraditório; ou, ainda, naquela situação, já mencionada, em que o Ministério Público pretende juntar aos autos, como prova, *testemunho colhido irregularmente, em seu gabinete; aqui a impossibilidade de consideração da prova é absoluta, uma vez que uma renovação do ato, com observância do contraditório, é simplesmente inviável*"[25] (grifos nossos).

Tudo isso, como dito, afigura-se válido tanto para o processo no âmbito jurisdicional quanto na seara administrativa. Na lição de Celso Antônio Bandeira de Mello, vigora perante a Administração o chamado princípio "da ampla instrução probatória, o qual significa, como muitas vezes observam os autores, *não apenas o direito de oferecer e produzir provas, mas também o de, muitas vezes, fiscalizar a produção de provas da Administração, isto é, o de estar presente, se necessário, a fim de verificar se efetivamente se efetuaram com correção ou adequação técnica devidas*"[26] (grifos nossos).

Odete Medauar observou que no âmbito administrativo vigora o direito à "informação geral", isto é, "direito de obter conhecimento adequado dos fatos que estão na base da formação do processo, e de todos os demais fatos, dados, documentos e provas que vierem à luz no curso do processo. Daí resultam as *exigências impostas à Administração no tocante à comunicação aos sujeitos de elementos do processo em todos os seus momentos*. Como é evidente, *a comunicação deve abranger todos os integrantes da relação processual administrativa. Vincula-se, igualmente, à informação ampla o direito de acesso a documentos que a Administração detém ou a documentos juntados por sujeitos contrapostos*. E a vedação ao uso de elementos que não constam do expediente formal, porque deles não tiveram ciência prévia os sujeitos, tornando-se impossível eventual reação a tais elementos"[27] (grifos nossos).

Segundo referida jurista: "Sob o ângulo técnico, evidencia-se a finalidade instrutória, de busca da verdade, de conhecimento mais preciso dos fatos, de coleta de informações para a decisão correta. O confronto entre a autoridade administrativa e as partes envolvidas no processo contribui para fornecer ao órgão chamado a decidir um panorama completo da situação de fato, de direito e dos interesses

---

25. Idem, pp. 169-170.
26. Celso Antônio Bandeira de Mello, *Curso de Direito Administrativo*, 26ª ed., São Paulo, Malheiros, 2009, p. 496.
27. Odete Medauar, *A Processualidade no Direito Administrativo*, cit., p. 104.

envolvidos, de modo que a decisão poderá ser mais ponderada e mais aderente à realidade".

Assim, prossegue: "No perfil colaborativo, sobressai o objetivo de propiciar a impessoalidade, pela igual oportunidade, dada aos sujeitos entre si e a sujeitos ante a Administração, de apresentar alegações, provas, pontos de vista, etc. Expostos, às claras, todos os elementos de uma situação, torna-se mais fácil a tomada de decisões objetivas, sem conotações pessoais; caso estas predominem, o cotejo dos dados expostos permitirá que sejam detectadas com mais nitidez".

E mais: "Com isso se amplia a transparência administrativa. *O contraditório não pode realizar-se em regime de 'despotismo administrativo' que pressupõe e impõe o segredo de ofício.* Daí estar o contraditório vinculado à exigência de democracia administrativa, sob o ângulo da *visibilidade dos momentos que antecederam a decisão*"[28] (grifos nossos).

Nessa mesma linha, já tive oportunidade de realçar que "o caráter processual da formação do ato administrativo *contrapõe-se a operações internas e secretas, à concepção dos **arcana imperii** dominantes nos governos absolutos e lembrados por Bobbio ao discorrer sobre a publicidade e o poder invisível, considerando essencial à democracia um grau elevado de visibilidade do poder*" (grifos nossos). E, para a enumeração dos preceitos que formam o mínimo denominador comum da ação administrativa, entre as linhas fundamentais dos procedimentos administrativos foram explicitamente apontados os seguintes: (a) a publicidade dos procedimentos; (b) o direito de acesso aos autos administrativos; (c) a condenação do silêncio, com sanções aos responsáveis; (d) a obrigação de motivar; (e) a obrigatoriedade de contraditório, e defesa na formação de atos pontuais restritivos de direitos e de atos compositores de conflitos de interesses.[29] E disse mais:

"Uma vez constatado o emprego, na motivação da sentença, desses elementos de convicção claramente espúrios, cabe indagar, finalmente, qual a conseqüência processual que se pode extrair desse fato.

"Desde logo é necessário *excluir a possibilidade de entender-se que a decisão poderia subsistir, mesmo sem os referidos elementos, pois está igualmente assentada em provas colhidas sob o contraditório.*

"Assim, a solução para o caso seria, em primeiro lugar, a *invalidação* da sentença, para que outra possa ser proferida, com base ex-

---

28. Idem, p. 103.
29. Ada Pellegrini Grinover, *O Processo em Evolução*, cit., pp. 81-84.

clusivamente nas provas colhidas sob a garantia do contraditório. Ou, então, *constatando o próprio tribunal, de pronto, a precariedade da prova validamente obtida, melhor ainda seria a absolvição*"[30] (grifos nossos).

4. Da preclusão administrativa

Conquanto se saiba que a coisa julgada – manifestação mais aguda do fenômeno da preclusão – não é atributo da atividade administrativa, é certo que algum grau de estabilidade também deve ser alcançado por suas decisões. Seria inegável fator de insegurança – e verdadeiro desprestígio ao processo administrativo – pudessem as partes submeter a mesma questão, indefinidamente, à apreciação do administrador, sempre com novas alegações relativas aos mesmos velhos fatos.

Como ensinou Cândido Rangel Dinamarco, *a imunização das decisões* é essencial à mecânica do poder: "(...) assegurada a participação na gestação do ato, quando este se realiza e com isso é exercida a capacidade de decidir, tem-se 'a afirmação de uma decisão, isto é, o recrudescimento de um sistema que toma a decisão de não consentir com a chegada de novas informações que possam levar a uma modificação da decisão'". Embora o grau mais elevado de recrudescimento – a coisa julgada – só se aplique aos provimentos judiciais definitivos, isso não significa que apenas essa categoria de decisão está sujeita a imunização: "Os provimentos gerados no processo administrativo podem ser revistos pela própria Administração (anulação, revogação), ou por via jurisdicional. Mas as decisões administrativas, que também constituem *provimentos, não deixam de ficar em alguma medida cobertas pela preclusão, ou **efeito preclusivo**, especialmente após superadas as possibilidades recursais e nos casos em que direitos hajam sido adquiridos*"[31] (grifos nossos).

Cuida-se, aqui, da chamada "preclusão administrativa" – para alguns chamada impropriamente de "coisa julgada administrativa"[32]

---

30. Ada Pellegrini Grinover, *A Marcha do Processo*, Rio de Janeiro, Forense Universitária, 2000, pp. 442-443.

31. Cândido Rangel Dinamarco, *A Instrumentalidade do Processo*, 13ª ed., São Paulo, Malheiros Editores, 2008, pp. 107 e 109-110.

32. Não se trata, evidentemente, quer pela sua natureza, quer pelos seus efeitos, de coisa julgada. Mas impõe, em grande medida, a irretratabilidade do provimento (cf. Amílcar de Araújo Falcão, *Introdução ao Direito Administrativo*, Rio de Janeiro, 1960, p. 60).

–, pela qual o ato administrativo, esgotados ou inexistentes os recursos contra ele, adquire estabilidade, e não mais pode ser modificado pela Administração. Nas palavras de Celso Antônio Bandeira de Mello: "*Preclusão* é a perda de uma oportunidade *processual* (logo, ocorrida depois de instaurada a relação processual), pelo decurso do tempo previsto para seu exercício, *acarretando a superação daquele estágio do processo (judicial ou administrativo)*"[33] (grifos nossos).

Embora não tenha autoridade de coisa julgada, a ocorrência da preclusão administrativa impede que a questão venha a ser ali rediscutida, conforme autorizada lição de Hely Lopes Meirelles: "Realmente, o que ocorre nas decisões administrativas finais é, apenas, preclusão administrativa, ou a *irretratabilidade* do ato perante a própria Administração. *É sua imodificabilidade na via administrativa, para estabilidade das relações entre as partes. [grifos nossos]* Por isso, não atinge nem afeta situações ou direitos de terceiros, mas *permanece imodificável perante a Administração e o administrado destinatário da decisão interna do Poder Público.* (...). Essa imodificabilidade não é efeito da *coisa julgada administrativa*, mas é conseqüência da *preclusão* das vias de impugnação interna (recursos administrativos) dos atos decisórios da própria Administração. Exauridos os meios de impugnação administrativa, torna-se irretratável, administrativamente, (...)".[34]

A jurisprudência vem reconhecendo a existência de uma "coisa julgada administrativa" (*rectius* = preclusão administrativa), "no sentido de exaurir as instâncias administrativas, não sendo mais suscetível de revisão naquele âmbito".[35]

Nem se diga que o princípio da revisão, pela Administração, de seus próprios atos, por conveniência e oportunidade, autorizaria a Administração a rever as decisões já cobertas pela preclusão, fora dos casos expressamente previstos. Não pode o órgão da Administração, após a preclusão administrativa, rever suas decisões. Isso vulneraria o próprio processo administrativo, que fixa um procedimento a ser rigorosamente observado, e desmoralizaria as decisões finais da própria Administração.

33. Celso Antônio Bandeira de Mello, *Curso de Direito Administrativo*, cit., 26ª ed., p. 1.039.
34. Hely Lopes Meirelles, *Direito Administrativo Brasileiro*, 35ª ed., São Paulo, Malheiros Editores, 2009, p. 688.
35. STJ, REsp 472.399-AL, rel. Min. José Delgado.

Trata-se do tema da estabilidade das decisões proferidas pelos tribunais administrativos, chegando parte da doutrina a fazer verdadeira analogia entre a imutabilidade decorrente do pronunciamento jurisdicional e o administrativo. Ao esposar essa visão, Kiyoshi Harada escreveu que: "A chamada coisa julgada administrativa *vincula a Fazenda Pública que proferiu a decisão*. Permitir que ela pleiteie sua revisão judicial seria *atentar contra o princípio da moralidade administrativa*, pois implicaria autodestruição do poder que ela exercitou validamente"[36] (grifos nossos).

Assim também Maria Teresa de Cárcomo Lobo, para quem: "À evidência, é defeso à Fazenda Pública ir a juízo pedir a anulação da decisão que, na esfera administrativa de julgamento, lhe foi contrária". E mais:

"A insuscetibilidade da revisão judicial decorre em linha reta da estrutura organizativa da Administração, da obrigação funcional que lhe incumbe de respeitar e executar as decisões definitivas tomadas no âmbito da esfera judicante.

"A decisão definitiva da Administração judicante, se não constitui coisa julgada material, dada a possibilidade da sua revisão judicial, garantia constitucional conferida ao contribuinte, configura, todavia, coisa julgada formal, no sentido da sua *imutabilidade para a Administração, dado o caráter vinculante da decisão administrativa*"[37] (grifos nossos).

Conforme acentuou Elody Nassar: "Embora não haja paralelismo entre sentença judicial e coisa julgada administrativa, entende-se que o ato definitivo da Administração *goza de uma imutabilidade que se expressa na autovinculação da Administração como conseqüência da obrigatoriedade do ato, bem como na noção de irrevogabilidade pela própria Administração, a fim de salvaguardar os interesses dos particulares destinatários do ato (proteção da confiança e da segurança)*".

Assim: "Quando inexiste, no âmbito da Administração, possibilidade de reforma da decisão prolatada pela autoridade administrativa, está-se diante da *coisa julgada administrativa*. Essa imodificabilidade é conseqüência da *preclusão* das vias de impugnação interna (recursos

---

36. Kyoshi Harada, "Processo administrativo tributário", in Ives Gandra da Silva Martins (coord.), *Processo Administrativo Tributário*, São Paulo, Ed. RT, Pesquisas Tributárias, Nova Série, n. 5, 1999, p. 374.

37. Maria Teresa de Cárcomo Lobo, in Ives Gandra da Silva Martins (coord.), *Processo Administrativo Tributário*, cit., p. 252.

administrativos)". Dessa forma, conclui-se que "*a coisa julgada administrativa opera a prescrição administrativa*"[38] (grifos nossos).

5. Limites cronológicos da preclusão administrativa

O exame do fenômeno da preclusão no campo administrativo, a partir do confronto com o que se verifica no âmbito jurisdicional, permite avançar para a análise dos limites da preclusão no tempo. Por outras palavras, há que se determinar até quando uma dada decisão permanece imutável e, assim, se, quando e por quais razões pode eventualmente ser revista e alterada.

No âmbito jurisdicional vigora a idéia – muito bem exposta no campo doutrinário por Sergio Menchini – de que "l'autorità del giudicato *impedisce il riesame o la deduzione di questioni anteriori ad esso, che tendono ad una nuova decisione della controversia già risolta com provvedimento definitivo*". Em princípio – lembra Menchini –, a autoridade do julgado "non é ostacolo alla allegazione di *nuovi e posteriori eventi*, i quali incidono sul modo di essere del diritto deciso", de tal maneira que, realmente, "ogni sucessiva modificazione concernente l'effetto giuridico accertato esula dai confini della cosa giudicata"[39] (grifos nossos).

A questão, portanto, consiste em determinar quais seriam, em tese, os eventos supervenientes capazes de produzir efeitos juridicamente relevantes sobre a relação jurídica objeto do julgamento. E – seguindo, ainda, a linha de pensamento do supramencionado processualista – tais eventos seriam, de um lado, os fatos novos e, de outro lado, a lei nova (a que se equipara, para fins de raciocínio, a declaração de inconstitucionalidade de lei em via direta e concentrada).

Sobre isso, Menchini observou que, "se molte situazioni giuridiche si presentano esaurite al momento della pronuncia del giudice, ve ne sono però alcune che continuano a vivere e ad avere un loro svolgimento anche dopo la sentenza", acentuando que "*il giudice pronuncia, in base ad una fattispecie attuale, su conseguenze giuridiche che sono destinate ad esplicarsi anche in futuro*". Certo – ressalvou Menchini – que "il

---

38. Elody Nassar, *Prescrição na Administração Pública*, São Paulo, Saraiva, 2004, pp. 51, 52 e 57.

39. Sergio Menchini, *Il Giudicato Civile*, Turim, Unione Tipografico-Editrice Torinese/UTET, 1988, p. 204.

giudicato protegge il contenuto della decisione; esso però non può impedire che in futuro, *variando il regime giuridico e l'assetto sostanziale del rapporto accertato*, si possa nuovamente pronunciare in ordine a esso, con effetti per il periodo posteriore alla precedente sentenza, in presenza della nuova normativa sostanziale"[40] (grifos nossos).

Antes dele, Carnellutti já observara que: "Il pressuposto della revisione è il mutamento della situazione, sulla quale si è svolto il giudizio; *qualora tale mutamento avvenga, cessa la cosa giudicata formale*; in altri termini, il divieto per il giudice di tornare a giudicare è limitato alla premanenza di tale situazione, onde vien fatto di pensare a una specie di clausola *rebus sic stantibus* stabilita dalla legge. Che la potestà di *rivedere* la decisione sia attribuita allo stesso giudice, che la ha pronunziato, o a un giudice diverso è un particolare di struttura del processo di revisione può consistere in un mutamento dello *stato di diritto* o dello *stato di fatto*"[41] (grifos nossos).

Entre nós, Moacyr Amaral Santos também assinalou que "a sentença traz implícita a cláusula *rebus sic stantibus*. Se, no desenvolvimento da relação no tempo, após a prolação da sentença, *verificar-se a mutação do estado de fato* ou de direito, a essa a sentença terá que se adaptar"[42] (grifos nossos).

De forma análoga, Cândido Rangel Dinamarco, partindo da lição de Liebman, afirmou que "a autoridade da coisa julgada material sujeita-se sempre à regra *rebus sic stantibus*, de modo que, *sobrevindo fato novo, 'o juiz, na nova decisão, não altera o julgado anterior, mas, exatamente para atender a ele, adapta-o ao estado de fato superveniente*'"[43] (grifos nossos).

O tema, como se pode perceber, entrelaça-se com o dos limites objetivos da coisa julgada. Como se sabe, a autoridade da coisa julgada recai apenas sobre o dispositivo da sentença, e não sobre a motivação. Mas, além disso, é sabido que a coisa julgada se sustenta sobre a chamada *eficácia preclusiva da coisa julgada*, pela qual a imutabilidade se estende a todas as questões decididas e, bem ainda, a toda matéria que

---

40. Idem, p. 222.
41. Francesco Canelutti, *Sistema di Diritto Processuale Civile*, Pádua, CEDAM, 1936, pp. 309-310.
42. *Cfr.* Amaral dos Santos, Moacyr, *Comentários ao código de processo civil*, artigos 332 a 475, Río de Janeiro, Forense, 1976, vol. IV, pp. 483 y 484.
43. Cf. Cândido Rangel Dinamarco, *Fundamentos do Processo Civil Moderno*, 5ª ed., vol. II, São Paulo, Malheiros Editores, 2002, p. 1.044.

poderia ser oposta tanto ao acolhimento quanto à rejeição do pedido (CPC, art. 474).

Fala-se, dessa forma, que a eficácia preclusiva da coisa julgada atinge o "deduzido" e o "dedutível". Conforme oportuna observação de José Carlos Barbosa Moreira, "para que a *quaestio facti* fique coberta pela eficácia preclusiva não é necessário, pois, que o fato seja conhecido pela parte". Mas ressalva que "*é necessário, contudo, que já tivesse acontecido*. A eficácia preclusiva não apanha os fatos *supervenientes*"[44] (grifos nossos). Assim – ensina Barbosa Moreira –, "importa precisar o termo final do período abrangido pela eficácia preclusiva, ou, em outras palavras, o momento até o qual há de ter sucedido o fato para que fique preclusa a respectiva argüição. À primeira vista, poderia supor-se que fosse o do próprio trânsito em julgado da sentença. Cumpre, porém, considerar que não se estende até esse momento a oportunidade concedida à parte para suscitar questões. Basta pensar nas restrições severas fixadas pelo ordenamento processual, aos menos entre nós, à dedução de matéria nova no procedimento recursal".

E acrescenta: "Se ocorridos os fatos em ocasião na qual já *não teria o interessado, ainda* **in abstracto**, *como alegá-los, não se sujeitam eles à eficácia preclusiva*. O plano divisório entre fatos preclusos e fatos não preclusos, quanto à época da respectiva ocorrência, corta o processo *no último instante em que, objetivamente, era lícita a arguição*"[45] (grifos nossos).

Ora, partindo-se da premissa, já demonstrada, de que também no âmbito administrativo é correto divisar-se o fenômeno da preclusão, as considerações acima tecidas a propósito do processo no âmbito jurisdicional têm substancial aplicação àquele outro âmbito. Assim, há que se entender que as decisões administrativas ficam sujeitas a uma *estabilização* ou *imunização* que atinge os fatos que lhes são anteriores, e somente fatos efetivamente novos é que justificam a desconsideração do que antes se decidiu. Se é certo que a preclusão – também a administrativa – não apanha fatos supervenientes, é igualmente correto que os fatos pretéritos ficam incluídos nos limites objetivos da imutabilidade da decisão.

---

44. José Carlos Barbosa Moreira, "A eficácia preclusiva da coisa julgada no sistema processual civil brasileiro", in *Temas de Direito Processual Civil*, São Paulo, Saraiva, 1988, p. 107.

45. Idem, ibidem.

Muito embora os escopos das atividades jurisdicional e administrativa sejam sabidamente diversos, também se sabe que ambas têm em comum a atuação da lei por dado agente do Estado. Portanto, esse ponto de identidade entre as duas formas de atuação estatal não apenas permite dizer – como já demonstrado à saciedade – que existe preclusão perante e para a Administração, como, ainda, dizer que a preclusão administrativa, no essencial, deve se pautar pelos mesmos cânones que regem o fenômeno na seara jurisdicional.

6. Continuação: fatos novos a ensejar reabertura de investigação no âmbito administrativo

Ligado, no plano da técnica processual, aos temas da preclusão administrativa e dos princípios nos quais esse fenômeno está inserido (segurança jurídica, boa-fé e confiança legítima) está o do encerramento de dada investigação acerca de fatos juridicamente relevantes e da posterior reabertura de tais atividades em função da superveniência de novos elementos de fato.

No âmbito do inquérito policial é conhecida a regra do art. 18 do CPP, segundo a qual: "Depois de ordenado o arquivamento do inquérito pela autoridade judiciária, por falta de base para a denúncia, a autoridade policial poderá proceder a novas pesquisas, *se de outras provas tiver notícia*"; a propósito da qual se consolidou a jurisprudência do STF nos termos da Súmula 524: "Arquivado o inquérito policial, por despacho do juiz, a requerimento do promotor de justiça, não pode a ação penal ser iniciada sem *novas provas*" (grifos nossos).

No âmbito doutrinário há mesmo quem sustente que a decisão de arquivamento não seria mero ato administrativo pois, se assim fosse – asseverou Jacinto Nelson de Miranda Coutinho –, "não haveria razão para o legislador impor obstáculos ao desarquivamento do inquérito policial, como o fez, exigindo novas provas, o que acabou se refletindo na Súmula 524". Daí por que, segundo tal entendimento, extrair-se-ia da regra do Código de Processo Penal que "a decisão adquire uma estabilidade provisória, isto é, mantém-se imutável até que apareçam novas e melhores provas. É, assim, uma decisão gravada com efeitos análogos aos da cláusula *rebus sic stantibus*, da qual, nessas condições, é lícito dizer que faz *res judicata*".[46]

---

46. Jacinto Nelson de Miranda Coutinho, "A natureza cautelar da decisão de arquivamento do inquérito policial", *RePro* 70/53-55, São Paulo, Ed. RT

Sem a necessidade de discutir a natureza jurídica da decisão de arquivamento, convém, contudo, determinar *o quê* justifica a reabertura das investigações. E, a propósito, a doutrina é firme no sentido de que tal providência somente se justifica diante de elementos substancialmente novos. A propósito, Vicente Greco Filho observou que "novas provas referem-se a *elementos novos pertinentes ao fato e à autoria, e não a circunstâncias acidentais internas ou externas, que não influenciem nesses elementos*"[47] (grifos nossos).

Da mesma forma, Guilherme de Souza Nucci escreveu que: "Para reavivar o inquérito policial, desarquivando-o, cremos ser necessário que as provas coletadas *sejam substancialmente novas* – aquelas realmente desconhecidas anteriormente por qualquer das autoridades –, sob pena de se configurar um constrangimento ilegal"[48] (grifos nossos). É lição referendada pelas palavras de Jacinto Nelson de Miranda Coutinho, ao lembrar que, "de acordo com o STF, constitui constrangimento ilegal o desarquivamento de inquérito policial, e conseqüente oferecimento de denúncia e seu recebimento, sem novas provas (*RTJ* 63/620, 47/53, 33/618, 32/35 e 40/111), que são *somente aquelas que produzem alteração no panorama probatório dentro do qual fora concebido e acolhido o arquivamento*, segundo o STF. A nova prova *há que ser substancialmente inovadora e não apenas formalmente nova* (*RTJ* 91/831 e *RTJ* 549/393)"[49] (grifos nossos).

Em abono de tudo quanto se disse, Rogério Lauria Tucci – tratando, embora, do oferecimento de denúncia no caso específico do Procurador-Geral da República, após a promoção do arquivamento dos autos de inquérito penal ou de peças de informação – assinalou que a reabertura da atividade de persecução "somente pode ocorrer quando após a determinação de acolhimento, obrigatória para o STF, fato ou fatos novos, consubstanciados em outras provas (na dicção da lei), tiverem lugar". Caso contrário – asseverou Tucci – "o oferecimento de proposição acusatória restará, como de fato resta, maculado por grave defeito, determinante de sua nulidade, não tendo, conseqüentemente, como vingar". E concluiu:

---

47. Vicente Greco Filho, *Manual de Processo Penal*, São Paulo, Saraiva, 1991, p. 89.
48. Guilherme de Souza Nucci, *Código de Processo Penal*, 2ª ed., São Paulo, Ed. RT, 2003, p. 93.
49. Jacinto Nelson de Miranda Coutinho, "A natureza cautelar da decisão de arquivamento do inquérito policial", cit., *RePro* 70/53-55.

"Além disso, manifesta a contradição (*contradictio in re ipsa*), decorrente de duas atuações absolutamente antagônicas, *a derradeira proposição ministerial tem a obstaculizá-la, de modo inexorável, a preclusão consumativa, dada a regular prática de ato funcional pelo promotor natural*.

"Com efeito, a primeira delas, consistente na promoção do arquivamento, *exauriu, de maneira peremptória, e si et in quantum, a conformação da opinio delicti*"[50] (grifos nossos).

Portanto, de forma rigorosamente coerente com todas as considerações anteriormente feitas, é lícito dizer que a desconsideração do ato de arquivamento de dada investigação – ainda que dele não se possa dizer ser apto à formação de "coisa julgada" – somente se justifica diante de elementos substancialmente novos. *A contrario sensu*, é vedado revitalizar a atividade de persecução a propósito de fatos pretéritos, já objeto da devida investigação e, mais que isso, da devida decisão por parte da Administração (de encerramento, por meio do arquivamento).

7. Princípios aplicáveis à Administração: imparcialidade e impessoalidade

Da Administração há que se exigir, se não imparcialidade, quando menos o atributo da *impessoalidade*, para que o resultado da atividade estatal não acabe resultando em desvio de poder e de finalidade.

Falando do tema, Celso Antônio Bandeira de Mello ensinou que nesse princípio "se traduz a idéia de que a Administração tem que tratar a todos os administrados sem discriminações, benéficas ou detrimentosas. Nem favoritismo nem perseguições são toleráveis. *Simpatias ou animosidades pessoais, políticas ou ideológicas não podem interferir na atuação administrativa e muito menos interesses sectários, de facções ou grupos de qualquer espécie*. O princípio em causa não é senão o próprio princípio da igualdade ou isonomia"[51] (grifos nossos).

Assim também Odete Medauar, para quem: "Impessoalidade, imparcialidade, objetividade, envolvem tanto a idéia de funcionários que atuam em nome do órgão, não para atender a objetivos pessoais,

---

50. Rogério Lauria Tucci, "Pedido de arquivamento de inquérito policial e preclusão consumativa", *RT* 803/516, São Paulo, Ed. RT.

51. Celso Antônio Bandeira de Mello, *Curso de Direito Administrativo*, cit., 26ª ed., p. 114.

como de igualdade dos administrados e atuação norteada por fins de interesse público. Trata-se de ângulos diversos do intuito essencial de *impedir que fatores pessoais, subjetivos, sejam os verdadeiros móveis e fins das decisões administrativas*. Com o princípio da impessoalidade, a Constituição *visa a obstaculizar atuações geradas por antipatias, simpatias, objetivos de vingança, represálias, 'trocos', nepotismo, favorecimentos diversos, muito comuns em concursos públicos, licitações, processos disciplinares, exercício do poder de polícia*. Busca, desse modo, fazer predominar o sentido de função, isto é, o caráter objetivo nas atuações dos agentes, pois, sob tal enfoque, os poderes atribuídos não se destinam a atender a interesses e móveis subjetivos e pessoais; finalizam-se ao interesse de toda a coletividade, portanto a resultados desconectados de razões pessoais"[52] (grifos nossos).

Ainda nas palavras de Celso Antônio Bandeira de Mello, "a Administração, ao atuar no exercício de discrição, terá de obedecer a critérios aceitáveis do ponto de vista racional, em sintonia com o senso normal de *pessoas equilibradas e respeitosas das finalidades que presidiram a outorga da competência exercida*. Vale dizer: pretende-se colocar em claro que não serão apenas inconvenientes, mas também ilegítimas – e, portanto, jurisdicionalmente invalidáveis –, as *condutas desarrazoadas, bizarras, incoerentes ou praticadas com desconsideração às situações e circunstâncias que seriam atendidas por quem tivesse atributos normais de prudência, sensatez e disposição de acatamento às finalidades da lei atributiva da discrição manejada*"[53] (grifos nossos).

8. Continuação: os princípios da segurança jurídica, da boa-fé e da confiança legítima no direito administrativo

Também se entrelaçam com o instituto da preclusão administrativa os princípios da segurança jurídica, da boa-fé e da confiança legítima.

Consoante lição de Celso Antônio Bandeira de Mello, o princípio da segurança jurídica "não pode ser radicado em qualquer dispositivo constitucional específico. É, porém, da essência do próprio Direito, notadamente de um Estado Democrático de Direito, de tal sorte que faz parte do sistema constitucional como um todo". Assim – prossegue

---

52. Odete Medauar, *A Processualidade no Direito Administrativo*, cit., pp. 89-90.
53. Celso Antônio Bandeira de Mello, *Curso de Direito Administrativo*, cit., 26ª ed., p. 108.

o autor –, "a ordem jurídica corresponde a um quadro normativo proposto precisamente para que as pessoas possam se orientar, sabendo, pois, de antemão o que devem ou o que podem fazer, tendo em vista as ulteriores conseqüências imputáveis a seus atos. *O Direito propõe-se a ensejar uma certa estabilidade, um mínimo de certeza na regência da vida social.* Daí o chamado princípio da 'segurança jurídica, o qual, bem por isto, se não o mais importante dentro todos os princípios gerais de Direito, é, indiscutivelmente, um dos mais importantes entre eles"[54] (grifos nossos).

Falando ainda do tema, Bandeira de Mello ressaltou que "um dos interesses fundamentais do Direito é a estabilidade das relações constituídas. *É a pacificação dos vínculos estabelecidos a fim de se preservar a ordem. Este objetivo importa muito mais no direito administrativo que no direito privado.* É que os atos administrativos têm repercussão mais ampla, alcançando inúmeros sujeitos, uns direta e outros indiretamente, como observou Seabra Fagundes".[55]

E mais: "A estabilidade – e é este o exemplo extremo – não tem outro significado, outro sentido, outra expressão lógica, senão proteger para o futuro os beneficiários dela. Afinal, estabilidade quer dizer permanência no tempo! *Se uma disposição concessiva de estabilidade não for compreendida como a outorga de garantia de permanência no tempo, não tem como ser compreendida*"[56] (grifos nossos).

De forma análoga, Maria Sylvia Zanella Di Pietro lembrou que: "O princípio da segurança jurídica, que não tem sido incluído nos livros de direito administrativo entre os princípios da Administração Pública, foi inserido entre os mesmos pelo art. 2º, *caput*, da Lei 9.784/1999". Tal princípio "se justifica pelo fato de ser comum, na esfera administrativa, haver mudança na interpretação de determinadas normais legais, com a conseqüente mudança de orientação, em caráter normativo, *afetando situações já reconhecidas e consolidadas na vigência de orientação anterior*. Essa possibilidade de mudança de orientação é inevitável, porém gera insegurança jurídica, pois os interessados nunca sabem quando a sua situação será passível de contestação pela própria Administração Pública. Daí a regra que veda a aplicação retroativa".

---

54. Idem, pp. 123 e 124.

55. Celso Antônio Bandeira de Mello, citado por Mauro Roberto Gomes de Mattos, "Princípio do fato consumado no direito administrativo", *RDA* 220/199-200, 2000.

56. Celso Antônio Bandeira de Mello, "Aplicação da lei no tempo em direito administrativo", *RDA* 134/18, 1978.

E destaca: "A segurança jurídica tem *muita relação com a idéia de respeito à boa-fé*. Se a Administração adotou determinada interpretação como a correta e a aplicou a casos concretos, não pode depois vir a anular atos anteriores, sob o pretexto de que os mesmos foram praticados com base em errônea interpretação. *Se o administrado teve reconhecido determinado direito com base em interpretação adotada em caráter uniforme para toda a Administração, é evidente que a sua boa-fé deve ser respeitada*. Se a lei deve respeitar o direito adquirido, o ato jurídico perfeito e a coisa julgada, por respeito ao princípio da segurança jurídica, *não é admissível que o administrado tenha seus direitos flutuando ao sabor de interpretações jurídicas variáveis no tempo*"[57] (grifos nossos).

Já Hely Lopes Meirelles ensinara que: "O *princípio da segurança jurídica* é considerado como uma das vigas-mestras da ordem jurídica, sendo, segundo J. J. Gomes Canotilho,[58] um dos subprincípios básicos do próprio conceito de Estado de Direito. Para Almiro do Couto Silva, um 'dos temais mais fascinantes do direito público neste século é o crescimento da importância do princípio da segurança jurídica, entendido como *princípio da boa-fé dos administrados ou da proteção da confiança*. A ele está visceralmente ligada a exigência de maior estabilidade das situações jurídicas, mesmo daquelas que na origem apresentam vícios de ilegalidade. A segurança jurídica é geralmente caracterizada como uma das vigas-mestras do Estado de Direito. É ela, ao lado da legalidade, um dos subprincípios integradores do próprio conceito de Estado de Direito'"[59] (grifos nossos).

Para Lúcia Valle Figueiredo o princípio da boa-fé guarda estreita simbiose com o da moralidade. Para ela: "O princípio da boa-fé encontra agasalhado expresso, isto é, está expressamente mencionado no texto constitucional em seu art. 231, § 6º, como também em diversas leis regedoras da atividade administrativa". "Na verdade, *[diz ela] a boa-fé é conatural, implícita ao princípio da moralidade administrativa*. Não poderá a Administração agir de má-fé e, ao mesmo tempo, estar a respeitar o princípio da moralidade. Deveras, não poderá a Adminis-

---

57. Maria Sylvia Zanella Di Pietro, *Direito Administrativo*, 15ª ed., São Paulo, Atlas, 2003, pp. 84-85.

58. Cf. J. J. Gomes Canotilho, *Direito Constitucional*, Coimbra, Livraria Almedina, 1991, p. 384.

59. Hely Lopes Meirelles, *Direito Administrativo Brasileiro*, cit., 35ª ed., pp. 99-100.

tração desrespeitar a boa-fé do administrado, não lhe dar importância, ignorá-la"[60] (grifos nossos).

Nesse mesmo diapasão, Danilo Knijnik observou ser "preciso proteger a confiança do interessado nas atitudes administrativas", lembrando que "de um ato administrativo eivado de nulidade possam derivar direitos subjetivos para os administrados, os quais *não são passíveis de simples desconstituição unilateral por parte da Administração*". Destacou esse autor que "a fluência de um longo período pode acarretar a perda, por parte da Administração, da faculdade de anular o ato". Assim, "o princípio da segurança jurídica, antes de opor-se ao valor 'justiça' – como levianamente se tem afirmado –, é já, ele próprio, uma forma prática de justiça. Com efeito, seria absolutamente incompatível uma modalidade de segurança jurídica totalmente divorciada das aspirações de uma ordem justa, sob pena de converter-se, ela mesma, na própria insegurança, não querida nem desejada pelo ordenamento. Da mesma forma, *um princípio da legalidade que conduzisse à insegurança jurídica implicaria de tal forma a negação de seu substrato histórico e filosófico, que restaria descaracterizado enquanto tal*"[61] (grifos nossos).

Também digna de nota a lição de Almiro do Couto e Silva, para quem, "quando se diz que em determinadas circunstâncias a segurança jurídica deve preponderar sobre a justiça, o que se está afirmando, a rigor, é que *o princípio da segurança jurídica passou a exprimir, naquele caso, diante das peculiaridades da situação concreta, a justiça material*"[62] (grifos nossos).

Dentre os constitucionalistas, Manoel Gonçalves Ferreira Filho tem dado grande destaque à idéia de *confiança legítima*. Examinando a doutrina estrangeira mais recente, Ferreira Filho escreveu que "Bertrand Mathieu, jovem e eminente professor da Faculdade de Paris I – *Panthéon-Sorbonne* –, analisou em profundidade o tema da segurança jurídica, desdobramento do princípio e direito de segurança

---

60. Lúcia Valle Figueiredo, *Curso de Direito Administrativo*, 9ª ed., São Paulo, Malheiros Editores, 2008, pp. 53-54.

61. Danilo Knijnik, "O princípio da segurança jurídica no direito administrativo e constitucional", *Revista do Ministério Público do Rio Grande do Sul* 35/241, 243, 245 e 247, 1996.

62. Almiro do Couto e Silva, "Princípios da legalidade da Administração Pública e da segurança jurídica no Estado de Direito contemporâneo", *RDP* 84/46-47, São Paulo, Ed. RT, 1987.

tout court".⁶³ Mostra ele que a segurança jurídica tem duas vertentes. Uma, a da *qualidade do direito*; outra, a *exigência de previsibilidade do direito*. Registra esse jurista ser este princípio uma criação do Direito Germânico, adotado pelo direito comunitário e hoje consagrado nos países europeus, sobretudo França e Itália. Assinala: "O princípio de confiança legítima constitui uma expressão particular da exigência de previsibilidade imposta pelo princípio de segurança jurídica. *Quando o direito se torna instável, a necessidade de proteger as vítimas da instabilidade é assegurada pelo princípio da confiança legítima*"⁶⁴ (grifos nossos).

Invocando a jurisprudência da Corte de Justiça da Comunidade Européia,⁶⁵ lembra o professor que "O princípio da confiança legítima pode ser invocado quando um 'particular (...) se acha numa situação a respeito da qual a Administração fez nascer esperanças fundadas' (*espérances fondées*)".⁶⁶ Lembra ainda Ferreira Filho que: "Não é diferente o posicionamento de Alessandro Pizzorusso e Paulo Passaglia, abordando o tema do ângulo italiano.⁶⁷ Mostram estes que a proteção da confiança legítima (*legittimo affidamento*) tem, no Direito Italiano, raízes na noção de boa-fé".⁶⁸

9. Conclusão: o entrelaçamento dos princípios processuais e de direito administrativo

Dessa maneira, percebe-se que, ao final, *se entrelaçam os princípios e garantias examinados*: do administrador exige-se que observe e que faça observar – inclusive na instrução – a garantia do contraditório,

---

63. Manoel Gonçalves Ferreira Filho, "Parecer" inédito cedido à subscritora deste trabalho. A citação contida no parecer foi extraída do *Annuaire International de Justice Contitutionnelle*, 1999, Presses Universitaires d'Aix-Marseille, 1999, pp. 155 e ss.

64. Idem, p. 162.

65. CJCE, 19.5.1983, *Mavridis c. Parlement, Rec.*, p. 1.731.

66. Matthieu, *Annuaire International de Justice Contitutionnelle*, cit., p. 163. O caso julgado pela Corte era relativo ao "particular", o servidor, o qual tinha do direito constitucional legislado a fundada esperança de poder perceber, independentemente de "teto", a remuneração legal e legitimamente estabelecida para seu cargo ou função, incluída a hipótese de acumulação, o mesmo se dizendo quanto a pensões, vantagens pessoais etc. Pena que o Brasil não seja membro da Comunidade Européia...

67. *Annuaire International de Justice Contitutionnelle*, cit., pp. 215 e ss.

68. Idem, p. 215.

porque, dentre outros, essa garantia, como visto à saciedade, é fator assecuratório de imparcialidade (ou de impessoalidade, pensando na Administração), bem como da validade e da eficácia da prova. Violando-se, na colheita da prova, o contraditório e outros postulados que integram a cláusula do devido processo legal, comprometem-se a isenção e a impessoalidade de quem preside a instrução e, conseqüentemente, de quem há de julgar com base em tais elementos assim viciados. Por sua vez, o instituto da preclusão administrativa funda-se nos princípios da segurança jurídica, da previsibilidade e da confiança legítima, que, se desrespeitados, vulneram o Estado de Direito. Assim, princípios processuais e de direito administrativo complementam-se no quadro da atuação da Administração em face do sistema constitucional, sendo que sua infringência importa desvios que podem e devem ser corrigidos pelo Poder Judiciário.

Justiça Constitucional:
Superando as Teses do "Legislador Negativo"
e do Ativismo de Caráter Jurisdicional

ANDRÉ RAMOS TAVARES

Professor dos Cursos de Doutorado
e Mestrado em Direito da PUC/SP
– *Visiting Scholar* na *Cardozo School of Law/New York*
– Diretor do Instituto Brasileiro de Estudos Constitucionais

1. Considerações introdutórias. 2. Uma função "estruturante" como própria da justiça constitucional: 2.1 Significado da estrutura a ser tutelada: apresentação dos pressupostos deste trabalho. 3. A necessidade da função estruturante. 4. Natureza normativa da função estruturante e seu status *constitucional: 4.1* Status *constitucional ou supralegal da modulação temporal dos efeitos da decisão: 4.1.1 Retroatividade – 4.1.2 Eficácia prospectiva – 4.2 A restauração de norma anterior àquela declarada inconstitucional.*

1. Considerações introdutórias

A justiça constitucional apresenta como função nuclear a defesa rotineira da Constituição – o que tenho preferido chamar de "curadoria constitucional", exatamente para significar a necessidade de *proteger* e *implementar* as normas constitucionais, numa idéia alinhada àquela construída por Héctor Fix-Zamudio[1] no sentido de que "a verdadeira defesa constitucional é a que pode obter uma aproximação entre a Constituição formal e a Constituição real". A compreensão dessa atribuição (ou defesa) envolve a elucidação (desmembramento) das diversas atividades envolvidas, cujas peculiaridades permitem essa subdivisão em categorias distintas. Uma análise completa das funções da justiça constitucional não pode prescindir de uma análise tópica de tais categorias.[2]

O presente estudo, porém, adotará um enfoque mais específico, em virtude dos limites de espaço. Discutirá o que denomino "função estruturante", que é a mais difundida entre as funções da justiça constitucional e, ademais, aquela que se considera essencial (contemporaneamente) para que um tribunal se caracterize como constitucional.[3] Não será realizada, contudo, uma análise do fundamento e sentido de uma teoria das funções fundamentais da justiça constitucional, imprescindível para a compreensão dessa categoria funcional, tanto em relação às demais funções quanto à legitimidade de seu exercício, suas implicações democráticas e políticas.

O presente estudo terá como enfoque o significado e a relevância da proteção à estrutura normativa, verificando-se em que medida uma atividade desse calibre interfere no e/ou equipara-se ao papel exercido pelo legislador – o que envolve o pressuposto da caracterização jurisdicional ou judicialiforme da justiça constitucional.[4] A tese será contraposta à conhecida idéia cristalizada por Kelsen na expressão "legislador negativo", referida ao (e legitimadora do) tribunal constitucional enquanto instituição consagrada do constitucionalismo ocidental pós-II Guerra Mundial.

2. Uma função *"estruturante"* como própria da justiça constitucional

Denominar-se-á "estruturante" a função por meio da qual se promove a adequação e a harmonização *formais* do ordenamento jurídico, consoante sua *lógica* interna e seus próprios comandos relacionados à estrutura normativa adotada.

1. Héctor Fix-Zamudio, *Estudio de la Defensa de la Constitución en el Ordenamiento Mexicano*, México, Porrúa/UNAM, 2005, p. 10.
2. Para uma sistematização das diversas "funções" da justiça constitucional, cf. André Ramos Tavares, *Teoria da Justiça Constitucional*, São Paulo, Saraiva, 2005.
3. Idem, pp. 202-203.
4. Também não será explorada aqui, portanto, a tese de que a justiça constitucional é ou tem sido essencialmente política, ou, ainda, de que funcionaria como uma jurisdição "especial".

O que a justiça constitucional realiza, no exercício da denominada função estruturante, é a manutenção do edifício jurídico-normativo, consoante as diretrizes de funcionamento deste, constantes na Constituição. Trata-se da calibração do sistema, eliminando os elementos (normativos) indesejáveis (incongruentes), as práticas e omissões inconciliáveis com os comandos constitucionais. Mas não se busca, por meio dessa função, apenas impor o princípio da não-contradição interna, mas igualmente obter um "funcionamento prático" do ordenamento.[5]

A manutenção do sistema normativo envolve, basicamente, o respeito do arquétipo jurídico em termos de hierarquia e competência, de maneira que eventual conflito que se possa estabelecer tem de ser dirimido e eliminado pelo órgão habilitado do sistema.

Quanto à obediência dos comandos de competência, considerar-se-á categoria funcional à parte, tendo em vista as profundas diferenças encontráveis no desempenho dessa função e daquela outra decorrente da manutenção da hierarquia.

A idéia de uma função estruturante, portanto, é adotada com esse sentido técnico restrito. Tudo que se relacionar com a *estrutura básica do edifício jurídico* será considerado função estruturante. Essa terminologia incorporará, portanto, aquela que é a função considerada inaugural, ou seja, o controle da constitucionalidade das leis e atos normativos. É a função nuclear do tribunal constitucional, na concepção de muitos autores, como Petrucci[6] e Enterría.[7]

Em síntese, nessa função se compreende o controle do respeito à hierarquia e à distribuição de competências. Também se pode agregar a possibilidade, existente em alguns ordenamentos, de declarar a inexistência de um ato jurídico (como ocorre em Portugal).

2.1 Significado da estrutura a ser tutelada: apresentação dos pressupostos deste trabalho

Poder-se-ia imaginar que ao Judiciário caberia apenas a aplicação das leis, cuja elaboração, por seu turno, confere-se apenas ao Legisla-

---

5. Antonio-Enrique Pérez Luño, *Teoría del Derecho. Una Concepción de la Experiencia Jurídica*, Madri, Tecnos, 1997, p. 206.

6. Michele Petrucci, "La corte costituzionale", in Piero Calamandrei e Alessandro Levi (coords.), *Commentario Sistematico alla Costituzione Italiana*, vol. II, Firenze, G. Barbera, 1950 (527 pp. Bibliografia: pp. 431-464 – Michele Petrucci, p. 443).

7. Eduardo García de Enterría, *La Constitución como Norma y el Tribunal Constitucional*, Madri, Civitas, 1983, reimpr. de 1994.

tivo: "Mais cette conception du rapport de la législation à l'exécution est inexacte. Ces deux fonctions ne s'opposent pas de façon absolue comme la création à l'application du Droit, mais de façon purement relative. A y regarder de plus près, chacune d'elles se présente en effet comme un acte à la fois de création et d'application du Droit. Législation et exécution sont non pas deux fonctions étatiques coordonnées, mais deux étapes hiérarchisées du procès de création du Droit, et deux étapes intermédiaires. Car ce procès ne se limite pas à la seule législation, mais, commençant dans la sphère de l'ordre juridique international supérieur à tous les ordres étatiques, se poursuit par la Constitution, pour aboutir enfin, à travers les étapes successives de la loi, du règlement, puis du jugement et de l'acte administratif, aux actes d'exécution matérielle (*Vollstreckungsakte*) de ces derniers".[8]

Dessa maneira, compreende-se o ordenamento constituído por degraus. Em cada um deles ocorre tanto produção de direito, em relação ao degrau inferior, como reprodução de direito, em relação ao degrau anterior: "L'idée de régularité s'applique à chaque degré dans la mesure où il est application ou reproduction du droit. Car la régularité n'est que le rapport de correspondance d'un degré inférieur à un degré supérieur de l'ordre juridique (...) ou encore de ces actes-ci d'exécution (*Vollziehungsakte*) aux normes générales légales ou réglementaires que l'on peut postuler la régularité et des garanties techniques propres à l'assurer, mais aussi dans les rapports du règlement à la loi et de la loi à la Constitution. Des garanties et de la légalité des règlements et de la constitutionnalité des lois sont donc aussi concevables que des garanties de la régularité des actes juridiques individuels".[9]

Naquilo que interessa, a partir dessa teoria, para a presente pesquisa, tem-se que: "*Garanties de la Constitution* signifie donc: garanties de la régularité des règles immédiatement subordonnées à la Constitution, c'est-à-dire, essentiellement, garanties de la constitutionnalité des lois".[10]

Esse posicionamento, contudo, deverá ser trabalhado para se estabelecer um campo mais abrangente de preocupação no que tange à garantia da Constituição: "Les garanties de la Constitution ne sont

---

8. Hans Kelsen, "La garantie juridictionnelle de la Constitution (la justice constitutionnelle)", *Revue du Droit Public et de la Science Politique en France et à l'Étranger*, abril-maio-junho/1928, Extrato, p. 3.

9. Idem, pp. 4-5.

10. Idem, p. 5.

alors que des moyens contre les lois inconstitutionnelles; mais, dès que – par l'intermédiaire de l'idée de forme constitutionnelle – la notion de Constitution est étendue à d'autres objets qu'à la procédure législative et à la détermination de principe du contenu des lois, il devient possible que la Constitution se concrétise en des formes juridiques autres que les lois, en particulier en des règlements, ou même en des actes juridiques individuels".[11]

3. A necessidade da função estruturante

Nenhum sistema jurídico pode sobreviver sem que haja, por algum órgão, a manutenção de sua estrutura. E essa atividade mantenedora tem sempre de efetivar-se, não consistindo em mera contemplação abstrata de excepcional utilização. Sobre o tema reverberam as lições de Crisafulli: "Mas se as antinomias são possíveis (e, pelo contrário, ao menos na evolução temporal do ordenamento, inevitáveis), é também verdadeiro de outra parte que devem ser compostas e resolvidas, a fim de que o ordenamento o seja verdadeiramente, como a palavra exprime: *ordem*, sistema regulador coerente e unitário, e não um acúmulo informado de normas entre elas contrastantes. Ao reconhecimento da possibilidade de antinomias contrapõe-se, para isto, em sede dogmática, o postulado da unidade do sistema (antinomias existem, mas são vedadas). Unidade 'formal', antes de tudo, ou 'dinâmico-formal' (Kelsen), no sentido que daquele fazem parte integrante sobretudo normas postas sobre fatos e atos a isto autorizadas pelas normas (constitucionais) sobre produção jurídica; uma unidade também 'material', no sentido de que não devem poder coexistir validamente normas regulando um mesmo objeto em sentidos contrários".[12]

A presença de atos atentatórios à Constituição, de ocorrência em diversos níveis (normativos e fático), é praticamente inafastável. Mais que meramente "possíveis", as antinomias e violações são praticamente insuperáveis. As normas e os comportamentos contrários à Constituição não afastam a supremacia desta, nem a vulneram, porque a Constituição permanece, durante todo o tempo, norma suprema e superior.[13]

---

11. Idem, pp. 10-11.
12. Vezio Crisafulli, *Lezioni di Diritto Costituzionale. l'Ordinamento Costituzionale Italiano: la Corte Costituzionale*, 5ª ed., revista e atualizada, vol. II, t. 2, Pádua, CEDAM, 1984, pp. 206-207.
13. Cf. André Ramos Tavares, *Tratado da Argüição de Preceito Fundamental*, São Paulo, Saraiva, 2001, p. 264.

As ocorrências indesejáveis da contradição têm sua potencialidade elevada na medida em que as Constituições passam a abarcar uma ampla gama de conteúdos, ou seja, como chegou a observar Kelsen[14] – contra sua própria e estrita definição de Constituição –, quando as Constituições deixaram de ser apenas uma norma de procedimento para ser também uma norma de fundo.

O risco de que se possa estar violando a Constituição mediante atos a ela contrários multiplica-se na proporção de seu tamanho. Seria até desnecessário dizer que, quanto maior o catálogo de direitos constantes das Constituições, maior se torna a probabilidade de que haja sua violação. Nas Constituições denominadas analíticas (pelo extenso catálogo de direitos e de regras diversas que consignam), ao legislador (e ao Governo em geral) resta uma área de atuação que, se é ainda ampla, nem por isso deixa de ser reduzida em relação às denominadas Constituições sintéticas. Assim, ao processo (histórico) de alargamento dos textos constitucionais, pela inclusão de normas consagradoras de direitos e pelo superdimensionamento das regras que formalmente alcançam a natureza constitucional, pode-se afirmar que segue um processo de vulnerabilização dos textos, que, por seu turno, demanda uma ampliação das fórmulas de garantia da integridade constitucional. É esse o contexto no qual se insere o denominado processo constitucional.[15]

Evidentemente que há toda uma outra sorte de fatores que podem ser considerados decisivos para determinar o grau ou intensidade em que as violações ocorrerão. Contribuem, dentre outros, fatores como a cultura constitucional do país, a "veracidade" ou "realizabilidade" das normas constitucionais, a consciência democrática e a limitação dos "Poderes".

A dimensão estruturante da justiça constitucional é sempre imprescindível e inafastável e encontra-se diretamente relacionada à supremacia e rigidez do corpo constitucional. Portanto, para que persevere a correta constatação de Cooley[16] no sentido de que "uma Constituição

---

14. Hans Kelsen, "La garantie juridictionnelle de la Constitution (la justice constitutionnelle)", cit., *Revue du Droit Public et de la Science Politique en France et à l'Étranger*, abril-maio-junho/1928, pp. 9-10.

15. Cf. André Ramos Tavares, *Tratado da Argüição de Preceito Fundamental*, p. 265.

16. Thomas M. Cooley, *General Principles of Constitutional Law: in the United States of America*, 2ª ed., Boston, Little, Brown and Co., 1891, reimpr. 1998 por Weisman Publications, p. 32.

por si jamais expira perante pactos ou leis", é imprescindível que se promova referida atividade estruturante.

4. Natureza normativa da função estruturante e seu status constitucional

Esse tipo de manutenção derivada do exercício da um função estruturante envolve, necessariamente, como efeito direito, uma natureza propriamente *normativa*, um *lawmaking process*,[17] uma "confection avec un signe négatif"[18] de lei. Contudo, isso não esclarece a gradação dessa atividade normativa, que não se pode considerar propriamente *legislativa*.[19]

É preciso considerar duas ordens de fatores. (a) a eliminação de uma lei não é derivada da função interpretativa (apenas); (b) ao contrário da função legislativa (em sentido estrito, tipicamente atribuída aos corpos legislativos), a presente função apresenta *status* constitucional e resultado de patamar igualmente constitucional (tal como ocorre com a função interpretativa da Constituição, especialmente quando realizada por um tribunal constitucional).

A primeira observação é compreensível por si mesma. A eliminação de uma lei ou ato normativo, por incompatibilidade hierárquica com outra norma, envolve a interpretação de ambas, ou seja, a admissão de significados para efeito de serem comparados entre si. Mas isso é apenas um pressuposto, e torna a função interpretativa uma função instrumental da estruturante. Uma penetra na outra de maneira direta, mas não devem se confundir.

O argumento contrário, que admite a eliminação de uma lei como mero fruto da interpretação, adota uma concepção já superada, no

17. Laurence H. Tribe, *American Constitutional Law*, 3ª ed., vol. I, Nova York, The Foundation, 2000, p. 216.
18. Hans Kelsen, "La garantie juridictionnelle de la Constitution (la justice constitutionnelle)", cit., *Revue du Droit Public et de la Science Politique en France et à l'Étranger*, abril-maio-junho/1928, p. 28.
19. Função legislativa, no sentido aqui adotado, é "o desenvolvimento de atividade da qual resulta a composição inaugural de comandos com efeitos de caráter geral" (André Ramos Tavares, *Teoria da Justiça Constitucional*, cit., p. 322). É, em termos diversos, a produção de atos com *status* legal. No Brasil, o STF exerceu uma tal função sob a égide da Constituição de 1967/1969, na medida em que esta o autorizava a dispor, em seu Regimento Interno, sobre "o processo e o julgamento dos feitos de sua competência originária ou recursal e da argüição da relevância da questão federal" (art. 119, § 3º, "c").

sentido de que: "L'applicazione del Diritto non comporta valutazioni politiche, ma si reduce alla fedele esecuzione di decisioni politiche altrui, oggetivamente accertate mediante interpretazione: como se i documenti normativi incorporassero un contenuto di significato univoco e ben determinato, suscettibile di puro e semplice 'accertamento' scientifico".[20]

A segunda hipótese mencionada, de que o patamar da decisão a ser tomada deve ser constitucional (e não legal), exige uma explicação detida. Tocqueville,[21] preocupado em demonstrar como a atividade do Judiciário não pode desvincular-se de um caso concreto, observa: "Para que haja juiz, é preciso haver processo. Enquanto uma lei não der lugar a uma contestação, o Poder Judiciário não tem, pois, ocasião alguma de ocupar-se dela. A lei existe, mas ele não a vê. Quando um juiz, a propósito de um processo, ataca uma lei relativa a esse processo, amplia o círculo de suas atribuições, mas não se afasta dele, pois lhe foi necessário, de certa maneira, julgar a lei para chegar a julgar o processo. Quando se pronuncia sobre uma lei, sem partir de um processo, sai completamente da sua esfera e penetra na do Poder Legislativo" (grafia atualizada).

Então, era comum retirar o tribunal constitucional do círculo do Judiciário para inseri-lo no *Legislativo*, caso se lhe permitisse atuar em abstrato, independentemente de um caso concreto. Essa conclusão servia de mote para pesadas críticas acerca da possibilidade de assim proceder um tribunal. Tanto o receio de atribuir essa função ao tribunal constitucional está em boa medida superado como, de outra parte, como se pretende demonstrar, essa permissão funcional não significa inserir o tribunal em campo próprio do legislador (parlamentar). Vai muito além dessa suposição inicial.

Nas ações diretas (modelo kelseniano) promotoras do controle concentrado-abstrato da constitucionalidade das leis o objetivo é, geralmente, de caráter anulatório de leis. Isso é, quanto ao Legislativo, decorrência direta de uma "*limited Constitution*", na acepção empregada

20. Ricardo Guastini, "Le fonti del Diritto e l'interpretazione", in Giovanni Iudica e Paolo Zatti (coords.), *Trattato di Diritto Privato*, Milão, Giuffrè Editore, 1993, p. 317.
21. Alexis de Tocqueville, *A Democracia na América*, 3ª ed., trad. de Neil Ribeiro da Silva, "Posfácio" de Antônio Paim, Belo Horizonte/Itatiaia, São Paulo/EDUSP, 1987 (Biblioteca de Cultura Humanista, 4) (trad. de: *De la Démocratie en Amérique*, Livro I, 1835. Livro II, 1940), p. 82.

por Hamilton.[22] Provoca-se, pois, por meio de referidas ações, a função estruturante do tribunal constitucional.

Desde a função histórico-original se tem atribuído aos tribunais constitucionais a pecha de *legisladores negativos*. Assim, boa parte da doutrina chegou a sustentar, naquele momento, que a função do tribunal constitucional não diferiria daquela desenvolvida pelo legislador.[23]

A eliminação de uma lei, é verdade, prescinde de uma força (*status*) constitucional do ato de eliminação. Basta ao próprio legislador editar normas posteriores revogando (explicitamente ou implicitamente) as leis anteriormente editadas. É o critério cronológico que se aplica na base da superação dessas antinomias, sendo todos os atos envolvidos de idêntica posição na hierarquia das normas.

Contudo, no caso em que as leis são eliminadas por serem incompatíveis com a Constituição (hierarquia) ou por invasão de competências próprias de outros órgãos ou entidades, essa eliminação está assentada em uma base exclusivamente constitucional,[24] no sentido de que o conflito entre fontes do Direito de estatura diferenciada é resolvido por

---

22. Para o autor: "The complete independence of the Courts of Justice is peculiarly essential in a limited Constitution. By a limited Constitution, I understand one which contains certain specified exceptions to the legislative authority; such, for instance, as that it shall pass no bills of attainder, no *ex-post-facto* laws, and like. Limitations of this kind can be preserved in practice no other way than throught the medium of Courts or Justice, whose duty it must be to declare all acts contrary to the manifest tenor of the Constitution void. Without this, all the reservations of particular rights or privileges would amount to nothing" (Alexander Hamilton *et al.*, *The Federalist*: *The Famous Papers on the Principles of American Government*, Nova York, Barnes & Noble, 1996. Original: 1788, n. 78, p. 491).

23. Carl Schmitt, *La Defensa de la Constitución*, 2ª ed., trad. de Manuel Sánchez Sarto, "Prólogo" de Pedro de Vega, Madri, Tecnos, 1998 (trad. de *Der Hüter der Verfassung*, 1931, Semilla y Surco, Colección de Ciencias Sociales, Serie de Ciencia Política), p. 90; Felice Delfino, *La Dichiarazione di Illegitimità Costituzionale delle Leggi*: *Natura ed Effetti*, Nápoles, Eugenio Jovene, 1970 (Pubblicazioni della Facoltà Giuridica dell'Università di Napoli, CXX), pp. 21-29; Hans Kelsen, "La garantie juridictionnelle de la Constitution (la justice constitutionnelle)", cit., *Revue du Droit Public et de la Science Politique en France et à l'Étranger*, abril-maio-junho/1928, pp. 27-31; Tocqueville, *A Democracia na América*, cit., 3ª ed., p. 82.

24. Observa Francisco Balaguer Callejón (*Fuentes del Derecho: I – Principios del Ordenamiento Constitucional*, "Prólogo" de Juan J. Ruiz-Rico, 1ª ed., Madri, Tecnos, 1991, p. 161), a respeito da necessidade de resolver os conflitos entre normas:

"Ya no es cualquier órgano de aplicación del Derecho el encargado de resolver el conflicto, sino tan sólo órganos específicos (esencialmente jurisdiccionales, excepcionalmente administrativos) los habilitados para solucionar un conflicto que se produce entre diversas fuentes normativas (expresión, por tanto, de fuerzas productoras distintas).

um ato de estatura idêntica àquela do ato hierarquicamente superior violado. No caso da justiça constitucional, a norma violada, sendo a Constituição, é reposta em sua integridade normativa, contra a lei ou ato normativo violentador, por meio de uma decisão que se deve considerar da mesma estatura da norma constitucional, e não da norma legal ou infralegal violentadora.

Na teoria de Kelsen, o tribunal constitucional, por eliminar as leis, seria um órgão legislativo (negativo), o que implica atribuir à decisão do tribunal constitucional força legislativa.[25] Ao contrário do que sustentou Kelsen, ao desempenhar a função de eliminar as leis não se arvora o tribunal constitucional em função propriamente legislativa (sentido estrito), mas sim em função tipicamente constitucional (estatura normativa máxima). Assim, se é certo que a eliminação de uma lei pode ocorrer por outra lei e, dessa forma, manter-se no patamar legal, não é isso o que ocorre no fenômeno de eliminação promovida pelo tribunal constitucional, no exercício do que se convenciona chamar, aqui, função estruturante.

A doutrina peca, nesse ponto, por considerar a possibilidade de que o legislador se sobreponha à declaração do tribunal constitucional simplesmente reeditando ato de idêntica forma e conteúdo. Ocorre que, quando do exercício desta função estruturante, seria inadequado admitir que o legislador pudesse editar nova lei com o mesmo conteúdo daquela já eliminada por incompatibilidade com o sistema pelo tribunal constitucional. Isso torna esse tribunal secundário, numa espécie de ataque aos sintomas da doença e não propriamente à enfermidade. Ataca-se o sintoma para que este logo em seguida volte (e, se acaso não voltar, isso será devido a circunstâncias alheias à atuação pretérita do tribunal constitucional, ou no máximo um ato de disposição do legislador). Isso é simplesmente inadmissível numa teoria da justiça constitucional que pretenda sugerir uma instituição consistente com seus

"Cuando el conflicto se genera entre fuentes que tienen ámbitos materiales reservados a su competencia (...) el ordenamiento restringe aún más la capacidad de solución a determinados órganos, en este caso tan sólo a órganos jurisdiccionales (...).

"Un efecto peculiar del conflicto normativo, al que no se suele aludir generalmente, puede ser el de producción de nuevo Derecho como consecuencia de la intervención de los órganos que resuelven el conflicto. Ello ocurre cada vez que los órganos de aplicación y control determinan la solución del conflicto mediante decisiones que tienen eficacia *erga omnes*."

25. Cf. Ricardo Guastini, "Le fonti del Diritto e l'interpretazione", cit., in Giovanni Iudica e Paolo Zatti (coords.), *Trattato di Diritto Privato*, p. 317.

pressupostos e objetivos. Como decorrência direta de não se tratar de decisão de patamar legal, não se vislumbra no tribunal constitucional mero legislador negativo.

Se o regime é diverso do regime de simples "revogação legal", não se pode, portanto, pretender reduzi-lo ou incorporá-lo a essa situação. Mas essa advertência seria facilmente objetável no sentido de que ela não conduz, necessariamente, à elevação da decisão do tribunal à categoria constitucional. De fato, é necessário conjugar a constatação de que se trata de um regime diverso com as implicações do que seria esse regime para concluir pela inclusão dessa categoria funcional entre os atos de estatura normativa máxima.

Ademais, é preciso, ainda, enfrentar outra objeção. Há uma parcela da doutrina que não vislumbra nos tribunais constitucionais a função de "legislador" nem a de supralegislador. Os tribunais apenas declarariam, consoante essa tese, a nulidade de uma lei, não sua derrogação, significando isso a aplicação de uma lei superior, não uma função legislativa.[26] Tratar-se-ia, aqui, pois, de uma função tipicamente jurisdicional (de aplicação das leis), e a decisão do tribunal constitucional teria *status* simplesmente *jurisdicional* (não legal, tampouco constitucional). Essa tese, contudo, apesar de aparentemente incompatível com a anterior, não o é. Ela nada diz sobre a posição das decisões assim tomadas na hierarquia das fontes normativas; apenas considera que a natureza é jurisdicional (e descarta a acusação e um ativismo judicial ou jurisdicional, no sentido político). No estágio atual isso não significa admitir nem patamar legal, nem supralegal, nem infralegal. Portanto, a objeção não só se esvai como também pode ser incorporada como complementar à tese aqui adotada. Ainda que um ato tipicamente jurisdicional, sua hierarquia é constitucional.

Também não impressiona o argumento daqueles que aduzem que, se se tratasse de atividade legislativa, deveria ter o tribunal constitucional o poder de revogar suas decisões de acordo com sua conveniência, como sustenta Ascensão.[27] É certo que isso não ocorre, porque representaria a transformação de um tribunal que realiza o "fechamento" jurídico

---

26. Cf. Alfonso Pérez Gordo, *El Tribunal Constitucional y sus Funciones*, Barcelona, Bosch, 1983, p. 41; Ricardo Guastini, "Le fonti del Diritto e l'interpretazione", cit., in Giovanni Iudica e Paolo Zatti (coords.), *Trattato di Diritto Privato*, pp. 316-318.

27. José de Oliveira Ascensão, "Os acórdãos com força obrigatória geral do tribunal constitucional como fontes do Direito", *Revista do Curso de Direito da Universidade Federal de Uberlândia* 16/215-229, ns. 1-2, dezembro/1987 (p. 229).

do sistema em entidade meramente política – o que não é desejável e, pois, deve ficar excluído da racionalidade do sistema.

Reconhecendo-a como função jurisdicional, há, ainda, quem pretenda distingui-la das demais, considerando-a função suprajurisdicional.[28] Nessa hipótese confirma-se a tese do nível constitucional desse tipo de decisão.

Os efeitos da decisão de inconstitucionalidade de um ato normativo, quando proclamada pelo tribunal constitucional, não apenas equivalem (de imediato) aos efeitos de um legislador negativo (derrogação), mas também alcançariam o legislador do futuro, impedindo-o de atuar no sentido de apresentar lei de idêntico conteúdo ao daquela anteriormente anulada.[29] Para F. Balaguer Callejón: "(...) una ley derogada por el Parlamento puede adquirir vigencia de nuevo mediante un nuevo acto del Parlamento. Pero una ley declarada inconstitucional y anulada no puede ser incorporada legítimamente de nuevo al ordenamiento por el Parlamento".[30]

Há, pois, nessa tese uma substantiva distinção entre (a) anulação pelo Parlamento e (b) anulação pelo tribunal constitucional quando tais anulações se refiram a uma lei, com base em sua inconstitucionalidade.

Essa postura pretende extrair todas as conseqüências de uma posição mais racionalizadora: se já houve a declaração de inconstitucionalidade, não se poderia admitir nova edição pelo Parlamento de lei com idêntico conteúdo. Promovem-se a segurança jurídica e a racionalidade do sistema de fontes. Aproxima-se, pois, essa tese da corrente doutrinária que considera que os tribunais constitucionais representam um superlegislativo, um órgão acima do próprio legislador. Brandeis,[31] em seus votos, em 1924, afirmou que o tribunal se convertera em uma espécie de "superlegislatura". Cappelletti,[32] dentre outros, posiciona-se contrariamente a essa idéia.

---

28. Cf. Pérez Gordo, *El Tribunal Constitucional y sus Funciones*, cit., p. 42.

29. André Ramos Tavares, *Tribunal e Jurisdição Constitucional*, São Paulo, IBDC, 1998, p. 120.

30. Francisco Balaguer Callejón, *Fuentes del Derecho: I – Principios del Ordenamiento Constitucional*, cit., 1ª ed., p. 133, n. 157.

31. *Apud* Eduardo García de Enterría, *La Constitución como Norma y el Tribunal Constitucional*, cit., reimpr. 1994, p. 170.

32. Mauro Cappelletti, *Juízes Legisladores?*, trad. de Carlos Alberto Alvaro de Oliveira, Porto Alegre, Sérgio Antonio Fabris Editor, 1993 (trad. de *Giudici Legislatori?*, estudo dedicado à memória de Tullio Ascarelli e Alessandro Pekelis), p. 93, n. 196.

A segurança que se obtém, contudo, pode inviabilizar em parte a função evolutiva (adaptativa) do tribunal constitucional relativamente às normas constitucionais. Para que isso não ocorra é necessária a criação de um mecanismo, a ser manejado pelo próprio Legislativo, para que o tribunal reaprecie a posição assumida anteriormente (promovendo nova interpretação de norma constitucional que possibilite o ressurgimento de normativa legal que, à luz da interpretação anterior da norma constitucional, seria com esta incompatível).

Ainda que se pretendesse admitir como norma apenas aquele enunciado dotado de determinada *sanção*, nem por isso as decisões dos tribunais constitucionais teriam seu ingresso nessa categoria sumariamente rejeitado, já que ainda resta considerar essa nulidade delas derivada (ou nelas declarada ou constituída) como espécie de sanção específica.[33]

4.1 Status *constitucional ou supralegal da modulação temporal dos efeitos da decisão*

4.1.1 *Retroatividade*

Os poderes do tribunal constitucional são de "destruição maciça",[34] por permitirem a eliminação retroativa do ato normativo ou de seus efeitos. Essa é a doutrina tradicionalmente aceita,[35] desenvolvida e adotada pela Corte Suprema norte-americana, como acentuou o *Justice* Holmes em um de seus julgados, em 1910, ao anotar que a regra da operatividade retroativa tem norteado as decisões do Tribunal "for near a thousand years".[36]

---

33. Para esse mesmo sentido parece caminhar F. Balaguer, Callejón (*op. cit.*, nota 24, p. 114) quando afirma que: "el concepto de sanción tampoco debe identificarse necesariamente con la possibilidad de realización coactiva de la norma sobre los sujetos que la incumplen, ya que la sanción puede también producirse mediante la garantía inmediata que supone la nulidad de aquellas normas o actos que sean contrarios al ordenamiento".

34. J. C. Vieira de Andrade, *Legitimidade da Justiça Constitucional e Princípio da Maioria*, 1995, p. 79 (v. *Colóquio n. 10 –Aniversário do Tribunal Constitucional*).

35. Cf.: Luis Nunes de Almeida, "El tribunal constitucional y el contenido, vinculatoriedad y efectos de sus decisiones", *Revista de Estudios Políticos* 60-61/859-889, Madri, Nueva Época, abril-setembro/1988 (p. 883); Manoel Gonçalves Ferreira Filho, *Curso de Direito Constitucional*, 28ª ed. atualizada, São Paulo, Saraiva, 2002, p. 39; Miguel Reale, *Questões de Direito*, São Paulo, Sugestões Literárias, 1981, p. 55; Laurence H. Tribe, *American Constitutional Law*, cit., 3ª ed., vol. I, p. 216.

36. *Apud* Laurence H. Tribe, *American Constitutional Law*, cit., 3ª ed., vol. I, p. 217.

Esse tipo de atuação não é, contudo, reconhecido ao legislador, que, comumente, tem de respeitar as situações pretéritas, não podendo legislar para o passado. Trata-se de reconhecer a natureza constitutiva (e não meramente declaratória) desse ato. A invalidade pode ser meramente declarada, mas sua ineficácia (como conseqüência) há de ser constituída pela decisão.[37]

4.1.2 *Eficácia prospectiva*

O abandono da tese da nulidade absoluta da lei inconstitucional encontra fundamento na necessidade de preservar o Direito contra a descontinuidade, devendo-se buscar um equilíbrio entre o princípio da constitucionalidade e a insegurança jurídica.[38]

Quando o tribunal constitucional for dotado da possibilidade de anular uma lei com eficácia prospectiva e *diferida* (a partir de uma data futura), essa atividade deverá ser analisada, quanto à sua natureza, em separado dos casos em que a anulação é retrospectiva ou *meramente* prospectiva. É que, naquelas circunstâncias, continuará prevalecendo, por determinado período, a legislação mesmo após sua declaração de inconstitucionalidade. Contudo, isso ocorre apenas em virtude da ponderação realizada pelo tribunal constitucional, que, nesses termos, para muitos autores – como Ascensão[39] – aproxima-se de uma atividade meramente legislativa, por basear-se em critérios de conveniência e oportunidade do tribunal constitucional.

É o sistema admitido na Constituição portuguesa, ao prescrever, em seu art. 282º (conforme revisão de 1982): "4. Quando a segurança jurídica, razões de eqüidade ou interesse público de excepcional relevo, que deverá ser fundamentado, o exigirem, poderá o Tribunal Constitucional fixar os efeitos da inconstitucionalidade ou da ilegalidade com alcance mais restrito que o previsto nos ns. 1 e 2".

Idêntica orientação foi adotada no Brasil por meio da Lei 9.868, de 10.11.1999: "Art. 27. Ao declarar a inconstitucionalidade de lei ou

---

37. Ricardo Guastini, "Le fonti del Diritto e l'interpretazione", cit., in Giovanni Iudica e Paolo Zatti (coords.), *Trattato di Diritto Privato*, p. 316.

38. Gustavo Zagrebelsky, *La Giustizia Costituzionale*, Bolonha, Il Mulino, 1988, p. 307; 1ª ed., 1977.

39. José de Oliveira Ascensão, "Os acórdãos com força obrigatória geral do tribunal constitucional como fontes do Direito", cit., *Revista do Curso de Direito da Universidade Federal de Uberlândia* 16/226.

ato normativo, e tendo em vista razões de excepcional interesse social, poderá o Supremo Tribunal Federal, por maioria de dois terços de seus membros, restringir os efeitos daquela declaração ou decidir que ela só tenha eficácia a partir de seu trânsito em julgado ou de outro momento que venha a ser fixado".

Ademais, não se admitirá que o legislador possa, nesses casos, legislar nesse período no mesmo sentido da lei anteriormente declarada inconstitucional (mas ainda em vigor), mesmo que temporariamente (circunscrita temporalmente ao período de tolerância estabelecido pelo tribunal constitucional). É que a tolerância vale apenas para a lei já promulgada, e seria inócua a legislação substitutiva. Quanto à possibilidade de leis futuras, valem as conclusões anteriores, de racionalização do sistema.

A presente categoria de atividade com natureza legislativa insere-se como possível decorrência do exercício de um controle positivo de inconstitucionalidade das leis.

A mera possibilidade, reconhecida ao tribunal constitucional, de modular (dosar) a eficácia temporal de suas decisões (de reconhecimento da inconstitucionalidade) significa a possibilidade de atuação tipicamente legislativa. A faculdade conferida ao tribunal de restringir os efeitos da decisão, ao poder se basear em considerações de interesse público, transmuda-se em função de caráter acentuadamente político[40] – com o quê se revela, novamente, uma conotação legislativa.

A eficácia (força) prospectiva permite resolver relações jurídicas de maneira abstrata, tal como o legislador, porque inova a ordem jurídica em relação ao regime anterior, que permanece em seus efeitos já produzidos. Para Eduardo García de Enterría[41] essa jurisprudência com força apenas prospectiva: "(...) pone al tribunal constitucional casi en el papel del legislador, que inova el Derecho *pro futuro*" ("insere o tribunal constitucional quase no papel de legislador, que inova o Direito para o futuro").

Isso significou, na doutrina constitucional, verdadeiro rompimento com o dogma da nulidade da lei e retroatividade dos efeitos dessa declaração, tese tradicionalmente aceita.[42] A esse respeito cita-se o

---

40. J. C. Vieira de Andrade, *Legitimidade da Justiça Constitucional e Princípio da Maioria*, cit., p. 79.

41. Eduardo García de Enterría, *La Constitución como Norma y el Tribunal Constitucional*, cit., p. 181.

42. Mauro Cappelletti, *Judicial Review in the Contemporary World*, Indianapolis, The Bobbs-Merrill Co., 1971, p. 90.

caso em direito criminal de "Linkletter *versus* Walker", de 1965, pelo qual na própria Suprema Corte norte-americana se passou a afastar esse dogma: "(...) the Court developed a doctrine under which it could deny retroactive effect to a newly announced rule of criminal law. The Court announced that 'the Constitution neither prohibits nor requires retrospective effect' and quoted Justice Cardozo for the proposition that "the federal Constitution has no voice upon the subject'. The Court essentially treated the question of retroactivity in criminal cases as purely a matter of policy, to be decided anew in each case".[43]

Essa possibilidade atribuída ao tribunal constitucional de, discricionariamente, dispor que a anulação de uma lei surta efeitos apenas a partir de uma data posterior à da decisão fora reconhecida no próprio modelo austríaco originário.[44] A decisão surtia efeitos desde a data de sua publicação, salvo se a Corte estabelecesse um adiamento de, no máximo, um ano (art. 140-3). Esse tipo de adiamento permitiria ao legislador editar uma lei adequada constitucionalmente e evitar a lacuna e eventuais efeitos indesejáveis dela decorrentes.

Era a doutrina exposta pelo próprio Kelsen, que fez consignar sua tese de que só o modelo de efeitos *ex nunc* atenderia aos objetivos de segurança jurídica: "Quant à sa portée dans le temps, l'annulation peut se limiter à l'avenir ou au contraire s'étendre également au passé, c'est-à-dire avoir lieu avec ou sans effet rétroactif. Cette différence n'a naturellement de sens que pour les actes qui ont des conséquences juridiques durables; elle intéresse donc avant tout l'annulation des normes générales. L'idéal de la sécurité juridique exige qu'on n'attribue en général d'effet à l'annulation d'une norme générale irrégulière que *pro futuro*, c'est-à-dire à dater de l'annulation. Il faut même envisager la possibilité de ne laisser l'annulation entrer en vigueur qu'à l'expiration d'un certain délai. De même qu'il peut y avoir des raisons valables de faire précéder l'entrée en vigueur d'une norme générale – loi ou règlement par exemple – d'une *vacatio legis*, de même ili pourrait y en avoir qui porteraient à ne faire sortir de vigueur une norme gé-

---

43. Laurence H. Tribe, *American Constitutional Law*, cit., 3ª ed., vol. I, pp. 218-219.

44. Cf.: Hans Kelsen, *Jurisdição Constitucional*, trad. de Maria Ermantina Galvão, São Paulo, Martins Fontes, 2003 (Coleção Justiça e Direito) (trad. de *La Garantie Juridictionnelle de la Constitution* – debate no Instituto Internacional de Direito Público, 1928, *Judicial Review of Legislation. A Comparative Study of the Australian and American Constitution*, 1942, p. 305); Héctor Fix-Zamudio, *La Protección Jurídica y Procesal de los Derechos Humanos ante las Jurisdicciones Nacionales*, Madri/México, Civitas/UNAM, 1982 (*Estudios Comparativos*, n. 21, p. 167).

nérale annulée qu'à l'expiration d'un certain délai après le jugement d'annulation. Cependant, certaines circonstances peuvent rendre une annulation rétroactive nécessaire. Il ne faut pas songer seulement au cas-limite précédemment considéré d'une rétroactivité illimitée où l'annulation de l'acte équivaut à sa nullité, lorsque l'acte irrégulier doit, d'après l'appréciation souveraine de l'autorité compétente pour l'annuler ou en vertu de l'exigence par le droit positif d'un minimum de conditions pour sa validité, être reconnu comme étant purement et simplement un pseudo-acte juridique; il faut envisager avant tout un effet rétroactif exceptionnel, limité à certaines espèces ou à une certaine catégorie de cas".[45]

Mas havia outro motivo, igualmente exposto em Kelsen,[46] para a anulação meramente *ex nunc* das leis. É que também o legislador está autorizado a interpretar as leis; e, assim, essa sua interpretação deve ser respeitada até que sobrevenha uma decisão contrária (do tribunal constitucional). Portanto, na doutrina kelseniana fica bem exposta a sobreposição de uma decisão à outra, demonstrando o caráter supra-legal das decisões adotadas pelo tribunal constitucional, por força da supremacia da Constituição e daquele órgão que tenha a atribuição de interpretá-la em caráter definitivo.

A Suprema Corte norte-americana reuniu seus critérios para a atribuição de eficácia futura no caso "Stovall *versus* Denno", em 1967, consignando: "The criteria guiding resolution of the question implicate (a) the purpose to be served by the new standards, (b) the extent of the reliance by law enforcement authorities on the old standards, and (c) the effect on the administration of justice of a retroactive application of the new standards".[47]

Em tais hipóteses é facilmente constatável que se trata de atividade de cunho nitidamente legislativo, porque atua com apreciações discricionárias de oportunidade e conveniência, com o estabelecimento de um "novo" regramento apenas para o futuro, vigorando a partir da data da decisão que assim se pronunciar.

Ressalve-se o caso em que à decisão é atribuído alcance retrospectivo. Em tais circunstâncias a decisão do tribunal constitucional

---

45. Hans Kelsen, "La garantie jurisdictionnelle de la Constitution (la justice constitutionnelle)", cit., *Revue du Droit Public et de la Science Politique en France et à l'Étranger*, abril-maio-junho/1928, pp. 22-23.
46. Hans Kelsen, *Jurisdição constitucional*, cit., p. 305.
47. *Apud* Tribe, *American Constitutional Law*, cit., 3ª ed., vol. I, p. 219.

extrapola os limites de mera função legislativa e se insere no contexto propriamente constitucional, como apreciado anteriormente. Ao legislador não é dado retroagir sua normatização.

A crítica mais severa que se pode formular à eficácia meramente prospectiva, portanto, é a de que permite a sobrevivência, por determinado período (independentemente de sua duração longa ou reduzida), de uma lei nitidamente inconstitucional. Baseada nas lições de Schmitt,[48] Blasco Soto[49] observa que uma determinada praxe do tribunal constitucional pode alterar a própria natureza da Constituição: "El peligro de las nuevas técnicas que modulan la eficacia en el tiempo de las sentencias es que relativizan el carácter normativo y jerárquico de la Constitución, en la medida en que en muchos casos se deja en suspenso su rigidez permitiendo que opere 'temporalmente' una ley inconstitucional".[50]

Na medida em que se conceba a eficácia prospectiva como poder para suspender temporalmente a eficácia do princípio da supremacia constitucional, evidentemente que a atividade não se pode considerar meramente legislativa. Se a permissão encontra-se constitucionalmente explicitada, haveria de se questionar acerca da própria rigidez da Constituição, por franquear que o tribunal constitucional a altere, em seus comandos, ainda que essa alteração seja restrita no tempo. Se não há permissão constitucional explícita, pode-se entender que, salvo proibição expressa, cumpre ao tribunal constitucional avaliar os efeitos de uma declaração de inconstitucionalidade. Esse poder acaba por fazer do tribunal, mais que curador, um verdadeiro "senhor" da Constituição.

4.2 A restauração de norma anterior àquela declarada inconstitucional

A anulação de uma lei com base na inconstitucionalidade opera um vazio normativo. Esse vazio pode ser evitado com a restauração do vigor da lei anterior à lei anulada, em situações específicas.

---

48. Carl Schmitt, *La Defensa de la Constitución*, cit., 2ª ed.
49. María del Carmen Blasco Soto, *La Sentencia en la Cuestión de Inconstitucionalidad*, Barcelona, José María Bosch Editor, 1995, pp. 352-355.
50. Idem, p. 355.

Com essa preocupação foi construído o modelo austríaco,[51] que previa expressamente, consoante o art. 140, § 3º, na redação dada pela lei constitucional federal de 1929:

"Cuando una ley o una parte de la ley es anulada como inconstitucional por una sentencia del Tribunal de Justicia constitucional, las disposiciones legislativas que habían sido abrogadas por la ley cuya inconstitucionalidad declaró el Tribunal de Justicia constitucional entran en vigor el día en que la anulación produce efecto, a menos que la sentencia no disponga otra cosa.

"El acta que publica la anulación de la ley debe indicar qué disposiciones legislativas entran en vigor."

A restauração de lei anteriormente revogada por lei no presente declarada inconstitucional era automática, salvo se a decisão do tribunal constitucional dispusesse em sentido contrário.

Evidentemente que a restauração da lei anterior era determinada, nessas circunstâncias, pela vontade expressa da Constituição. Essa é, aliás, uma condição que deve ser sempre respeitada.[52]

Apesar de se tratar de uma vontade constitucional, ela não interferirá na discricionariedade do legislador, que poderá modificar essa legislação (apenas não deverá interferir para restaurar os termos de lei já reconhecida inconstitucional). Portanto, nesses casos, essa parte da decisão assim proferida, apesar do caráter e preocupação estruturantes, terá inexoravelmente *status* de lei. Kelsen[53] sustenta, inclusive, que se trata de reconhecer, nessas circunstâncias, um "legislador positivo". Contudo, tendo em vista os limites dessa atividade (no máximo, opera a restauração dos termos de lei anteriormente aprovada pelo Parlamento), não se denominará essa atuação como legislativa (no sentido estrito adotado nesta pesquisa), mas apenas como estruturante, porque preocupada com a composição adequada e satisfatória do ordenamento jurídico.

Referências bibliográficas

ALMEIDA, Luis Nunes de. "El tribunal constitucional y el contenido, vinculatoriedad y efectos de sus decisiones". *Revista de Estudios Políticos* 60-61/8590889. Madri, Nueva Época, abril-setembro/1988.

---

51. *Cf.* Hans Kelsen, *Jurisdição Constitucional*, cit., p. 318.
52. Idem, pp. 317-318.
53. Idem, p. 318.

ANDRADE, J. C. Vieira de. *Legitimidade da Justiça Constitucional e Princípio da Maioria*, 1995 (*Colóquio n. 10 – Aniversário do Tribunal Constitucional*).

ASCENSÃO, José de Oliveira. "Os acórdãos com força obrigatória geral do tribunal constitucional como fontes do Direito". *Revista do Curso de Direito da Universidade Federal de Uberlândia* 16/215-229, ns. 1-2. Dezembro/1987.

BALAGUER CALLEJÓN, Francisco. *Fuentes del Derecho: I – Principios del Ordenamiento Constitucional*. 1ª ed., "Prólogo" de Juan J. Ruiz-Rico. Madri, Tecnos, 1991.

BLASCO SOTO, María del Carmen. *La Sentencia en la cuestión de Inconstitucionalidad*. Barcelona, José María Bosch Editor, 1995.

CALAMANDREI, Piero, e LEVI, Alessandro (coords.). *Commentario Sistematico alla Costituzione Italiana*. vol. II. Firenze, G. Barbera, 1950 (527 pp. Bibliografia: pp. 431-464 – Michele Petrucci).

CAPPELLETTI, Mauro. *Judicial Review in the Contemporary World*. Indianapolis, The Bobbs-Merrill Co., 1971.

—————. *Juízes Legisladores?* Trad. de Carlos Alberto Alvaro de Oliveira. Porto Alegre, Sérgio Antonio Fabris Editor, 1993 (trad. de *Giudici Legislatori?* – estudo dedicado à memória de Tullio Ascarelli e Alessandro Pekelis).

Colóquio n. 10 – Aniversário do Tribunal Constitucional. Lisboa, 1993 (*Legitimidade e Legitimação da Justiça Constitucional*, Coimbra, Coimbra Editora, 1995. Bibliografia: pp. 75-84).

COOLEY, Thomas M. *General Principles of Constitutional Law: in the United States of America*. 2ª ed. Boston, Little, Brown and Co., 1891; reimpr. 1998 por Weisman Publications.

CRISAFULLI, Vezio. *Lezioni di Diritto Costituzionale. L'Ordinamento Costituzionale Italiano: la Corte Costituzionale*. 5ª ed., revista e atualizada, vol. II, t. 2. Pádua, CEDAM, 1984.

DELFINO, Felice. *La dichlarazione di Illegitimità Costituzionale delle Leggi: Natura ed Effetti*. Nápoles, Eugenio Jovene, 1970 (pubblicazioni della Facoltà Giuridica dell'Università di Napoli, CXX).

FERREIRA FILHO, Manoel Gonçalves. *Curso de Direito Constitucional*. 28ª ed atualizada. São Paulo, Saraiva, 2002.

FIX-ZAMUDIO, Héctor. *Estudio de la Defensa de la Constitución en el Ordenamiento Mexicano*. México, Porrúa/UNAM, 2005.

—————. *La Protección Jurídica y Procesal de los Derechos Humanos ante las Jurisdicciones Nacionales*. Madrid/México, Civitas/UNAM, 1982 (*Estudios Comparativos*, n. 21).

GARCÍA DE ENTERRÍA, Eduardo. *La Constitución como Norma y el Tribunal Constitucional*. Madri, Civitas, 1983, reimpr. 1994.

GUASTINI, Riccardo. "Le fonti del Diritto e l'interpretazione". In: IUDICA, Giovanni, e ZATTI, Paolo (coords.). *Trattato di Diritto Privato*. Milão, Giuffrè Editore, 1993.

HAMILTON, Alexander, et al. *The Federalist: The Famous Papers on the Principles of American Government*. NOva York, Barnes & Noble, 1996 (original: 1788).

KELSEN, Hans. *Jurisdição Constitucional*. Trad. de Maria Ermantina Galvão. São Paulo, Martins Fontes, 2003 (Coleção Justiça e Direito) (trad. de *La Garantie Juridictionnelle de la Constitution* – debate no Instituto Internacional de Direito Público, 1928;

Judicial Review of Legislation. A Comparative Study of the Australian and American Constitution, 1942).

———. "La garantie jurisdictionnelle de la Constitution (la justice constitutionnelle)". *Revue du Droit Public et de la Science Politique en France et à l'Étranger* abril-maio-junho/1928. Extrato.

LEVI, Alessandro, e CALAMANDREI, Piero (coords.). *Commentario Sistematico alla Costituzione Italiana*. vol. II. Firenze, G. Barbera, 1950 (527 pp. Bibliografia: pp. 431-464 – Michele Petrucci).

PÉREZ GORDO, Alfonso. *El Tribunal Constitucional y sus Funciones*. 1ª ed. Barcelona, Bosch, 1983.

PÉREZ LUÑO, Antonio-Enrique. *Teoría del Derecho. Una Concepción de la Experiencia Jurídica*. Madrid, Tecnos, 1997.

PETRUCCI, Michele. "La corte costituzionale". In: CALAMANDREI, Piero, e LEVI, Alessandro (coords.). *Commentario Sistematico alla Costituzione Italiana*. vol. II, Firenze, G. Barbera, 1950 (527 pp. Bibliografia: pp. 431-464 – Michele Petrucci).

REALE, Miguel. *Questões de Direito*. São Paulo, Sugestões Literárias, 1981.

SCHMITT, Carl. *La Defensa de la Constitución*. 2ª ed., trad. de Manuel Sánchez Sarto, "Prólogo" de Pedro de Veja. Madri, Tecnos, 1998 (trad. de *Der Hüter der Verfassung*, 1931). Semilla y Surco, Colección de Ciencias Sociales, Serie de Ciencia Política.

TAVARES, André Ramos. *Teoria da Justiça Constitucional*. São Paulo, Saraiva, 2005.

———. *Tratado da Argüição de Preceito Fundamental*. São Paulo, Saraiva, 2001.

———. *Tribunal e Jurisdição Constitucional*. São Paulo, IBDC, 1998.

TOCQUEVILLE, Alexis de. *A Democracia na América*. 3ª ed., trad. de Neil Ribeiro da Silva, "Posfácio" de Antônio Paim. Belo Horizonte/São Paulo, Itatiaia/EDUSP, 1987 (Biblioteca de Cultura Humanista, 4) (trad. de *De la Démocratie en Amérique*, 1835: Livro I; 1940: Livro II).

TRIBE, Laurence H. *American Constitutional Law*. 3ª ed., vol. I. Nova York, The Foundation, 2000.

ZAGREBELSKY, Gustavo. *La Giustizia Costituzionale*. Bolonha, Il Mulino, 1988 (1ª ed. 1977).

Sumário Geral
da obra publicada no México (XII Tomos)

Tomo I – **Teoría General del Derecho Procesal Constitucional**

Epistolário

Jorge Adame Goddard (*México*)
Eliseo Aja (*España*)
Miguel de Jesús Alvarado Esquivel (*México*)
Pedro Aragoneses Alonso (*España*)
Gonzalo M. Armienta Calderón (*México*)
Carlos Ayala Corao (*Venezuela*)
René Baldivieso Guzmán (*Bolivia*)
Manuel Barquín A. (*México*)
Manuel Becerra Ramírez (*México*)
Roberto Omar Berizonce (*Argentina*)
Beatriz Bernal Gómez (*Cuba*)
Joatquín Brage Camazano (*España*)
Paulo Cardinal (*Macau*)
Jorge Ulises Carmona Tinoco (*México*)
Federico Carpi (*Italia*)
Jorge Carpizo (*México*)
Milton Emilio Castellanos Goût (*México*)
Germán Cisneros Farías (*México*)
Juan Colombo Campbell (*Chile*)
Krystian Complak (*Polonia*)
Edgar Corzo Sosa (*México*)
José de Jesús Covarrubias Dueñas (*México*)
Eduardo García de Enterría (*España*)
José Hugo Díaz-Estúa Avelino (*México*)
Ma. Macarita Elizondo Gasperín (*México*)
José Alfredo García Solís (*México*)
Iván Escobar Fornos (*Nicaragua*)
Gerardo Eto Cruz (*Perú*)
Eduardo Ferrer Mac-Gregor (*México*)
José Fernando Franco González Salas (*México*)
Flavio Galván Rivera (*México*)
José Gamas Torruco (*México*)
Máximo N. Gámiz Parral (*México*)
Domingo García Belaunde (*Perú*)
Sergio García Ramírez (*México*)
Paula María García-Villegas Sánchez-Cordero (*México*)
Alonso Gómez Robledo (*México*)

Juan Luis González Alcántara y
  Carrancá (*México*)
Carlos González Blanco (*México*)
Héctor González Chévez (*México*)
Jorge Alberto González Galván
  (*México*)
Raúl González Schmal (*México*)
Héctor Gros Espiell (*Uruguay*)
Peter Häberle (*Alemania*)
Ricardo Haro (*Argentina*)
Arturo Hoyos (*Panamá*)
Tony Jolowicz (*Inglaterra*)
Patricia Kurczyn Villalobos (*México*)
Margarita Beatriz Luna Ramos
  (*México*)
Rafael Márquez Piñero (*España*)
Fabiola Martínez Ramírez (*México*)
Gonzalo Moctezuma Barragán
  (*México*)
Carlos A. Morales-Paulín (*México*)
José Ramón Narváez Hernández
  (*México*)
César Nava Escudero (*México*)
Salvador Olimpo Nava Gomar (*México*)

José F. Palomino Manchego (*Perú*)
Carlos Parodi Remón (*Perú*)
Carlos Pérez Vázquez (*México*)
Karla I. Quintana Osuna (*México*)
Carlos Restrepo Piedrahita (*Colombia*)
Adolfo A. Rivas (*Argentina*)
Fdo. Francisco Rubio Llorente
  (*España*)
Alberto Saíd (*México*)
Ricardo J. Sepúlveda I. (*México*)
Luis Fernando Solano Carrera
  (*Costa Rica*)
Marcel Storme (*Bélgica*)
Evangelina Suárez Estrada (*México*)
Karla Beatriz Templos Núñez (*México*)
José Juan Trejo Orduña (*México*)
Jean Claude Tron Petit (*México*)
Jose Luis Vázquez Sotelo (*España*)
Juan Vega Gómez (*México*)
Pedro de Vega (*España*)
Manuel E. Ventura Robles
  (*Costa Rica*)
Arturo Zaldívar Lelo de Larrea
  (*México*)

Capítulo I – Teoría General del Derecho Procesal Constitucional
  "Procesos y procedimientos constitucionales" – Gonzalo M. **Armienta Caldrón**
  "Doce tesis en torno al derecho procesal constitucional" – César **Astudillo**
  "Calamandrei y la Constitución democrática" – Michelangelo **Bovero**
  "Enfoques conceptuales y caracterización del derecho procesal constitucional a principios del siglo XXI" – Juan **Colombo Campbell**
  "Teoria do processo constitucional: uma breve visão pessoal" – Ivo **Dantas**
  "Fundamentos del derecho procesal constitucional" – Iván **Escobar Fornos**
  "El derecho procesal constitucional (teoría general, crecimiento, desarrollo de la disciplina, autonomía científica)" – Enrique **Falcón**
  "Reflexiones sobre algunas peculiaridades del proceso constitucional" – José Julio **Fernández Rodríguez**
  "La inactividad en el derecho procesal constitucional" – Jorge **Fernández Ruiz**
  "Democrazia costituzionale e diritti fondamentali" – Luigi **Ferrajoli**
  "Héctor Fix-Zamudio y el origen científico del derecho procesal constitucional (1928-1956)" – Eduardo **Ferrer Mac-Gregor**
  "El derecho procesal constitucional en expansión (crónica de un crecimiento)" – Domingo **García Belaunde**
  "Justicia constitucional: la invasión del ámbito político" – Marina **Gascón Abellán**

"Las sombras de la jurisdicción constitucional" – Jesús **González Pérez**
"El derecho procesal constitucional como ciencia. Alcance y contenidos" – Osvaldo Alfredo **Gozaíni**
"La jurisdicción constitucional en la sociedad abierta" – Peter **Häberle**
"El control judicial de las leyes en el Reino Unido" – John Anthony **Jolowicz**
"Supremacía, rigidez y garantía de la Constitución" – Luis **Prieto Sanchís**
"Justiça constitucional: superando as teses do 'legislador negativo' e do ativismo de caráter jurisdicional" – André **Ramos Tavares**
"Una relectura del *Dr. Bonham' Case* y de la aportación de *Sir* Edward Coke a la creación de la *judicial review*" – Fernando **Rey Martínez**
"Un número paradigmático de la *Revista de la Facultad de Derecho* en materia procesal constitucional" – Alberto **Saíd**
"Jurisdicción constitucional y política" – Fernando **Serrano Migallón**
"*Judicial Review* global" – Martin **Shapiro**
"Constitutional justice: an effective guarantee of democracy and constitutionalism" – S. **Stačiokas**
"Hans Kelsen: un jurista demócrata ante la crisis de la Constitución" – Javier **Tajadura Tejada**

Tomo II – Tribunales Constitucionales y Democracia

Capítulo II – Tribunales, Cortes y Salas Constitucionales

"Estatuto constitucional y legal de la Sala de lo Constitucional de la Corte Suprema de Justicia de El Salvador" – Enrique **Anaya**
"La Suprema Corte y el sistema nacional de impartición de justicia: ¿adónde va la reforma judicial?" – José Antonio **Caballero**, Sergio **López-Ayllón** y Alfonso **Oñate**
"El nuevo perfil institucional de la Corte Suprema argentina" – Mario **Cámpora** y Diego A. **Dolabjian**
"El Tribunal Constitucional y el control de las leyes" – José Luis **Cea Egaña**
"La justicia constitucional y la función del Tribunal Constitucional en Guatemala" – Mauro **Chacón Dorado**
"Érase que se era: 20 años del Tribunal Constitucional polaco" – Krystian **Complak**
"Los tribunales constitucionales y la Suprema Corte de Justicia de la Nación" – Juan **Díaz Romero**
"Decaimiento de la acción en la jurisprudencia de la Sala Constitucional venezolana" – Ricardo **Henríquez La Roche**
"Autonomía procesal del Tribunal Constitucional" – César **Landa**
"¿Por qué la Suprema Corte no ha sido un instrumento para la defensa de derechos fundamentales?" – Ana Laura **Magaloni Kerpel**
"El Tribunal Constitucional kelseniano" – Rafael **Márquez Piñero**
"Nuevos protagonistas en la división de funciones: la Sala Constitucional costarricense" – Luis Paulino **Mora Mora**
"La Corte Suprema argentina y el derecho ambiental" – Augusto M. **Morello**
"La reforma de la Ley Orgánica del Tribunal Constitucional español de 2007" – Julio **Muerza Esparza**

"El Tribunal Supremo de la India como órgano de justicia constitucional. Apuntes introductorios" – Marco **Olivetti**
"La utilización del Derecho Comparado por parte de las Cortes Constitucionales: un análisis comparado" – Lucio **Pegoraro**
"El Supremo Poder Conservador y su sentencia de muerte: la Ley sobre Ladrones del 13 de marzo de 1840" – Raúl **Pérez Johnston**
"La escritura de algunos tribunales constitucionales en América Latina: el principio de accesibilidad y tres sentencias comparadas" – Carlos **Pérez Vázquez**
"Contenido constitucionalmente protegido de los derechos en la jurisprudencia del Tribunal Constitucional peruano" – Elvito A. **Rodríguez Domínguez**
"Sobre el significado de la Reforma de la Ley Orgánica del Tribunal Constitucional español operada en virtud de la LO 6/2007, del 24 de mayo" – Patricia **Rodríguez-Patrón**
"La tutela de los derechos fundamentales por los tribunales constitucionales en América Latina" – Giancarlo **Rolla**
"La Sala Constitucional costarricense y la Convención Americana de Derechos Humanos" – Ma. Auxiliadora **Solano Monge**
"El Tribunal Constitucional español en negativo: cuestiones disputadas, inéditas, irresueltas y *de lege ferenda*" – Antonio **Torres del Moral**
"Tribunales constitucionales y comparación en la extensión de las declaraciones de derechos" – Giuseppe de **Vergottini**

Capítulo III – Tribunal Constitucional y Jurisdicción Ordinaria
"Las relaciones entre jurisdicción constitucional y justicia ordinaria a la luz de la experiencia alemana" – Rainer **Grote**
"El Tribunal Constitucional español y su conflicto con el Tribunal Supremo. Jurisdicción constitucional y jurisdicción ordinaria" – Pablo **Gutiérrez de Cabiedes Hidalgo de Caviedes**
"Poder Judicial *versus* Tribunal Constitucional" – Juan **Monroy Gálvez**

Capítulo IV – Tribunales Constitucionales y Democracia
"Tribunales constitucionales y democracia" – René **Baldivieso Guzmán**
"La Suprema Corte de Justicia y la consolidación democrática en México" – Francisco **Ibarra Palafox**
"Democracia y debido proceso" – Arturo **Hoyos**
"Democracia, Estado de Derecho y Estado Constitucional de Derecho" – Mauricio **Lara Guadarrama**
"El papel de los tribunales constitucionales en la democracia" – José Antonio **Rivera Santivañez**
"Justicia constitucional y democracia" – Rodolfo **Vázquez**
"Democracia y tribunales constitucionales" – Santiago **Velázquez Coello**

Tomo III – Jurisdicción y Control Constitucional

Capítulo V – Justicia y Control Constitucional
"Argüição de descumprimento de preceito fundamental (sua doutrina em fase de uma situação concreta)" – José **Afonso da Silva**

SUMÁRIO GERAL 223

"Aspectos de la justicia constitucional en Guatemala" – Mario **Aguirre Godoy**
"Del control político al control constitucional: el principio de legalidad penal" – Gilbert **Armijo**
"Breves consideraciones jurídicas y filosóficas sobre la justicia constitucional en México al iniciar el siglo XXI" – Juan Federico **Arriola**
"La justicia constitucional en México: algunas ideas en torno a su consolidación" – Manlio Fabio **Casarín León**
"Eguaglianza e ragionevolezza nella giurisprudenza costituzionale italiana" – Alfonso **Celotto**
"Justicia constitucional y derechos humanos" – Roberto **Cuéllar M.**
"Nuevas variaciones sobre el tema cultural de la justicia constitucional en México" – Rafael **Estrada Michel**
"La justicia constitucional en Guatemala" – Jorge Mario **García Laguardia**
"La protección del orden constitucional" – Mara **Gómez Pérez**
"Titularidad y legitimación ante la jurisdicción constitucional. Una perspectiva comparada" – Tania **Groppi**
"Una consolidada apertura en el control judicial de constitucionalidad argentino" – Ricardo **Haro**
"La jurisdicción constitucional. Estudio de macrocomparación" – María del Pilar **Hernández**
"La aceptación de un moderno sistema de protección de derechos humanos por la justicia constitucional en Eslovenia" – Arne Marjan **Mavčič**
"La justicia constitucional chilena después de la reforma de 2005 (notas sobre la inaplicabilidad de las leyes y el recurso de protección)" – Enrique **Navarro Beltrán**
"Figuras emblemáticas de la justicia constitucional en Venezuela" – Mariolga **Quintero Tirado** y Alberto **Blanco-Uribe Quintero**
"La jurisdicción constitucional en Chile (después de la reforma de 2005 de la Ley Fundamental)" – Lautaro **Ríos Álvarez**
"La jurisdicción constitucional en la República de Panamá (necesidad de un Código Procesal Constitucional)" – Sebastián **Rodríguez Robles**
"El control de constitucionalidad en el arbitraje" – Jorge A. **Rojas**
"Control jurisdiccional y discrecionalidad administrativa. ¿Por qué juzgar no es administrar?" – José **Roldán Xopa**
"La giustizia costituzionale italiana tra finzione e realtà, ovverosia tra esibizione della 'diffusione' e vocazione all 'accentramento'" – Antonio **Ruggeri**
"La indefensión jurisdiccional del Poder Constituyente y la destrucción de la Constitución" – Carlos **Ruiz Miguel**
"El proceso integrador del control de constitucionalidad en Colombia (fragmentos)" – Luis Carlos **Sáchica Aponte**
"Justicia constitucional y amparo en Paraguay" – Jorge **Silvero Salgueiro**
"Sobre la jurisdicción constitucional en Argentina" – Gustavo **Szarangowicz** y Sebastián D. **Toledo**
"El control constitucional de los reglamentos parlamentarios" – Francisco **Tortolero Cervantes**
"La justicia constitucional en el Uruguay. Coordinación de los principios de separación de Poderes y sometimiento de toda la normativa a la Constitución" – Leslie **Van Rompaey**

"La jurisdicción constitucional en el Perú" – Fernando **Vidal Ramírez**

Capítulo VI – Control Difuso
"Lo confuso del control difuso de la Constitución. Propuesta de interpretación del art. 133 constitucional" – José de Jesús **Gudiño Pelayo**
"El control difuso de la constitucionalidad en Venezuela: el estado actual de la cuestión" – José Vicente **Haro García**
"El art. 133 de la Constitución Política de los Estados Unidos Mexicanos, como instrumento de interpretación constitucional de jueces de legalidad (posible aproximación a un control difuso de la constitucionalidad de carácter legítimo en México)" – Olga **Sánchez Cordero de García Villegas**

Capítulo VII – Control Constitucional Local
"Articulación de los medios de control de la constitucionalidad nacionales y locales" – Rafael **Coello Cetina**
"La garantía jurisdiccional del Municipio en España y México. Estudio comparado" – Pedro **Torres Estrada** y Michael **Núñez Torres**
"La autonomía del Municipio y su defensa constitucional en México y España" – Salvador **Valencia Carmona**

Tomo IV – Derechos Fundamentales y Tutela Constitucional

Capítulo VIII – Derechos Fundamentales y Jurisdicción Constitucional
"Acceso a la justicia y nuevas formas de participación en la esfera política" – Víctor **Abramovich**
"Una aproximación a la libertad religiosa en el Derecho Mexicano" – Horacio **Aguilar Álvarez de Alba**
"Reflexiones sobre el fundamento de los derechos humanos" – Larry **Andrade-Abularach**
"Reflexiones sobre garantías y mecanismos jurisdiccionales de defensa de los derechos humanos" – Walter **Arellano Hobelsberger**
"Límites a las garantías constitucionales" – Sergio **Artavia B.**
"La función de los derechos fundamentales de las Constituciones estatales mexicanas. Contribución a la Teoría de la Constitución estatal" – Daniel A. **Barceló Rojas**
"Defensa de la Constitución y estados de emergencia: breves reflexiones conceptuales" – Miguel **Carbonell**
"Continuity and autonomy – Leading principles shaping the fundamental rights constitutional system in the Macau Special Administrative Region" – Paulo **Cardinal**
"La justicia cautelar como garantía de los derechos fundamentales" – Marc **Carrillo**
"La justicia constitucional estadual en México. La posibilidad de su desarrollo" – Víctor Manuel **Collí Ek**
"La libertad de expresión y algunos de sus límites" – Paula María **García-Villegas Sánchez-Cordero**
"Los estándares para juzgar normas que realizan distinciones. Paralelismo entre la doctrina de la Corte Suprema estadounidense y la del sistema interamericano

sobre el derecho a la igualdad" – Lucas **Giardelli**, Fernando **Toller** y Juan **Cianciardo**
"Los derechos fundamentales como objeto protegido de la acción de tutela. Una aproximación a la luz de la jurisprudencia constitucional colombiana" – Alexei **Julio Estrada**
"Los derechos fundamentales y sus garantías constitucionales: el caso español" – Jorge **Lozano Miralles**
"La igualdad en la aplicación de la ley en la doctrina del Tribunal Constitucional español" – Andrés **Ollero**
"Las transformaciones presentes del sistema de los derechos fundamentales" – Antonio-Enrique **Pérez Luño**
"Consideraciones en torno a la configuración y los límites de los derechos fundamentales a partir de la jurisprudencia constitucional española" – Juan Luis **Requejo Pagés**
"Sociedad liberal y propaganda del odio racial" – Pedro **Rivas**
"Protección constitucional especial: niños, adolescentes y ancianos" – Néstor Pedro **Sagüés**
"Algunas reflexiones sobre la eutanasia" – José Luis **Soberanes Fernández**

Capítulo IX – Protección Horizontal de los Derechos Fundamentales
"La eficacia de los derechos constitucionales frente a los particulares" – Víctor **Ferreres Comella**
"La doctrina de la *Drittwirkung der Grundrechte* en la jurisprudencia de la Corte Interamericana de Derechos Humanos" – Javier **Mijangos y González**
"Derechos humanos, derecho de la competencia y garantía de los consumidores (protección horizontal)" – Jorge **Witker**

Capítulo X – Protección Jurisdiccional de los Derechos Sociales
"La jurisdicción constitucional y los derechos imposibles" – Juan Manuel **Acuña**
"Los derechos económicos, sociales y culturales, ¿realidad o ficción?" – Víctor **Bazán**
"Los derechos sociales en la Constitución de 1917" – Juventino V. **Castro y Castro**
"Garantía constitucional a la protección de la salud. Defensa jurisdiccional" – Gonzalo **Moctezuma Barragán**
"El derecho a la salud en la jurisprudencia de la Corte Constitucional de Colombia. Apuntes para la definición de un contenido esencial de ese derecho en la jurisprudencia mexicana" – Jorge R. **Ordóñez E.**
"La prohibición de regresividad y la protección de los derechos sociales: un enfoque desde la jurisprudencia constitucional colombiana" – Rodrigo **Uprimny** y Diana **Guarnizo**

Capítulo XI – Bloque de Constitucionalidad
"Control constitucional, instrumentos internacionales y bloque de constitucionalidad" – Edgar **Corzo Sosa**
"El reconocimiento judicial del bloque de constitucionalidad. Un estudio con especial referencia al ordenamiento jurídico peruano" – Carlos **Hakansson Nieto**

"El derecho de acceso a la jurisdicción y al debido proceso en el bloque constitucional de derechos en Chile" – Humberto **Nogueira Alcalá**

"Eficacia de los derechos fundamentales contenidos en un tratado internacional: México y España" – Humberto **Suárez Camacho**

"Hacia la construcción de un nuevo federalismo judicial mexicano. El art. 133 de la Constitución Federal y la interpretación estatal bloqueada de los derechos fundamentales" – Sergio Armando **Valls Hernández**

TOMO V – JUEZ Y SENTENCIA CONSTITUCIONAL

Capítulo XII – El Juez Constitucional

"Algunas acotacionnes sobre los poderes de interpretación de los jueces constitucionales a las normas y principios constitucionales. Interpretación jurisprudencial en Derecho Venezolano" – Alberto **Baumeister Toledo**

"Jueces constitucionales. Un poder incómodo" – Andrés **Bordalí Salamanca**

"El juez constitucional como legislador positivo y la inconstitucional reforma de la Ley Orgánica de Amparo en Venezuela mediante sentencias interpretativas" – Allan R. **Brewer-Carías**

"Acerca de la legitimidad democrática del juez constitucional" – Jaime **Cárdenas**

"El juez constitucional como garante de los derechos fundamentales del hombre" – Constancio **Carrasco Daza**

"El juez constitucional. Los riesgos de su vocación expansiva y algunos posibles límites a su accionar" – Eloy **Espinosa-Saldaña Barrera**

"El juez constitucional español: comentarios a un proyecto de reforma" – Ángela **Figueruelo Burrieza**

"Il giudice tra etica, Diritto e legge" – Pierfrancesco **Grossi**

"Se i giudici criano diritto" – Riccardo **Guastini**

"Juez y poder judicial en el Estado de Derecho" – Norbert **Lösing**

"El poder de los jueces" – Clemente **Valdés S.**

Capítulo XIII – Sentencia Constitucional

"Puntos críticos en la ejecución de las sentencias de amparo" – Miguel de Jesús **Alvarado Esquivel**

"Los efectos generales en las sentencias constitucionales" – Osmar Armando **Cruz Quiroz**

"Tipología y efectos de las sentencias del Tribunal Constitucional en los procedimientos de inconstitucionalidad ante la reforma de la Ley Orgánica del Tribunal Constitucional español" – Francisco Javier **Díaz Revorio**

"Las sentencias interpretativas o 'manipulativas' y su utilización por el Tribunal Constitucional peruano" – Francisco José **Eguiguren Praeli**

"¿Existe actuación de sentencia impugnada en el Código Procesal Constitucional peruano?" – Gerardo **Eto Cruz**

"Las sentencias: conceptualización y desarrollo jurisprudencial en el Tribunal Constitucional peruano" – Víctor **García Toma**

"La trascendencia de las resoluciones de los medios de control constitucional en el sistema jurídico mexicano" – Carlos **González Blanco**

"Cosa juzgada y control de constitucionalidad" – José Gregorio **Hernández Galindo**
"La producción bibliohemerográfica del Dr. Héctor Fix-Zamudio en el Instituto de Investigaciones Jurídicas de la UNAM. Una referencia al marco legal sobre la elaboración y redacción de las sentencias" – Raúl **Márquez Romero**
"Sentencia desestimatoria y reversibilidad del pronunciamiento sobre la constitucionalidad de la ley. Una perspectiva desde el Derecho Comparado" – Augusto **Martín de la Vega**
"Análisis del posible efecto extensivo de la sentencia estimatoria de amparo en materia penal a los coacusados no recurrentes" – Fernando **Martín Diz**
"Principios en materia de nulidades parciales de resoluciones judiciales" – Jorge W. **Peyrano**
"Le sentenze dei giudici costituzionali tra diritto giurisprudenziale e diritto legislativo" – Alessandro **Pizzorusso**

Capítulo XIV – Jurisprudencia y Precedente Constitucional
"Base constitucional de la fuerza vinculante de la razón de la decisión en las sentencias constitucionales" – Jorge **Asbun**
"Comentario a la tesis publicada 78/2004 sobre la indemnización establecida en el art. 289-*bis* del Código Civil para el Distrito Federal" – Ingrid **Brena Sesma**
"La jurisprudencia vinculante del Tribunal Constitucional" – Luis **Castillo Córdova**
"Inconstitucionalidad del art. 16 de la Ley de Asociaciones Religiosas y Culto Público" – Raúl **González Schmal**
"El caso 'Massa' y el regreso a la jurisprudencia convalidatoria de la emergencia económica" – Antonio **María Hernández**
"¿Los criterios de los tribunales colegiados de circuito en materia de control de constitucionalidad de normas generales pueden integrar jurisprudencia?" – Jorge **Meza Pérez**
"Inaplicabilidad por inconstitucionalidad: reciente jurisprudencia del Tribunal Constitucional chileno" – Marisol **Peña Torres**
"¿Objetividad o subjetividad en las resoluciones judiciales? Análisis crítico desde una perspectiva práctica" – Alejandro **Quijano Álvarez**
"La Suprema Corte de Justicia de la Nación como tribunal constitucional: creación judicial del Derecho y eficacia normativa de la jurisprudencia constitucional" – Fernando **Silva García**
"Precedente e giurisprudenza" – Michele **Taruffo**

Tomo VI – Interpretación Constitucional y Jurisdicción Electoral

Capítulo XV – Interpretación y Argumentación Constitucional
"Hermenéutica constitucional" – José **Almagro Nosete**
"Constitución y argumentación" – Manuel **Atienza**
"Interpretación evolutiva de los derechos fundamentales" – Raúl **Canosa Usera**
"Panorama sobre la incidencia de la interpretación y la argumentación jurídicas en la aplicación judicial de la Constitución" – Jorge Ulises **Carmona Tinoco**
"Interpretación conforme con la Constitución y las sentencias interpretativas (con especial referencia a la experiencia alemana)" – Edgar **Carpio Marcos**

"Las colisiones constitucionales y su resolución" – Jesús M. **Casal H.**
"Interpretación constitucional y constitucionalismo multinivel" – José Luis **Cascajo Castro**
"Sobre la interpretación de la Constitución" – Rafael **de Asís Roig**
"¿Intérpretes múltiples para defender la constitucionalidad de un país complejo?" – Miguel **Eraña Sánchez**
"La interpretación constitucional según la doctrina uruguaya" – Eduardo G. **Esteva Gallicchio**
"Interpretación constitucional" – Carla **Huerta**
"Is it possible to speak about the particular strategy of the interpretation of the Constitution?" – Egidijus **Jarašiūnas**
"La interpretación constitucional: estándares interpretativos" – José F. **Palomino Manchego**
"El juicio de ponderación: reflexiones en torno a su naturaleza" – Pedro **Serna** y Luis M. **Cruz**
"Los principios de interpretación en materia de derechos fundamentales. Un ejemplo de su aplicación a partir de la despenalización del aborto en México" – Francisco **Vázquez-Gómez Bisogno**
"Constitucionalización y neoconstitucionalismo: riesgos y prevenciones" – Rodolfo Luis **Vigo**

Capítulo XVI – Interpretación Constitucional y Derecho Internacional
"El Poder Judicial y el derecho internacional de los derechos humanos. El caso del 'poeta irreverente'" – Manuel **Becerra Ramírez**
"El derecho internacional y el Poder Judicial de la Federación" – Javier **Dondé Matute**
"La relación entre Constitución, tratados y leyes en el sistema jurídico mexicano ante la jurisdicción constitucional" – María Amparo **Hernández Chong Cuy**
"La jerarquía de los tratados y la incorporación del Derecho Internacional al nacional" – Ruperto **Patiño Manffer**

Capítulo XVII – Jurisdicción Constitucional Electoral
"Las lecciones del Tribunal Electoral a propósito de la nulidad de la elección presidencial" – Lorenzo **Córdova Vianello**
"Fallos constitucionales en materia electoral en Argentina" – Alberto Ricardo **Dalla Vía**
"Los derechos político-electorales fundamentales y su defensa constitucional al alcance de los ciudadanos" – Ma. Macarita **Elizondo Gasperín** y José Alfredo **García Solís**
"La reforma del Estado en materia electoral" – Alfredo **Islas Colín**
"La defensa de la Constitución y la impugnación de la elección presidencial" – Daniel **Márquez**
"O contencioso eleitoral português" – Jorge **Miranda**
"Las nulidades en materia electoral federal" – Salvador Olimpo **Nava Gomar**
"Criterios del Tribunal Electoral del Poder Judicial de la Federación en torno a la fiscalización de los recursos de los partidos políticos" – Santiago **Nieto Castillo**

"El sistema electoral alemán y el Tribunal Constitucional Federal. La igualdad electoral a debate" – Dieter **Nohlen** y Nicolas **Nohlen**
"La protección de los derechos político-electorales en el federalismo judicial mexicano" – J. Jesús **Orozco Henríquez**
"El amparo electoral: justicia constitucional y proceso electoral en la práctica del Tribunal Electoral español" – Emilio **Pajares Montolío**
"El recurso de amparo electoral en España" – Pablo **Pérez Tremps**
"Reflexiones sobre el controvertido 'Dictamen Relativo al Cómputo Final de la Elección de Presidente de los Estados Unidos Mexicanos' de 2006" – Pedro **Salazar Ugarte**
"El derecho administrativo sancionador electoral y el Estado Constitucional y Democrático de Derecho en las sentencias del Tribunal Electoral" – Juan Carlos **Silva Adaya**
"Reflexiones acerca del juicio de revisión constitucional electoral" – Rodolfo **Terrazas Salgado**

TOMO VII – PROCESOS CONSTITUCIONALES DE LA LIBERTAD

Capítulo XVIII – Habeas Corpus
"El *habeas corpus* colectivo. Algunas reflexiones a propósito de un fallo trascendente de la Corte Suprema de Justitica de la Nación Argentina" – Pedro Juan **Bertolino**
"El *habeas corpus* en Perú. Un análisis a partir de la jurisprudencia del Tribunal Constitucional" – Susana Ynes **Castañeda Otsu**
"Sobre el *habeas corpus* en España" – José **Martín Ostos**
"El fracaso del juicio de amparo en la protección de la libertad personal antes del proceso penal" – Jorge **Nader Kuri**

Capítulo XIX – Amparo
"La difícil trayectoria de la medida cautelar en el proceso de amparo peruano. Los cambios recientes" – Samuel B. **Abad Yupanqui**
"Procedencia de la acción de amparo o tutela contra providencias judiciales" – Jaime **Araujo Rentería**
"La reciente reforma del proceso constitucional y el recurso de amparo en España" – Lorena **Bachmaier Winter**
"El 'bioamparo' argentino como objeto del derecho procesal constitucional" – Walter F. **Carnota**
"La tutela contra sentencias judiciales. El caso de Colombia" – Jaime **Córdoba Triviño**
"Cuestiones sobre el recurso de amparo constitucional en España" – Faustino **Cordón Moreno**
"La suspensión del acto reclamado en el proceso de amparo mexicano y la anticipación de la tutela" – Gumesindo **García Morelos**
"El recurso español constitucional de amparo" – Vicente **Gimeno Sendra**
"El derecho de amparo en Honduras conforme la nueva Ley sobre Justicia Constitucional" – Francisco Daniel **Gómez Bueso**
"O amparo e o mandado de segurança no contexto latino-americano" – Paulo Roberto de **Gouvêa Medina**

"La tutela de los derechos fundamentales a través del proceso de amparo. El Derecho Uruguayo" – Ángel **Landoni Sosa**
"Las medidas cautelares en el juicio de amparo" – Miguel Alejandro **López Olvera**
"Amparo adhesivo" – César de Jesús **Molina**
"Las medidas cautelares en el amparo salvadoreño" – Manuel Arturo **Montecino Giralt**
"Breves reflexiones sobre las funciones del amparo para efectos y las propuestas de su reforma" – Carlos F. **Natarén**
"El régimen de procedencia de la acción de tutela colombiana" – Néstor **Osuna Patiño** y Juan Carlos **Upegui Mejía**
"Recurso de protección en Chile: luces, sombras y aspectos que requieren cambios" – Diego **Palomo Vélez**
"Propuesta de reforma a la Ley de Amparo de Nicaragua" – Francisco **Rosales Arguello**
"El proyecto de nueva Ley de Amparo (una razón para recordar al Dr. Héctor Fix-Zamudio)" – Juan **Silva Meza**
"La expectativa de una nueva 'Ley de Amparo'" – Jorge Reinaldo **Vanossi**
"Involución en el amparo constitucional español (la muy reciente reforma del Tribunal Constitucional español introducida por la Ley 6/2007, del 24 de mayo de 2007)" – José Luis **Vázquez Sotelo**
"Las circunstancias políticas y sociales al momento del reconocimiento del amparo en Argentina. Una relectura de los casos 'Siri' y 'Kot'" – Alejandro C. **Verdaguer**
"El juicio de amparo, el gran olvidado en la transición democrática mexicana" – Arturo **Zaldívar**

Capítulo XX – Habeas Data y Protección de Datos Personales
"La protección de datos y las comunicaciones electrónicas" – Miguel Ángel **Davara Rodríguez**
"Transferencias internacionales de datos personales: su protección en el ámbito del comercio internacional y de seguridad nacional" – Lina **Ornelas Núñez** y Edgardo **Martínez Rojas**
"Protección de datos personales y acceso a la información del Poder Judicial de la Federación" – Valeriano **Pérez Maldonado**
"Apuntes sobre el derecho, la acción y el proceso de habeas data a dos décadas de su creación" – Oscar R. **Puccinelli**

Capítulo XXI – "Ombudsman" y Procedimiento de Investigación de la Suprema Corte
"Prospectiva del procedimiento no jurisdiccional de protección a los derechos humanos" – Emilio **Álvarez Icaza Longoria**
"Defensa y promoción de los derechos humanos y universitarios en la UNAM" – Leoncio **Lara Sáenz**
"Procedimiento investigatorio de la Suprema Corte de Justicia de la Nación" – Carlos A. **Morales-Paulín**
"El *ombudsman* indoamericano" – Hernán Alejandro **Olano García**
"La ampliación de las facultades de la Comisión Nacional de los Derechos Humanos" – Raúl **Plascencia Villanueva**

SUMÁRIO GERAL 231

Tomo VIII – Procesos Constitucionales Orgánicos

Capítulo XXII – Control Constitucional de Leyes
"El resurgimiento del debate sobre el control previo de constitucionalidad en España: experiencia y perspectivas" – Miguel Ángel **Alegre Martínez**
"Semblanza de la acción de inconstitucionalidad y su relación con el derecho procesal constitucional en México y España" – Mónica **Beltrán Gaos**
"La acción declarativa originaria de inconstitucionalidad en la Provincia de Buenos Aires" – Roberto Omar **Berizonce**
"La acción abstracta de inconstitucionalidad" – Joaquín **Brage Camazano**
"Origen del control constitucional de las leyes por vicios de forma en Colombia (1910-1952)" – Mario **Cajas Sarria**
"Algunas consideraciones sobre la acción de inconstitucionalidad española" – Hugo Augusto **Díaz-Estúa Avelino**
"'Fétichisme de la loi, séparation des Pouvoirs et gouverment des juges'. Tres ideas-fuerza para el rechazo del control jurisdiccional de la constitucionalidad de las leyes en Francia (1789-1958)" – Francisco **Fernández Segado**
"Acción pública de inconstitucionalidad de las leyes" – Ana **Giacomette Ferrer**
"Pasado y futuro de la anulación de las leyes según el Acta de Reformas (1847-1857)" – Manuel **González Oropeza**
"El objeto de control constitucional en el proceso abstracto de constitucionalidad de la ley en México y España" – Iván Carlo **Gutiérrez Zapata**
"I rapporti tra giudici comuni e Corte Costituzionale nel controllo sulle leggi in via incidentale in Italia: l'esperienza di 50 anni di giurisprudenza costituzionale" – Roberto **Romboli**
"La presunción de constitucionalidad" – Ruben **Sánchez Gil**
"Realismo y concreción del control de constitucionalidad de las leyes en Italia" – Gustavo **Zagrebelsky**

Capítulo XXIII – Conflictos entre Poderes y Órganos del Estado
"Veto al presupuesto y dogmática constitucional. Un comentario a propósito de la Controversia Constitucional 109/2004" – Arturo **Bárcena Zubieta** y Alfonso **Herrera García**
"La competencia constitucional necesaria y contingente en el Estado Federal Mexicano. Sus implicaciones en controversias constitucionales y acciones de inconstitucionalidad" – Germán **Cisneros Farías**
"La fundamentación en las controversias constitucionales" – José Ramón **Cossío Díaz**
"La controversia constitucional: piedra angular de la justicia constitucional en la era de los gobiernos divididos y el renacimiento del Federalismo en México" – Francisco José **De Andrea S.**
"Conflictos entre Poderes del Estado: la jurisdicción constitucional" – Matthias **Herdegen**
"Las controversias constitucionales como medio de control constitucional" – Fabiola **Martínez Ramírez**

Capítulo XXIV – Inconstitucionalidad por Omisión Legislativa
"La inconstitucionalidad por omisión legislativa en las decisiones de la Suprema Corte de México" – Carlos **Báez Silva** y David **Cienfuegos Salgado**

"El control de las omisiones legislativas en México. Una invitación a la reflexión" – Laura M. **Rangel Hernández**
"Análisis de la regulación de la acción de inconstitucionalidad por omisión legislativa en México" – Luis Gerardo **Samaniego Santamaría**

Capítulo XXV – Juicio Político y Fuero Parlamentario
"Algunos aspectos procesales del juicio político" – Elisur **Arteaga Nava**
"Inhabilitación y juicio político en Argentina" – Eugenio Raúl **Zaffaroni** y Guido **Risso**
"Fuero parlamentario y nuevo Código Procesal Penal" – Francisco **Zúñiga Urbina**

Capítulo XXVI – Control Jurisdiccional de la Reforma Constitucional
"Patología del proceso de reforma. Sobre la inconstitucionalidad de una enmienda en el sistema constitucional de la Argentina" – Raúl Gustavo **Ferreyra**
"Sobre los límites de las reformas constitucionales: a propósito de tres acciones de inconstitucionalidad recientes" – Imer B. **Flores**
"El control de constitucionalidad de los procedimientos de modificación constitucional" – Rubén **Hernández Valle**

Capítulo XXVII – Responsabilidad Patrimonial del Estado
"La responsabilidad patrimonial del Estado en Colombia como garantía constitucional" – Juan Carlos **Esguerra Portocarrero**
"Sobre la responsabilidad patrimonial del Estado como autor de una ley declarada inconstitucional" – Eduardo **García de Enterría**
"Responsabilidad administrativa, Constitución y derechos fundamentales" – Ernesto **Jinesta L.**

Tomo IX – Derechos Humanos y Tribunales Internacionales

Capítulo XXVIII – Derecho Internacional y Jurisdicción Constitucional Transnacional
"Normas internacionales y jurisprudencia sobre independencia judicial" – Alirio **Abreu Burelli**
"Los tratados internacionales como Constitución. Notas sobre la dimensión transnacional del derecho procesal constitucional en México" – José Luis **Caballero Ochoa**
"Los derechos humanos en la historia de África" – Jean **Cadet Odimba**
"La atribución de poder gubernamental según el modelo común de la Unión Europea (1979-2004)" – Jean-Claude **Colliard**
"América Latina: ¿esperanza?" – Luis T. **Díaz Müller**
"¿Son vinculantes los dictámenes del Comité de Derechos Humanos de las Naciones Unidas? Posición de los Tribunales Españoles a propósito de un controvertido caso (sobre el derecho a la revisión de la condena penal por una instancia superior)" – Jesús María **González García**
"Prisión preventiva en México. Estándares desarrollados por la jurisprudencia de los órganos internacionales de protección de derechos humanos" – Juan Carlos **Gutiérrez**

"Interés jurídico respecto de reglas de *ius cogens*" – Juan de Dios **Gutiérrez Baylón**
"Responsabilidad del Estado por violación de tratados internacionales" – Juan Carlos **Hitters**
"El debido proceso en el derecho internacional de los derechos humanos" – Florentín **Meléndez**
"Controles de convencionalidad de las leyes" – Ernesto **Rey Cantor**
"El derecho constitucional de los derechos humanos" – Ricardo J. **Sepúlveda I.**

Capítulo XXIX – Corte Interamericana de Derechos Humanos
"Las modalidades de las sentencias de la Corte Interamericana y su ejecución" – Carlos M. **Ayala Corao**
"Reflexiones sobre el instituto de las medidas cautelares o provisionales de protección: desarrollos crecientes en el plano internacional" – Antônio Augusto **Cançado Trindade**
"La protección de los derechos económicos, sociales y culturales a través del art. 26 de la Convención Americana sobre Derechos Humanos" – Christian **Courtis**
"Héctor Fix-Zamudio: la defensa de los derechos humanos. Reflexiones sobre la Corte Interamericana" – Sergio **García Ramírez**
"Justicia interamericana y tribunales nacionales" – Diego **García-Sayán**
"Evolución de la doctrina de la Corte Interamericana de Derechos Humanos en materia de reparaciones" – Adelina **Loianno**
"La ejecución de las sentencias de la Corte Interamericana de Derechos Humanos, con especial referencia al Derecho Argentino" – Pablo Luis **Manili**
"La Corte Interamericana de Derechos Humanos y los familiares de las víctimas" – Cecilia **Medina Quiroga**
"Diálogo entre la jurisprudencia interamericana y la legislación interna: el deber de los Estados de adoptar disposiciones de Derecho interno para hacer efectivos los derechos humanos" – Karla I. **Quintana Osuna**
"El acceso a la Justicia en el sistema interamericano de protección de derechos humanos. Proyección en la jurisdicción constitucional" – María Sofía **Sagüés**
"Derecho procesal constitucional transnacional: el modelo de la Corte Interamericana de Derechos Humanos" – Hernán **Salgado Pesantes**
"El derecho a la libertad de pensamiento y expresión en la jurisprudencia de la Corte Interamericana de Derechos Humanos" – Manuel E. **Ventura Robles**

Capítulo XXX – Tribunal Europeo de Derechos Humanos
"L'efficacia diretta delle sentenze della Corte Europea dei Diritti dell'Uomo" – Paolo **Biavati**
"La negación del holocausto en la jurisprudencia del Tribunal Europeo de Derechos Humanos: la endeble justificación de tipos penales contrarios a la libertad de expresión" – Juan María **Bilbao Ubillos**
"Diálogos jurisdiccionales en escenarios de pluralismo constitucional: la protección supranacional de los derechos en Europa" – Rafael **Bustos Gisbert**
"La imparcialidad judicial en el Convenio Europeo de Derechos Humanos" – Juan **Montero Aroca**

"El proceso de amparo ante el Tribunal Europeo de Derechos Humanos" – Pablo **Morenilla Allard**
"El derecho a la asistencia jurídica gratuita en la jurisprudencia del Tribunal Europeo de Derechos Humanos" – Miguel **Revenga Sánchez**

Capítulo XXXI – Corte Penal Internacional
"La complementariedad de la Corte Penal Internacional y la relatividad del efecto de cosa juzgada interna" – Lorenzo M. **Bujosa Vadell**
"Un estudio comparado de las inmunidades de los jefes de Estado en las Constituciones de América Latina frente a la Corte Penal Internacional" – Alberto Luis **Zuppi**

Capítulo XXXII – Corte Internacional de Justicia
"Las medidas cautelares (provisionales) en los tribunales internacionales. El caso de la Corte Internacional de Justicia y el medio ambiente" – Héctor **Gros Espiell**
"El caso 'Avena' y otros. El derecho a la información consular de los detenidos en el extranjero, con particular referencia a los sentenciados a muerte. La controversia México/Estados Unidos en la Corte Internacional de Justicia" – Ricardo **Méndez-Silva**

Tomo X – Tutela Judicial y Derecho Procesal

Capítulo XXXIII – Debido Proceso y Tutela Judicial
"Crisi del giudicato e nuovi strumenti alternativi di tutela giurisdizionale. La (nuova) tutela provvisoria di merito e le garanzie costituzionali del 'giusto proceso'" – Italo **Augusto Andolina**
"La tutela judicial del empleado frente al llamado *mobbing* (algunas consideraciones sobre los mecanismos judiciales de protección constitucional y ordinaria frente al acoso moral en el trabajo)" – José **Bonet Navarro**
"Giusto proceso, garanzie processuali, giustizia della decisione" – Sergio **Chiarloni**
"El debido proceso y su proyección sobre el proceso civil en América Latina" – Eduardo **Oteiza**
"Tutela judicial en Centroamérica" – Luis Fernando **Solano C.**
"Derecho fundamental a un proceso con todas las garantías (art. 24.2 de la Constitución española): obligatoriedad de una segunda instancia penal y exigencia de inmediación y contradicción en la práctica de las pruebas por el órgano de apelación. Las sentencias del Tribunal Constitucional 70/2002 y 167/2002" – Isabel **Tapia Fernández**

Capítulo XXXIV – Actualidad Procesal
"La imparcialidad judicial" – Adolfo **Alvarado Velloso**
"A constitucionalização do processo no Direito Brasileiro" – José Carlos **Barbosa Moreira**
"La procesalización del derecho constitucional en Colombia" – Ramiro **Bejarano Guzmán**

"Tesis ecléctica sobre las teorías modernas de la acción (armonía entre concretas y abstractas)" – Luis Alfredo **Brodermann Ferrer**
"Enseñanza-aprendizaje del derecho procesal con los principios del constructivismo" – Rodolfo **Bucio Estrada**
"A new perspective in the relationship between ordinary judges and arbitrators in Western Europe legislations" – Federico **Carpi**
"The jury trial: English and French connections" – Wouter L. **De Vos**
"Provisional relief in a comparative perspective" – Konstantinos D. **Kerameus**
"Derecho internacional procesal" – Gualberto **Lucas Sosa**
"Proceso y prisión en la codificación española" – Víctor **Moreno Catena**
"¿Activismo o garantismo judicial?" – Carlos **Parodi Remón**
"¿Qué es realmente la inmediación?" – Jairo **Parra Quijano**
"Princípios processuais e princípios de direito administrativo. No quadro das garantias constitucionais" – Ada **Pellegrini Grinover**
"¿Cuánta dosis de jurisdicción voluntaria necesitamos?" – Francisco **Ramos Méndez**
"Laïcisation de la Justice?" – Marcel **Storme**
"Las modernas tendencias del derecho procesal" – Gonzalo **Uribarri Carpintero**
"Importancia y jerarquía constitucional de las medidas cautelares en los procesos contra la Administración Pública" – Carlos A. **Vallefín**
"Accesso alla giustizia, ADR, prospettive" – Vincenzo **Vigoriti**

Capítulo XXXV – Prueba
"Garantías constitucionales y prueba" – Roland **Arazi**
"El derecho constitucional a la prueba y su configuración legal en el nuevo proceso civil español" – Joan **Picó I Junoy**

Capítulo XXXVI – Derecho Procesal Civil Internacional
"Constitutional norms of civil procedure as reflected in the ALI/UNIDROIT principles of transnational civil procedure" – Stephen **Goldstein**
"El derecho procesal civil internacional en las Convenciones de la Haya y de la CIDIP. El caso de México" – Nuria **González Martín** y Sonia **Rodríguez Jiménez**
"Bases constitucionales para el proceso civil en Iberoamérica" – José **Ovalle Favela**

Tomo XI – Justicia, Federalismo y Derecho Constitucional

Capítulo XXXVII – Administración y Procuración de Justicia
"Mirando a los que miran: rendición de cuentas del Poder Judicial, pespectivas y paradojas" – Karina **Ansolabehere**
"La administración de justicia como sistema de protección y amparo" – José **Barragán Barragán**
"Luz digital para la procuración de justicia" – Luis de la **Barreda Solórzano**
"La doble presidencia de la Suprema Corte de Justicia y del Consejo de la Judicatura Federal, una asignatura pendiente" – Mario **Melgar Adalid**

"El Consejo Superior de la Judicatura de Colombia" – Julio César **Ortiz Gutiérrez**
"La Acción 21. El rediseño del Poder Judicial de la Federación" – Emilio **Rabasa Gamboa**
"Derechos humanos y administración de justicia. A propósito de la personalidad del juez en la determinación de lo justo" – Javier **Saldaña**

Capítulo XXXVIII – Estado Federal y Autonómico
"La construcción del Estado autonómico" – Manuel **Aragón Reyes**
"La reforma del Estado autonómico" – Javier **Pérez Royo**
"Unitary and Federal States: Historical and Political Perspectives" – Hans-Peter **Schneider**
"Diversas tendencias de reforma del modelo de Estado descentralizado en Alemania y en España" – Carlos **Vidal Prado**
"La expansión de recursos judiciales en las Constituciones de las entidades federativas de los Estados Unidos: ¿algunas lecciones para México?" – Robert F. **Williams**

Capítulo XXXIX – Actualidad Constitucional
"José María Lafragua. Biografía de un jurisconsulto humanista" – Adriana **Berrueco García**
"La reforma constitucional" – Ernesto **Blume Fortini**
"Do ocaso do regime representativo à aurora da democracia participativa" – Paulo **Bonavides**
"Constructivismo jurídico fáctico y elicitación del conocimiento en el Proyecto Conacyt-IIJ-CCADET-STJT" – Enrique **Cáceres Nieto**
"Propuestas de modificaciones constitucionales en el marco de la denominada reforma del Estado" – Jorge **Carpizo**
"La salvaguarda de los valores superiores. Evolución de la protección constitucional de los valores republicanos en México: 1812-2007" – José de Jesús **Covarrubias Dueñas**
"Arbitraje y Constitución en España" – Pedro **Cruz Villalón**
"Revisitação a um provedor de cidadania em Cabo Verde: depois da constitucionalização, da lei estatutária, ainda à espera... de provedor" – Jorge Carlos **Fonseca**
"Notas sobre el sistema presidencial mexicano" – José **Gamas Torruco**
"El Estado Constitucional de derecho y los derechos humanos" – Raymundo **Gil Rendón**
"*Auctoritas* universale e pluralità di 'potestates' nel mondo medievale" – Paolo **Grossi**
"Constitucionalistas *versus* administrativistas. Claves para una comprensión constitucional de la estructura administrativa del Estado" – Diego **López Medina**
"L'aplication directe de les normes constitucionales" – Antoni **López Montanya**
"Transizioni costituzionali e consolidamento democratico in Asia agli albori del XXI secolo" – Luca **Mezzetti**
"La reforma al formato del informe presidencial ¿parálisis o autismo legislativo?" – Cecilia **Mora-Donatto**

"La fuerza de la cotidianeidad en el Derecho y la Justicia" – José Ramón **Narváez**
"Economía y administración en la Constitución española" – Luciano **Parejo Alfonso**
"Los convencionalismos de la Constitución de 1917" – José Luis **Prado Maillard**
"La construcción del concepto del Derecho en las teorías de Weber y Kelsen: su continuidad teórica" – Ulises **Schmill**
"Poder Judicial y gobierno de gabinete" – José Ma. **Serna de la Garza**
"Estado de Derecho, imperio del Derecho y debido proceso ante la transición política mexicana en los albores del siglo XXI" – Dora María **Sierra Madero**
"Principios en derecho económico-constitucional" – Jean Claude **Tron Petit**
"La formación del sistema presidencial latinoamericano. Un ensayo de cultura constitucional" – Diego **Valadés**

TOMO XII – MINISTERIO PÚBLICO, CONTENCIOSO
ADMINISTRATIVO Y ACTUALIDAD JURÍDICA

Capítulo XL – Ministerio Público Y Derecho Penal
"Interpretación funcionalista social del cuerpo del delito" – Enrique **Díaz-Aranda**
"Precisiones sobre el principio de legalidad" – Edgardo Alberto **Donna**
"Cuestiones relevantes del Ministerio Público. Su autonomía" – Olga **Islas de González Mariscal**
"El derecho penal económico del sistema monetario y financiero: ¿hacia un derecho penal del enemigo?" – Eduardo **Jorge Prats**
"¿Estamos capacitando adecuadamente a nuestros agentes del Ministerio Público?" – Gerardo **Laveaga**
"El protagonismo directivo en la instrucción, el Ministerio Fiscal y el modelo procesal penal" – Andrés de la **Oliva Santos**
"El Ministerio Público" – Miguel **Otero Lathrop**
"Naturaleza del Ministerio Público y de sus funciones" – Hugo **Pereira Anabalón**
"La imputación acusatoria en el procedimiento ante el Tribunal del Jurado en España" – María Amparo **Renedo Arenal**

Capítulo XLI – Derecho (Contencioso) Administrativo
"El régimen de los reglamentos en el ordenamiento jurídico peruano" – Jorge **Danós Ordóñez**
"Ejecución de la sentencia anulatoria. Una mirada al Derecho Comparado con la preocupación por el contencioso administrativo uruguayo" – Augusto **Durán Martínez**
"El reconocimiento del derecho administrativo sancionador en la jurisprudencia constitucional mexicana" – Genaro David **Góngora Pimentel**
"El proceso contencioso administrativo en Uruguay" – Jaime **Greif**
"Lo contencioso administrativo, ejemplo difícil para el constitucionalismo mexicano" – Andrés **Lira González**

"Observaciones sobre el régimen legal vigente de las concesiones administrativas en Cuba" – Andry **Matilla Correa**
"Vida, pasión y muerte del derecho administrativo: en pos de su necesaria resurrección" – Humberto **Quiroga Lavié**
"Naturaleza y contenido esencial de la propuesta de Ley Reguladora de la Actividad de la Administración y su control por los tribunales" – Olivo A. **Rodríguez Huertas**

Capítulo XLII – Derecho de la Información
"El derecho a la información como derecho fundamental en la Constitución española" – Cynthia **Chanut Esperón**
"Publicidad de las declaraciones patrimoniales de los servidores públicos: una reflexión comparativa" – Ernesto **Villanueva**

Capítulo XLIII – Derecho Fiscal
"Alcance de los principios materiales de justicia tributaria en el sistema tributario mexicano: la capacidad contributiva, la igualdad y la proporcionalidad tributaria" – Marco César **García Bueno** y Gabriela **Ríos Granados**
"Interpretación de la materia tributaria en México" – Manuel L. **Hallivis Pelayo**

Capítulo XLIV – Derecho Indígena
"El primer juicio de amparo en lengua indígena: los idiomas del Derecho en el México pluricultural del siglo XXI" – Jorge Alberto **González Galván**
"Derecho a la consulta de los pueblos indígenas en México: un primer acercamiento" – Rodrigo **Gutiérrez Rivas**
"El Convenio 169 en la legislación mexicana: impacto y perspectivas" – José Manuel **Lastra Lastra**
"Legalidad y legitimidad del sistema jurídico indígena en el marco del pluralismo jurídico" – José Emilio Rolando **Ordóñez Cifuentes**

Capítulo XLV – Derecho Laboral
"Las reglas constitucionales en el proceso laboral y sus consecuencias" – Néstor de **Buen Lozano**
"La inspección: instrumento de cumplimiento de derechos humanos en el trabajo" – Patricia **Kurczyn Villalobos**
"Hacia una definición de los derechos fundamentales en el trabajo y su exigibilidad" – Alfredo **Sánchez-Castañeda**

Capítulo LXVI – Derecho Privado, Informática y Telecomunicaciones
"El criterio de revisión y el derecho supletorio en los procedimientos de revisión de las resoluciones *antidumping* del Capítulo XIX del TLCAN" – Óscar **Cruz Barney**
"Breve aproximación a la problemática jurídica del comercio y la contratación electrónicos, y la firma electrónica en particular" – Isabel **Davara F. de Marcos**
"La constitucionalidad del derecho mercantil y sus procedimientos" – Elvia Arcelia **Quintana Adriano**
"La regulación jurídica de la videovigilancia bajo una perspectiva de Derecho Comparado" – Julio **Téllez Valdés**

***

00992

GRÁFICA PAYM
Tel. (011) 4392-3344
paym@terra.com.br